海疆与海外研究丛书

正说台湾古史

周运中　著

厦门大学出版社　国家一级出版社
XIAMEN UNIVERSITY PRESS　全国百佳图书出版单位

图书在版编目(CIP)数据

正说台湾古史/周运中著. — 厦门:厦门大学出版社,2016.5
(海疆与海外研究丛书)
ISBN 978-7-5615-5924-6

Ⅰ.①正… Ⅱ.①周… Ⅲ.①台湾省－地方史－研究 Ⅳ.①K295.8

中国版本图书馆 CIP 数据核字(2016)第 063102 号

出 版 人	蒋东明
责任编辑	薛鹏志
特约编辑	章木良
装帧设计	李夏凌
责任印制	朱 楷

出版发行 厦门大学出版社

社 址	厦门市软件园二期望海路 39 号
邮政编码	361008
总 编 办	0592-2182177 0592-2181253(传真)
营销中心	0592-2184458 0592-2181365
网 址	http://www.xmupress.com
邮 箱	xmupress@126.com
印 刷	厦门集大印刷厂

开本	720mm×1000mm 1/16
印张	17.5
字数	320 千字
印数	1~2 000 册
版次	2016 年 5 月第 1 版
印次	2016 年 5 月第 1 次印刷
定价	54.00 元

本书如有印装质量问题请直接寄承印厂调换

厦门大学出版社
微信二维码

厦门大学出版社
微博二维码

总　序

　　20 世纪 80 年代末 90 年代初,厦门大学杨国桢教授倡导建立海洋史学科,就海洋史学的基本概念、海洋史学的学科框架、海洋史学研究的学术价值和社会意义等作了系统的阐述,并率先主编《海洋与中国丛书》(8 册)和《海洋中国与世界丛书》(12 册)。经过 20 多年的努力,中国海洋史学科已经逐渐明晰,基础工作已初见成效。

　　厦门大学建设海洋史学科,有其独特的历史和地缘优势。1921 年陈嘉庚先生创办厦门大学时,海洋学科就是他想重点发展的学科。厦门大学的海洋学系逐渐发展壮大,如今已衍生出海洋与地球学院、环境与生态学院、海洋与海岸带发展研究院、近海海洋环境科学国家重点实验室等多个研究实体,国家海洋局第三海洋研究所亦与厦大毗连。厦大海洋学的力量还充实到山东大学海洋系,后衍生出青岛海洋大学,再升格为中国海洋大学。厦门大学海洋学的学子还分散到国际上若干知名的海洋研究所从事研究工作,譬如美国加州大学圣地亚哥分校的 Scrips 海洋研究所就汇集了几代厦大学子。

　　厦门大学海洋人文学科的历史堪称辉煌,林惠祥教授较早便开创了海洋考古学科,就东南亚的海洋族群、生活方式与习俗进行过大量的探索。顾颉刚、张星烺、叶国庆等开展了东南沿海族群的调查与研究;韩振华教授对南海地名的考证独具功力,为南海岛屿主权维护做出了巨大的贡献;陈碧笙、陈孔立、陈在正、林仁川等对台湾海疆防卫、海洋移民、海洋开发等领域进行了系统的研究。其后,厦门大学南洋研究院、台湾研究院的若干专家学者,如吴凤斌、李国梁、庄国土、李金明、李明欢、廖大珂、聂德宁等在南洋诸国史、南洋华侨华人研究、南洋经济史、侨乡社会经济史、国际移民史、南洋民族史等领域取得了丰硕的成果。南洋研究院的学子分布到美国、欧

1

洲、新加坡、香港、澳门等地,为国家南海主权的政策制定提供了若干有价值的咨询意见。

厦门大学的南海研究院成立于2012年,虽然年轻,却聚集了以傅崐成教授为首的具有国际视野和比较法学理论积淀的一批专家,出版了《中国海洋法学评论》刊物,发行到世界20多个国家和地区。

厦门大学人文学院的海洋研究涉及海岸带、海域和岛屿的开发、管理、主权维护、海洋产业、海洋活动人群、海洋社会组织、海洋科技、海洋灾害与防治、海洋思潮等多个领域,凡海防、海洋贸易、海洋移民等均在研究视野之内。傅衣凌先生较早便开始了有关福建海商的研究,杨国桢教授在开展林则徐研究时便开拓了自己的海洋史视野,陈支平开展了海峡两岸商帮史的研究,王日根开展了明清海疆政策与中国社会发展的研究。近年来我们获得了国家社会基金重大项目资助的课题有:中国海洋文明史、环中国海海洋文化资源的调查与研究、海峡两岸海洋民俗的调查与研究、清代海疆政策与开发研究、台湾"原住民"研究、中国历史上的滨海地区研究等,这些课题资助的获得为我们研究的深化创造了良好的条件。

我们于2011年成立了海洋文明与战略发展研究中心,于2008年成立了闽商研究中心,目前我们还在积极培育与组建"海上丝绸之路"协同创新中心,积极加强海洋考古学的队伍建设,力求以我们自己的团队力量为基础,更加凝心聚力,更加聚精会神地投入到海洋史学的研究之中,形成协同创新的整体合力,构建具有区域性和国际性前沿水平的研究基地。

在这几个板块之中,我们的博士研究生、硕士研究生队伍也在逐渐壮大,他们年轻,富于进取精神和开拓意识,在海港城市发展,海洋区域社会管理,海上力量变迁,海洋区域社会纠纷与调适,海疆区域官僚群体和个体研究,海外移民和华人社会研究,海上灾害与防范研究,海外华商研究,海上人群的生活方式、组织形态和人生礼仪等方面已取得了较为优秀的研究成果,引起了国内外学者的高度重视。

我们拟以"海疆与海外研究丛书"为平台,修改、完善并出版近年来在海疆与海外研究方面卓有成效的优秀学术著作,既作为我们承担若干国家、省市级课题的汇报成果，也力图形成我们明确的学术理路，彰显我们在海洋史研究方面的整体实力。

历史上的海疆与海外界限往往并不明晰，当时所谓的"海上丝绸之路"向外输出的商品主要有丝绸、瓷器、茶叶和铜铁器之类，往国内运回的商品主要有香料、花草及一些供宫廷赏玩的奇珍异宝，于是海上丝绸之路又有海上香药之路、海上陶瓷之路之称。明初郑和下西洋时，海上丝绸之路发展到巅峰。在西方海上势力东来之前，海上丝绸之路是国际海洋贸易的基本形态，贸易的商品从奢侈品到一般民用商品。参加贸易的商人有阿拉伯商人、波斯商人、南洋各国商人和中国商人，海洋贸易的基本范围在印度洋海域，因此学界称"印度洋海域的海洋贸易时代"，随着近代机器航海业的兴起，大西洋各国的海洋势力进入包括印度洋在内的世界各地，开辟了航海事业的大西洋时代。可以这样说：印度洋时代的海洋贸易贯彻了平等、经济的贸易路线，和平的色彩浓厚；大西洋时代的海洋贸易则往往夹带着军事强力，时常表现为殖民掠夺和血腥屠杀。中国传统海洋文明有长期悠远的历史，是我们建设海洋强国的重要本土资源。如果说由哥伦布等新航路开辟所引领的海洋文明属于近代海洋文明的话，那么中国由远古便开始的海洋文明则长期与中国主流文化相互碰撞，也积极地影响着周围各国海洋文明的发展走向。认真梳理我们的海洋文明传统及其对东亚世界的影响乃至对世界的影响均具有重要意义。

历史上的东南亚地区是较早实现中西文化交融和对接的场域，东南亚各国均有自己的土著文化。从历史渊源上看，属于海洋族群，与我国东南沿海存在着某些相通性，中国的先民亦多有移居者分布于东南亚各国，西方殖民者进入之后，大力推行西方文化，势必与包括中国文化、当地土著文化发生文化间的交流碰撞关系。从历史事实看，其间尽管多有冲突，但和平交融依然是主旋律，这表明，文化的清流是和平，我们当从其中获得经验，汲取教训。

2013年10月3日，习近平主席在印尼国会发表讲话时，回顾了中国与印尼悠久的海上丝绸之路交往历史，站在中国与东盟建立战略伙伴十周年这一新的起点上，为进一步深化中国与东盟国家的合作,构建更加紧密的命运共同体,为双方乃至本地区人民共谋福祉,提出设立中国—东盟海上合作基金,发展好海洋合作伙伴关系,共同建设21世纪"海上丝绸之路"。在构建中国与东盟各国关系时,坚持讲信修睦,坚持合作共赢,坚持守望相助,坚持心心相印。体现了中国作为世界第二大经济体的责任担当。如今,世界格局发生复杂变化,重建"21世纪海上丝绸之路"战略的提出可以为我国全面深化改革创造良好的机遇和外部环境、实现国家和平持续发展,主动创造合作、和平、和谐的对外合作环境。

因此,"海上丝绸之路"是相对于陆上丝绸之路而言的另一条中国古代对外贸易通道,中国辉煌的文明史中不仅包含灿烂的农业文明发展史,而且也包含在海疆与海外这个平台上海洋文明的形成和发展史。中国海上丝绸之路的构建是在中国海洋文明的价值观指引下实现的,与近代以来西方殖民式的海洋文明具有明显的区别。中国海洋文明的主调是相互包容、相互济助、共同成长,这种海洋文明的继承、弘扬将有助于消解当今世界争端中的若干问题,对构建和谐、和平的世界秩序具有积极意义。东南亚是中西海洋文化交融互摄的地区,显示中国海洋文明在其中具有重要的地位。以往在这方面的强调相对较少,应着力给予加强。

21世纪是海洋的世纪,福建处于重建21世纪海上丝绸之路的前沿,我们深感使命的光荣,亦颇生奋力进取的动力。愿我们的努力能开辟一个展示深度研究成果的窗口,打造与国内外学界同行交流互摄的平台,亦期待对政府、社会产生一定的反响,借此提升我们全民族的海洋意识,坚定地走向海洋,建设我们的海洋强国。

王日根

2014 年 12 月

4

目 录

导　言

　　台湾是一个世界罕见的宝岛，在几百年的短短时间内，台湾从海外蓬莱变成世界瞩目之地，其变化可谓翻天覆地。所谓美洲、澳洲等新大陆虽然也有类似过程，但是美洲、澳洲距离亚欧大陆太远，美洲完全在西半球，澳洲完全在南半球，台湾毗邻亚欧大陆，长期以来处在东方世界和传统航路的边缘。近代新航路开辟之后，台湾一跃成为东西方的交融前沿，台湾的历史进程和美洲、澳洲很不一样。

　　以往关于台湾历史的研究已有很多，但是台湾的历史还有很多问题值得我们进一步探明，比如：中国大陆人对台湾的了解是否始于孙吴，上古的东海外越和扬州岛夷是否在今台湾，上古的东海大壑、三神山与台湾有何关系，闽浙沿海的先住民和台湾先住民有何关系，孙吴所征的夷洲和隋朝东征的流求是不是台湾岛，南朝和唐朝是不是大陆和台湾交流的空白期，南宋侵扰澎湖和福建的毗舍耶人来自台湾还是菲律宾，元朝东征流求路经何地，台湾何时进入国际航路，元末汪大渊《岛夷志略》所说的台湾地名在今何地，明代最早在台湾建立聚落的民间武装首领是不是颜思齐，明代汉人在台湾最早的聚落魍港在今何处，林凤往来台湾居住何地，林道乾是否在台湾久居，北港渔场如何兴起，沈有容征台之前了解的台湾地名是哪些，为何早期中西地图总把台湾画成两个岛，明代人是否在地图上画出一个完整的台湾岛等等。

　　这些问题如果不解决，会使人产生很多误会。现在有一些台湾史书籍在简单介绍台湾考古成果与先住民历史之后，紧接就是荷兰、西班牙占据时代。似乎在荷兰人来到台湾之前，台湾与中国大陆没有任何关系。这种别有用心的历史叙述一笔抹杀了台湾数千年来与中国大陆的紧密关系，不合历史事实。

　　曹永和、陈孔立、张崇根等学者都把荷兰人侵占台湾之前的历史称为古代或早期,笔者也认同这种划分。[①] 有人提出从远古到明郑时期是台湾史的第一个阶段,[②]此说失之过疏,明郑之前还有荷西占据时期,而且明郑虽然是明朝的延续,但此时的中外局势显然已经不同于明朝前中期。

现在关于台湾近代历史的论著很多,但是关于台湾古代史的研究极其薄弱。因为台湾古代历史研究的史料很少,导致研究台湾古代史较难。而且很多人故意回避台湾古代史,抹杀台湾古代与中国大陆的紧密联系,世人往往受其误导,以为台湾古代史真的不重要,不值得研究,或无法深入研究。因此我们更需要加强台湾古代史的研究,必须发掘新史料,利用新方法,力图解决前人争论,探明历史真相。

有人说:"文献上较可靠的记录,当自宋始。此前或有人前往台湾,当属偶然,论移民交通,则无事实可查。如《三国志》的夷洲或《隋书》所指的流求国为台湾,也仅能说明台湾当时的民族和文化完全异于中国。有意地拉长台湾历史,或无意地将台湾历史殖民化,都不是历史工作者应有的态度。"[③]这段话的错误很多,如果夷洲、流求是台湾,不是仅能说明台湾异于中国。因为吴人与隋人对台湾的考察报告极为详细,绝非仅是概述一句台湾异于中国。出征的军官要向帝王汇报,自然不敢有半丝疏忽。中国各地本来不同,台湾是中国的一部分,何来台湾异于中国之说? 台湾真的完全异于中国大陆吗? 全世界各地都有共性,何况台湾紧邻大陆。如果说台湾异于中国,也能说台湾异于世界任何一地,又有何意义? 因为吴人与隋人的台湾考察报告极为详细,所以我们能据以考证其到台湾的地点。有人不认真研究古人的详细记载,就说这两种考察报告似是而非,这是历史虚无主义的错误态度。宋代以前中国史书对台湾的记载很多,除了出征台湾的官军,还有因为捕鱼、贸易、探险、寻仙或过路等各种原因到台湾的大陆人,这些都不属偶然。即使是路过台湾也不是偶然,因为航路不可能随意变化。我们研究台湾的古代史不是为了把台湾历史拉长,而是为了探求历史真相。如果夷洲或流求不是台湾,也应是其他地方。如果我们证明夷洲和流求在其他地方,自然也不是为了拉长那个地方的历史。因为历史上既然存在夷洲和流求,总要研究清楚。古人因为捕鱼、贸易、探险、

① 曹永和:《中华民族的扩展与台湾的开发》《早期台湾的开发与经营》,《台湾早期历史研究》,台北:联经出版事业公司,1979 年;陈孔立:《台湾历史与两岸关系》,台北:台海出版社,1999 年,第 17 页;张崇根:《台湾四百年前史》,北京:九州出版社,2005 年,第 4 页。

② 张振鹍:《漫谈台湾历史分期》,《台湾历史研究》第 1 辑,北京:社会科学文献出版社,2013 年,第 15 页。

③ 台湾史研究会:《台湾史研究会论文集》第 1 集,1988 年,第 125 页。

寻仙或过路等原因到台湾,难道都是为了殖民吗?我们研究台湾古代史,不是把台湾殖民化。有人美化真正的殖民者,却把非殖民者说成殖民者,真是颠倒黑白,岂有此理。

有一本宣扬台湾要变成海洋国家错误观点的读物说:"中国的航海技术,自唐宋以来即大幅度开展。"[①]此说有误,即使不说上古中国人已经走向大洋,秦汉两朝的航海事业已很辉煌,秦代已有徐福东渡,汉代则遣使到南亚的黄支国,来回航程详细记载在《汉书·地理志》中,六朝的航海事业更是飞速进步,岂待唐宋以来才大幅发展?因为很多人不研究古代史或中国航海史,所以忽视了台湾与大陆自古以来的密切关系。所以我们不仅要认真研究台湾古代史,还要认真研究中国航海史,在中国海洋文明史的广阔背景下看待台湾史。

周婉窈的《台湾历史图说》否认传统的台湾史分期,她说荷兰时代与明郑时代不能成立,因为:"明郑时代当然是站在汉人立场的历史分期,对于郑氏政权所统治不到的原住民而言,这样的分期,不近真实……但对中、北部与中央山脉以东的大部分原住民而言,荷兰东印度公司的存在是鲜少相关的……虽然今天印尼的国界大致符合荷兰殖民地的范围,但究实而言,荷兰从未有效统治印尼全土四百年。"[②]但是她的第四章"美丽岛的出现"其实还是荷兰时代,第五章"汉人的原乡与移垦社会"才是真正抹杀了明郑时代与清代。如果按照周婉窈的逻辑,世界各国的历史分期全不能成立,就是到清朝,中国很多边远地方还是土司管理。如果按照她的逻辑,印尼的史书不写荷兰时代,又该如何称呼?如果按照周婉窈的逻辑,她的这本《台湾历史图说》也不能成立,因为对于这本书没有写到的无数台湾乡村而言,这样的书名,不近真实!周婉窈之所以不分主次,以偏概全,目的是要推翻传统历史分期,但是实质没有抹杀荷兰时代,仅仅抹杀了明郑与清代。奇怪的是,她的第七章"改朝换代"讲的是日本侵占!原来她在序言中虚假地说不愿卷入社会纷争,但在正文中专门否定中国历史的朝代,而把外国侵占说成是改朝换代!

周婉窈说:"在隋代,中国已知道台湾这个岛屿的存在,或许也派兵来过。不过,我们必须了解,知道台湾不等同于统辖台湾。中国与台湾真正发生密切关系,要到明朝中叶以后。"[③]周婉窈把明代之前中国人到台湾居住、生产、贸易及大陆王朝征讨、管理台湾的历史,全部偷换为"知道"二字,这也是很多人

---

① 戴宝村:《台湾的海洋历史文化》,台北:玉山社,2011年,第11页。

② 周婉窈:《台湾历史图说》,台北:联经出版事业股份有限公司,2005年,第4~7页。

③ 周婉窈:《台湾历史图说》,第47页。

惯用的手法。比如外国有些人就说中国人古代仅仅是知道或路过南海或东海诸岛，所以中国不能拥有南海或东海诸岛的主权。他们也使用了这种伎俩，无视数千年来中国人在南海、东海诸岛捕鱼、贸易、居住、管理而留下的诸多文物考古铁证，无视中国历代书籍详细记载台湾与南海、东海诸岛的铁证，把生产、贸易、居住、管理、考察、记载等诸多行为全部偷换为"知道"二字！

周书存在很多硬伤，她说："新近的考古、地理与语言证据显示，古南岛语的老家可能在印尼与新几内亚一带。"[①]这个观点基本不能成立，几乎没人支持，但是周氏竟然宣扬，原来是要否定上文中前人提出的南岛语源自中国东南的观点。她又说："台湾成为汉人移民的地区，始于荷兰东印度公司的奖励。"[②]此说也是故意歪曲史实，荷兰人说他们到台南之前，早有很多汉人住在此处，事实正好相反，是荷兰人从汉人口中了解台湾才侵占台湾。最迟到明代中期，中国东南海上势力活跃时，已有很多汉人长期定居台湾沿海各地，不可能晚到荷兰人来到的时代。1623 年 3 月 1 日荷兰舰队司令雷理生(Reyersen)的日志说："洪玉宇目前在我们的船上，要与我们一起去澎湖岛，由他的口中得知，在附近，我们不可能发现一个比大员湾更适合的地方。他也说大员的海湾有许多东西，如有各种动物，相当多数的鱼以及鹿皮。那里住着许多华人，他们并且和当地妇女结婚。"1624 年 2 月 16 日的巴达维亚城日记说台南的萧垅社(在今佳里)人："他们的语言中有使用许多马来语……很多人会说中国语，因此，是一种不统一的混合语。"[③]因为华人长期定居在此，所以出现了语言的融合。周婉窈说："台湾的汉人社会的建立，不能不归功于荷兰东印度公司的招募。台湾原先有汉人居住，但大都属季节性的，人数亦不多。"[④]所谓季节性居住，不知根据为何。荷兰人初到台湾时的记载，没有说到汉人是季节性居住。

周婉窈刻意把中国人对台湾的贡献全送给外国殖民者，所以在书中美化日本殖民统治，甚至否定台湾光复，她说台湾人未必觉得光复是胜利，又说："汉人回归汉人政权，光复当然讲得过去。但对土著民族而言，光复真有意义

---

① 周婉窈：《台湾历史图说》，第 37 页。

② 周婉窈：《台湾历史图说》，第 47 页。

③ ［荷］包乐史、Natalie Everts、Evenlien Frech 编，林伟盛译：《邂逅"福尔摩沙"：台湾先住民社会纪实：荷兰档案摘要》第 1 册，台北：顺益台湾先住民博物馆，2010 年，第 1、19 页。

④ 周婉窈：《台湾历史图说》，第 60～61 页。

吗?"①此话看似又从日本殖民者的立场跑到台湾土著立场,其实还是站在日本帝国主义立场,无视日本侵略者对台湾土著的伤害,助纣为虐,无视台湾土著对日本侵略者的抗争,掩盖历史。总之,周婉窈的《台湾历史图说》看似站在台湾人的立场,其实是站在外国侵略者的立场,因此不惜大肆篡改历史,误导世人。

杜正胜也说:"因此古地图是检讨中国对台湾了解和介入程度的重要凭借。北京文物出版社出版的一部《中国古代地图集》三大册(曹婉如等编,1990),收录战国到清的古地图。我们检查中国东南及其海域的图绘,发现长期以来中国人对东南海域的了解非常模糊,甚至空白无知,可以说构成一种传统。"②其实不是古人无知,恰恰是某些自以为是的人无知。因为文物出版社的《中国古代地图集》的第二册明代卷介绍了一幅明代《福建海防图》,此书第74、75、76号图是这幅地图的部分截图,第75号图是澎湖部分,可以明显看到图上在澎湖对岸画出了台湾,还有小溪水、小溪水、茭丁港、沙马头四个地名,这四个地名是今高屏溪、东港溪、南平、鹅銮鼻,本书第八章第二节全面考证《福建海防图》上台湾的22处地名。这幅地图不仅画出台湾西海岸从北到南全线,甚至包括冲绳、菲律宾诸多地名,虽然《中国古代地图集》没有显示全图,但是从澎湖截图看到的四个台湾地名已经说明中国人非常了解台湾。杜氏没有认真看书,甚至连标出澎湖地名的地图也没有认真看,就得出如此草率的结论。其实明代详细画出台湾地名的地图还有不少,杜氏不说明代人详细测绘台湾是一种传统,反而说中国古代地图不画台湾是传统,真不知是何逻辑!

杜正胜此文又说吴、隋都从台湾俘虏数千人,但是:"单就俘虏人口而言(如果没有虚报的话),直到17世纪中叶,荷兰人所登录台湾最大村社的人口很少超过一千人的,更谈不上有如《隋书》所记的国都、宫室和军实。"杜氏此语,毫无逻辑,因为史书根本没说吴、隋的大军仅仅在台湾一个村社活动!一个村社不超过千人,如果在几个村社不就可以俘虏数千人吗?根据本书第三章考证,隋军从海岸一直深入屏东县东部山地,自然可以在数个村社俘虏数千人。

杜正胜此文又说:"章怀太子引此注释《后汉书》东夷的夷洲及澶洲,他说为秦始皇求仙药的徐福止居此洲(按,不知是夷,还是澶)世世相承,有数万家。然后沈莹以后一千五百年,台湾'原住民'总共未超过一万家,恐怕不好肯定说

---

① 周婉窈:《台湾历史图说》,第177页。
② 杜正胜:《揭开鸿蒙:关于台湾古代史的一些思考》,石守谦主编:《"福尔摩沙":17世纪的台湾、荷兰与东南亚》,台北:台北"故宫博物院",2003年,第126~144页。

夷洲就是台湾。"其实《后汉书·东夷传》因为把夷洲、澶洲连带叙述,所以杜正胜说难以分辨,但是比《后汉书》早的《三国志》则明确把夷洲、澶洲分开,我们自然要根据《三国志》说数万家指的是澶洲,不是夷洲,如此简单的史学常识,杜氏居然不知?

杜正胜为了否定夷洲是台湾,就说孙吴沈莹《临海水土志》夷洲:"上述六项文化特征并不是台湾'原住民'独有的,中国南方、中南半岛和南洋的原始社会也有类似的记载。"杜氏偏偏把相同点列出,把真正的特征隐去,其实《临海水土志》说夷洲在临海郡东南两千里,仅此一句就可以确定夷洲是台湾!难道中国南方、中南半岛和南洋在临海郡东南两千里吗?杜氏试图歪曲史料,欺骗读者,但是毫无逻辑,手段低劣。关于夷洲是台湾的新证据,详见本书第二章。

杜正胜此文又说沈莹《临海水土志》记载夷洲人晒盐,但是荷兰人说记载萧垄(今台南佳里)先住民不会晒盐,《隋书》记载流求国有村帅、小王与大王,但是这种复杂的阶层制在台湾的民族调查找不到旁证。其实台湾各族差别很大,某个村社不会晒盐不能说明所有地方不会晒盐,本书第二章论证吴军到达北台湾,不是南台湾。本书第三章论证流求国指的是台湾南部的排湾族,排湾族有台湾先住民中罕见的贵族制社会,阶级世袭,贵族不和平民通婚,部落之间有从属关系。排湾各社可以结成攻守同盟,还可以在外建立分封地,这些也来自民族调查,如此鲜明的特色,为何杜氏就没有看到?

南宋时期,来自台湾的毗舍耶人渡海侵扰澎湖与泉州,杜正胜说:"然而17世纪的资料显示,台湾西部的平埔族并不是海上民族,并且畏惧海洋。"杜氏试图否定毗舍耶人在台湾,进而否定南宋时期台湾与大陆的联系,他的逻辑错误还是和上面一样,就是拿台湾一个地方的风俗去否定另一个地方,他的话极为含糊,难道所有的平埔族都畏惧海洋?史料来源在何处?17世纪有详细的民族调查吗?能证明五百年前的习俗吗?他说前人对毗舍耶人所在有争议,其实无非就是台湾人与菲律宾人的争议!但是我们即使承认毗舍耶人来自菲律宾,他们到澎湖与泉州不要经过台湾吗?本书第四章第四节论证毗舍耶人就是台湾南部的放索(Pangsoa)人,荷兰人说他们以捕鱼为生。

杜正胜又说宋代的几幅地图上的东南海外地名不多,而且掺杂神话传说,所以他说:"13世纪末以前中国官方或知识人对东南海外的地理认识,大抵仅有这样的水平。"杜氏此语令人极为惊诧,他居然用如此简单的办法就把元代之前中国人伟大的航海成就全部否定了!这个错误如同他用台湾一个地方的风俗否定另一个地方,我们怎能用古代一些地图的疏漏去否定另一些文献的记载呢?何况中国元代之前的南洋史料已经汗牛充栋,有些人以为中国人航海不如阿拉伯人、印度人,其实中国人对南洋的记载比阿拉伯人、印度人多很多,而且很多中国的南洋史料极为重要,笔者《中国南洋古代交通史》就利用很多中国的南洋史料破解很多重要问题。① 可见我们不能贬低中国人航海的伟大成就,更不能像杜氏这样毫无逻辑地贬低。

杜正胜此文又说:"总之,17 世纪 30 年代以前,中国人的记载都以陈第的《东番记》为蓝本。到这时,中国人对台湾'原住民'的认识虽然逐渐清楚,但亦只限于台南一带。"这段话也完全错了,不说明代之前,就是明代人对北台湾的知识也不比南台湾少,因为福建与琉球、日本来往的海船都要经过北台湾,而且北台湾出产硫黄、黄金等商品,所以比南台湾更加吸引海商。明代的北台湾史料很多,杜氏的同事陈宗仁还有专著《鸡笼山与淡水洋:东亚海域与台湾早期史研究:1400—1700》,杜氏真的不知道吗?

杜正胜此文又说:"到 13 世纪,中国对东方海洋诸岛屿的认识比一千或七百年前进步……这些认识在今天看来都很正确,那么上引《三国志》的夷洲、《隋书》的流求是不是今之台湾,就没有太大争辩的必要了。"这种奇怪的史观令人费解,元代人记载台湾是否正确与孙吴夷洲、隋代流求在不在台湾是三个问题,为何元代台湾知识进步就没有必要研究此前的台湾呢? 依此逻辑,现代人根本没有必要研究历史? 如果没有必要,那么杜氏写这篇文章又是为谁服务呢?

周婉窈、杜正胜篡改台湾历史的方法是想方设法清除台湾与大陆汉人的一切关系,还有一种篡改台湾历史的方法,是想方设法地宣扬台湾历史上有过独立建国。比如有些人把明郑地方政府说成是东宁王朝在台湾独立建国,按照这种逻辑,中国历史上有不可计数的王朝了。中国历史上的小政权很多,但是不能因为其地位重要或结局悲壮就能径称王朝甚至王国。李筱峰说:"郑经自称,东宁建国,别立乾坤,国际称呼他为台湾的国王(King of Tyawan),俨然独立建国于台湾,这是台湾史上首次出现汉语族人建立的独立政权。"② 这段话错误很多,所谓的东宁建国,指在东宁也即台南建国,不是建立东宁国。秦代以来的历代王朝都不可能用都城为国号,如果明郑真的是一个独立政权,会把都城地名东宁定为国号吗? 可见主张东宁独立建国谬论的人对中国历史常识毫无了解,不懂古代制度。中国古人所说的国不是现在的国,上古天下万国,一个部落即为一国,《山海经》把远方民族都称为国。进入封建社会,国由天子或皇帝分封,但是国有很多等级,历代制度不同,国的权限也不同。有的

---

① 周运中:《中国南洋古代交通史》,厦门:厦门大学出版社,2015 年。
② 李筱峰:《快读台湾史》,台北:玉山社,2002 年,第 24 页。

朝代的封王权力较大,比如西晋,有的朝代则仅是虚名。邓孔昭指出,明代皇子封为亲王,也没有王国,何况郑成功?古人从未说过延平王国、东宁王国或类似的词,①郑成功是延平郡王,只能有王国虚名。在明末清初特殊的形势下,明郑虽有较大权限,但是始终尊奉朱明皇室,从未独立,只是明朝的地方政府,根本不是独立政权。古代改朝换代,要改正朔,易服色,上到历法,下到地名,所有制度全要更换,建国谈何容易!明郑始终没有改制,谈何独立?至于外国人所说的台湾王,不过是俗称,不足为据。郑成功因为在明朝首都南京国子监读书,所以他有强烈的忠君爱国思想,自然永远不可能独立建国。唐宋以来的中国东南是通海兴商与崇儒重教双向并举,商业繁荣没有改变社会的儒家主导地位。明初实行严格的儒家教化,所以明末东南儒生抗清比明代之前的东南儒生还要激烈,更加忠君爱国。所以即使不是郑成功,换成明末东南任何抗清领袖,都不可能建立新政权。如果我们明白中国古代政治制度、中国历史大势与东南沿海社会特点,就不会受到东宁建国谬论的误导。

许倬云的新著《台湾四百年》第一章"被西洋海盗与东方倭寇拽进历史"就以所谓的"美丽岛"三个字开篇,接下来又把西洋海盗放在东方倭寇之前,又把平定双屿的朱纨说成了胡宗宪,②可见许倬云根本不熟悉这段历史,又说:"关于台湾,最早的文字记载是 1603 年陈第的《东番记》。"③许倬云不分青红皂白,连学术界对夷洲与流求的地点争议也只字不提,就把 1603 年之前中国史书中关于台湾的丰富文献一笔勾销了!他又说:"为什么台湾离大陆如此近,而大陆和台湾居然没有非常紧密而持续的关系?"④其实台湾和中国大陆一直有紧密而持续的关系,前人也有很多研究,但是许倬云视而不见。第一章最终提出,台湾的宿命是本土的、中国的、世界的,这三个词似乎就是杜正胜提出的所谓同心圆理论,杜正胜说的三个同心圆,由内而外依次是台湾、中国、世界。许倬云把杜正胜的台湾换成本土,但是台湾本是中国的一部分,所以许倬云所谓本土的、中国的、世界的可以用于中国每个地区,也就毫无意义。台独分子写的台湾史,因为刻意删除了古代台湾属于中国的历史,所以第一章总是不得不用先住民的历史来填充。许书居然连先住民的历史也不提,直接以西洋殖民者的"美丽岛"三个字开头,真是有过之而无不及!

---

① 邓孔昭:《子虚乌有的"延平王国"》,《郑成功与明郑在台湾》,厦门:厦门大学出版社,2013 年,第 413~422 页。

② 许倬云:《台湾四百年》,杭州:浙江人民出版社,2013 年,第 9 页。

③ 许倬云:《台湾四百年》,第 13 页。

④ 许倬云:《台湾四百年》,第 12 页。

很多人炒作所谓的"福尔摩沙"一名,以为是葡萄牙人给台湾所起的美名,其实全世界不知有多少同名的地名"福尔摩沙"!葡萄牙人一路经过的几内亚比绍、南非、马六甲、巴西都有福尔摩沙,美国、加拿大、阿根廷等欧洲殖民地都有福尔摩沙。福尔摩沙到处都是,本是滥俗地名。台湾固然非常美丽,但是中国人给台湾起的美名也很多,为何非要炒作一个欧洲人到处都用的地名呢?

因为许倬云没有认真研究过明清史与台湾史,所以他的书中常有各种错误。他说:"这些牟取厚利的海上活动集团,其存在是非法的,他们的性质是商人和海盗的混合⋯⋯万历后期,明朝政府财政拮据,一些由太监领导的海外贸易单位⋯⋯这时也投入了这种有利可图的海上贸易。所以万历朝后半期,沿海的海上集团可以半公开地进行国际贸易了。"[1]其上下文都没有说到因为隆庆开海,出现一批合法的海商,不是始于万历后期。他又说:"李旦、郑芝龙的集团逐渐打败、合并了一些其他海上大势力(如刘香),成为东南沿海最大的一支海上力量。"[2]其实郑芝龙虽然最早通过李旦的财产起家,但是郑芝龙在海上崛起时,李旦早已去世,所以不能说李旦、郑芝龙打败、合并海上势力。而且郑芝龙一统闽海时的主要对手是杨六、杨七、李魁奇、钟斌,不是刘香。刘香坐大时,郑芝龙早已统一群雄。他又说:"没有新大陆的贵金属,就不可能有这么活跃的太平洋贸易。台湾过去不在航道上,经过这一转变,忽然从一个不在航道上的岛屿,转化成航道的转运点。"[3]所谓台湾过去不在航道的错误为很多人所犯,台湾最迟在宋末元初就已经进入长期稳定的国际航道,详见本书第四章第四节。欧洲人引领台湾进入航道说,夸大了欧洲人的作用。许书主旨看似新颖,但是错误很多,而以论带史是史学大忌,虽然在论述细节中,许氏力求保持其故有的学术立场,但是我们也从此书的结构与主旨中看出时下流行的错误观点有很强的影响。

台湾通史类的著作很多,因为对明末之前的历史基本比较简略,此处不再赘述。前人对台湾古代史的专著,主要有以下四部论著。

方豪(1910—1980)的《台湾早期史纲》是一部未完成的台湾史纲,1976—1978年撰写,1994年出版。全书分11篇,从史前写到明郑之前,多数按照时间顺序,也有体例不严之处,比如第二篇题为存疑的文献,第三篇是隋唐时代,其实第二篇应该就是孙吴时期。又如第六篇是明代的针路,第七篇是明代倭

---

① 许倬云:《台湾四百年》,第27页。
② 许倬云:《台湾四百年》,第29页。
③ 许倬云:《台湾四百年》,第35页。

寇侵台,第八篇是沈有容的功绩,其实未按时间顺序。此书全面搜集传统史料,是台湾古代史专著的经典之作。

曹永和(1920—2014)的《台湾早期历史研究》收论文 11 篇,其中 2 篇是台湾早期历史总论,2 篇研究明代台湾渔业,3 篇研究荷兰占据时代,1 篇研究郑成功,2 篇研究清代台湾灾害和清末台湾的自强运动,1 篇研究欧洲古地图上的台湾。作者的《台湾早期历史研究续集》分两部分:专题研究、史料与史学。前者有论文 8 篇,后者是 10 篇研究史及史料介绍。曹著的特点是利用多种外语史料,详于明清之际的台湾殖民地史。曹著、方著对于明代之前的很多争议问题,都没有重大发明。

张崇根的《台湾四百年前史》是一部古代台湾研究史专著,分为 12 章,半数章节讲史前到秦汉时期。作者论证孙吴的夷洲、隋代的流求、宋代的毗舍邪都在台湾,提出了一些合理的新解,但是很多地方还没有深入发掘,所以本书又予以确切定位。

另外徐晓望的《早期台湾海峡史研究》特别值得关注。此书提出了台湾海峡史的新框架,兼顾闽台历史的整体进程,发现了一些新史料,提出了不少新观点,极有价值。此外,还有林惠祥、陈碧笙、陈孔立、施联朱、邓孔昭、徐玉虎、林仁川、张增信、刘益昌、李壬癸、臧振华、詹素娟、李国铭、米庆余、李祖基、陈宗仁、徐晓望、陈小冲、汤开建等诸多先生的论著。

本书试图在前人研究基础上,解决台湾古代历史研究中的一些难题,尝试全面构建台湾古代史的一个新系统。

前人已经指出先秦史书中的大壑就是今天的黑潮(日本暖流),中国人很早就了解到了日本列岛与今琉球群岛及台湾一带地理,本书提出了一些新证据,又指出六朝人对黑潮也有很多珍贵记载。但是先秦史书的岛夷和外越主要是指浙江沿海岛屿居民,而非台湾先住民,但是浙江、福建沿海的岛屿居民有很多是北迁的南岛人。闽北、浙南的安家人风俗类似夷洲人,"安家"一名源自台湾东北部先住民语言的大船艋舺 vanka。

孙吴出征夷洲和隋代出征流求是台湾早期历史上的两件大事,可是学术界还有不少争论,多数学者认为夷洲和流求是台湾岛,也有个别学者坚称夷洲、流求是今天的冲绳岛,不是台湾岛。本书首次论证孙吴到达今天的台北盆地或新竹平原,他们接触到的夷人就是赛夏族的先民。本书还充分论证"流求"一词的语源就是台湾岛最南部的琅峤,隋军接触到的流求人是今天排湾族的先民。本书结合排湾族的调查资料,破解了《隋书》记载的流求国地名、官名和氏族名的语源,绘制出了隋军的路线图。因此,我们可以确定吴军、隋军都到了台湾岛。

前人多以为南朝与唐朝是台湾历史记载的空白期,本书首次揭示了两则南朝地理志和笔记小说中的台湾岛史料,这说明台湾岛在中国的载籍中从未消失,隋代出征台湾岛的行动建立在南朝人的知识基础上。本书还首次提出唐代鉴真第五次东渡时曾经到达台湾岛,可能在今台湾岛东部沿岸。本书还首次提出五代十国时期的王闽与台湾贸易的可能性问题,并做出了简要回答。

本书首次论证《拾遗记·诸名山》是中国第一篇系统准确叙述东南海上五大岛——加里曼丹岛、澎湖岛、台湾岛、屋久岛、九州岛的珍贵地理文献。蓬莱即文莱(加里曼丹岛),方壶(方丈)即澎湖,瀛洲即夷洲(台湾),员峤是屋久,岱舆是九州。上古燕齐方士说蓬莱、方壶、瀛洲难以抵达,因为这三岛比朝鲜、日本远。

南宋时期骚扰福建沿海的毗舍耶人,很多人认为毗舍耶人是菲律宾的米沙鄢人,也有人以为是台湾先住民。本书首次提出毗舍耶人并非直接来自菲律宾,而是台湾南部的放索人(Pangsoa)的先民。

元代出征琉求(台湾岛)的路线,前人多有争议,本书论证元军的起航地在今澎湖岛最南部的山水村,在台湾岛的登陆地在今高雄市。本书还重新论证了元末汪大渊《岛夷志略》记载的四个台湾山名的位置,指出宋元时期大陆人对台湾岛的认识不断深化。

虽然明朝初年实行海禁,把宋元以来开发成熟的澎湖列岛弃置海外,可是台湾、澎湖都属于明朝疆域毋庸置疑。但是现在有的台湾学者认为明朝的疆域不包括台湾岛,本书利用明代《东西洋考》、《露书》、《皇明职方地图》等史料证明台湾属于明朝,并且指出这些学者误解中国古代史书中"版图"二字的确切含义,导致他们得出了错误的结论。

嘉靖到万历时期的大陆人开发台湾岛的历史一直晦暗不清,本书首次揭示此时大陆人在台湾岛的开辟基地从魍港向其南北两港大员、北港转移的过程,并首次揭示万历初年潮州人林凤、林道乾连续开发台湾的历史。发掘出林道乾曾经定居台湾三年的新史料,指出林道乾和先住民关系密切。过去流传颜思齐最早开拓魍港(或笨港)的说法,现在看来不正确。魍港是明代汉人在台湾岛建立的最早聚落,前人对魍港的位置没有准确说法,本书首次论证魍港在今台南市北门区的南鲲身、北门一带。

万历前期开始,闽南渔民开发了位于今台南市的北港渔场。北港逐渐从渔港变成商港,成为福建海商和外国的贸易中心。万历三十年(1602年)沈有容出征台湾,渔民为他绘制了台湾地图,本书重新考证了这些地名,并且指出这些地名都和渔业有关。

前人多以为明代没有一幅地图把台湾画成一个完整的岛屿,本书指出中国科学院收藏的明代《福建海防图》不仅画出福建沿海，还画出了台湾、菲律宾、琉球诸岛，其中台湾西海岸南北绵延，有 22 个地名均匀分布在台湾南北，证实明代福建水师关注台湾海防，而且了解台湾地理。本书首次考证这幅珍贵地图标出的台湾地名，解决了一些长期以来悬而未决的重要问题。

　　本书最后总结古代中国王朝正史记载的台湾历史与民间流传台湾历史的两个层面，区分了大陆与台湾关系紧密的两类王朝，指出闽北、闽南的两条航路导致古代大陆人熟悉台湾的南北两个地区，澄清了台湾古代史的两种误解：一是洋流阻碍陆台航行的误解，二是台湾在明代之前孤立在海上的误解；又提出在中国、日本、欧洲都存在海上集团中心地北移的现象，三大地区海上势力的北移共同改变了台湾的历史进程。

第一章

大壑与黑潮

本章首先介绍台湾岛的地理概况与先住民,再考证上古大陆沿海居民与台湾的密切关系。台湾岛的先住民可以分为高山族和平埔族,这个分法原来只是因为二者的居住环境与汉化程度不同,所以并不准确,本书使用台湾先住民的说法。台湾先住民使用南岛语系的语言,南岛语曾经是世界上分布最广的语系。很多学者认为南岛语的扩散源头是台湾岛,台湾岛是南岛民族的发源地。

有人为了台独而利用南岛语源自台湾说,但是这与南岛语源自台湾说本身无关。因此南岛语是否源自台湾是一个学术问题,值得我们深入研究。即使南岛语源自台湾,也丝毫不能成为台湾能独立的证据。因为南岛语系民族现在占台湾总人口的比例极少,所以台湾是不是南岛语的起源地与台湾是否应该独立毫无关系。而且台湾数千年来与中国大陆关系紧密,特别是近数百年来大陆人口大量移民台湾,所以台湾古代史不等于南岛民族的历史。何况南岛民族与其他民族在历史上一直在交融,有一本明确宣扬台独错误观点的读物说吃槟榔是南岛文化特色,[1]本书第一章第四节将要指出,不但上古在今江苏南部的吴人吃槟榔,宋代的四川、福建、广东、广西人都喜好吃槟榔,所以吃槟榔根本不是南岛文化特色。热带地区的很多语系民族都有这种习俗,这种所谓的南岛文化特色根本不存在。因为南岛文化与周边文化一直交融,所以试图用所谓的南岛文化特色来论证台独错误观点就不能成立。

因为南岛民族在历史上与华夏一直有交融,很多南岛语系、侗台语系的越人在数千年前就融入了汉族,所以汉族的血缘本来就有南岛成分。本章指出,

---

① 蒋为文:《台湾元气宝典》,台南:成功大学,2007 年,第 25 页。

古代大陆东南地区一直有很多南岛人，他们绝大多数已经融入汉族了。现在有的台湾人忽视这种数千年来的交融，说从某个台湾人的基因检测到非汉族成分，就说此人的祖先是南岛人，这真是一种误解。因为这个人的祖先很可能是千百年前就融入汉族的南岛人，既然早已是汉族，则这种生物学的检测也就不具备任何现实文化与政治的意义。李筱峰在为林妈利的《我们流着不同的血液：以血型、基因的科学证据揭开台湾各族群身世之谜》一书所作序言中说，林妈利检测他的血缘，得出的结论说他的母系血缘来自印度，父系来自东南亚的非华人，于是他说："我可以更理直气壮回答：我不是汉人。"[①]但是林妈利明明在书中说："血缘的认定与族群的认定没有关系，族群的认定是文化的，就是文化的认同，在我们从事检验那么多族群的经验中，许多族群中个体的来源非常多元，绝对不是一个族群的血缘只来自一个或少数几个相关的家族。"[②]可见某些台独分子故意曲解了科学研究成果，但是这种附加的曲解与分子人类学研究无关，不能因为某些人利用了分子人类学就否定分子人类学。有人利用分子人类学宣扬错误观点，更需要我们正确深入地促进分子人类学与历史学的融合。对于林妈利的书，我们需要用学术态度予以甄别，不能一概否定，但也不能全盘接受。分子人类学促进了民族史研究，但不能替代民族史。历史学者应该积极利用分子人类学的检测结果，促进历史学的发展。

一个语系的产生时间往往极早，内部分化很大，往往不能通话。而且语系分布往往极广，涉及数十个国家，而这些国家既不可能因为同属一个语系而合成一国，也不可能有某个国家因为是某个语系的起源地而获得较高的政治地位。世界上没有哪个地区因为宣扬是某个语系起源地而独立，也没有哪个国家提出过这个国家的主体民族语言所属语系起源地的领土要求，所以台独分子宣扬台湾是南岛语起源地没有任何意义。很多语系的起源地早已是另外一个语系的分布区，比如很多学者提出印欧语系语言起源于中亚，但是现在的中亚多数不是印欧语分布地。因此我们不必为了反对台独而反对南岛语源自台湾说，而应把南岛文化研究看成一个学术问题。如果我们承认台湾是南岛语的起源地，又指出这种学术观点丝毫不能支持台独的错误主张，才能使台独分子不再利用这种学术观点，而使学术研究回归正常。

---

① 林妈利：《我们流着不同的血液：以血型、基因的科学证据揭开台湾各族群身世之谜》，台北：前卫出版社，2010年，第3页。

② 林妈利：《我们流着不同的血液：以血型、基因的科学证据揭开台湾各族群身世之谜》，第118页。

第一节 台湾地理概况

中国的大岛不多,较大的海岛只有台湾岛和海南岛,而且都在华南海域。中国第三大岛崇明岛是长江河口的冲积平原岛,面积仅有 1083 平方千米,无论是面积还是区位都不能和台湾岛、海南岛相提并论,而且按照长江三角洲的演化规律,崇明岛不久会和北岸的大陆连接。中国第四大岛是舟山岛,面积还不及崇明岛一半。海南岛的面积为 3.39 万平方千米,比台湾稍小,但是在中国的重要性远远不及台湾。

从世界形势来看,台湾是个小岛,台湾岛的面积只占世界陆地面积的万分之二十六。如果按照面积排名,台湾排到 38 位,相当于世界第一大岛格陵兰岛面积的 1.6%,相当于亚洲第一大岛加里曼丹岛面积的 4.8%,相当于东亚第一大岛本州岛面积的 15.8%,在面积上显然不占优势。但是格陵兰岛的气候全为极地气候,加里曼丹岛基本都是热带雨林气候,气候多样性不及台湾。

我们还可以比较和台湾面积相仿的岛屿,大洋洲的新不列颠岛面积 3.5 万平方千米,东南亚的帝汶岛面积 3.4 万平方千米,俄罗斯的尤日内岛(新地岛的南岛)面积 3.3 万平方千米,这些岛在世界地理中的重要性都不及台湾岛。

台湾虽然是个小岛,但是地理位置特殊,形成原因独特,在世界自然地理和人文地理格局中都有重要地位,岛上的很多地理景观在中国都很罕见,所以本书开头有必要首先介绍台湾的地理概况。

一、自然地理概况

台湾岛是中国第一大岛,南北纵长 395 千米,东西最宽 144 千米,环岛海岸线 1139 千米。如含澎湖群岛,海岸线总长 1520 千米,面积 35915 平方千米。

台湾岛由欧亚大陆板块、南海板块、菲律宾板块挤压而成,因而东西窄、南北长,略成番薯状。因为地处几大板块交界处,所以多地震和火山。台湾岛最北部有大屯山火山群和基隆火山群,还有丰富的温泉和地热资源,台湾高雄等地还有罕见的泥火山。

台湾岛有一系列东北西南走向的山脉,最东有海岸山脉,其西是花东纵谷,再西有中央山脉、玉山,再西是雪山和阿里山,最西是冲积平原。台湾岛是世界第四高岛,高山密度位居世界第一,最高峰是海拔 3952 米的玉山主峰。台湾地形以山地、丘陵为主,3000 米以上的高山区占 1%,1000～3000 米的中山区占 30%,10～1000 米的低山区占 38%,山丘总和占 70%。[1]

台湾北部沉降海岸多岬湾和岩岸,西部隆起海岸分为林口台地断层海岸、桃竹苗沙丘海岸、中彰云滩地海岸、嘉南沙洲海岸、高屏弧状海岸,南部恒春半岛多珊瑚礁海岸,东部为断层海岸。[2] 台湾西南部的嘉南平原是最大的平原,其东有新化丘陵、嘉义丘陵、斗六丘陵,其北有浊水溪冲积扇,其南隔内门丘陵和高雄平原有屏东平原。彰化之北有八卦台地和大肚台地,两个台地之东有台中盆地,其东是集集竹崎丘陵,再东是埔里盆地,大肚台地之北有大甲平原。再北有苗栗丘陵、竹南丘陵、竹东丘陵,之间有新竹平原。再北有桃园冲积扇和林口台地,再北是台北盆地。台北的北部为大屯山和基隆丘陵,大屯山东北部的野柳岬有多种奇特的海蚀和风化地形。台湾东北部有宜兰平原,东南的海岸山脉之中还有泰源盆地。[3]

台湾岛北部属副热带季风气候,南部为热带季风气候。受到东部黑潮(日本暖流)的影响,台湾岛气候较同纬度的大陆地区温暖。台湾高山很多,所以有显著的垂直气候带。由于地形复杂及大海阻隔,台湾有很多特有物种。台湾被誉为北半球的生态缩影,生物密度很高,至少有 46658 种生物。[4]

台湾降水丰沛,年平均降水量 2515 毫米。由于山地影响,所以东部、北部全年多水,基隆有雨港之称。中南部的降水集中在夏季,冬季易旱。新竹西部的台湾海峡很窄,所以全年多风,以新竹风闻名。澎湖少雨多风,被称为风柜。台湾多有台风,容易引发洪水和泥石流等灾害。

台湾四面都有河流,西部的河流较大,最长的浊水溪居于中部,南部的高屏溪流域最广,北部的淡水河位居第三。台中市有大安溪、大甲溪、大肚溪,台南市有八掌溪、急水溪、将军溪、曾文溪。东部的河流短促,北部有宜兰的兰阳溪和花莲的立雾溪,花东纵谷的大河有花莲溪、秀姑峦溪和卑南溪。最大的湖泊是南投县的日月潭,桃竹苗地区的台地多人工陂塘。

台湾岛周围还有很多小岛,共有大小岛屿 100 多个。其西部有澎湖列岛,西南部有琉球屿,南部有七星岩,东南部有绿岛、兰屿、小兰屿,东北部有龟山岛,北部有花瓶屿、棉花屿、彭佳屿,再东北有钓鱼群岛。

① 杨建夫:《台湾的山脉》,台北:远足文化事业有限公司,2010 年,第 17 页。
② 李素芳:《台湾的海岸》,台北:远足文化事业有限公司,2010 年,第 20～27 页。
③ 陈正祥:《台湾地志》,台北:南天书局,1993 年,第 769 页。
④ 李培芬:《台湾的生态系》,台北:远足文化事业有限公司,2010 年,第 30～33 页。

中国的大岛不多,台湾又是世界少见的高山岛,岛上的火山、断崖、海岬、恶地(嘉义火炎山、高雄月世界)等多种地形在中国罕见。台湾处在日本列岛、琉球群岛和菲律宾群岛、巽他群岛之间,是太平洋西部岛链距离大陆最近之处,是中国大陆通往太平洋的门户,所以地理区位特别重要。台湾有丰富的渔业、林业及多种经济作物,是中国名副其实的第一宝岛。

二、政区变迁概况

台湾岛政区变化较大,我们可以从现在政区追溯。台湾岛内现在分为5个直辖市和台湾省辖的12个县和3个市,5个直辖市为:台北市、新北市(2010年改台北县置)、台中市(2010年并入台中县)、台南市(2010年并入台南县)、高雄市(2010年并入高雄县)。台湾省辖的12县为:桃园、新竹、苗栗、彰化、南投、云林、嘉义、屏东、台东、花莲、宜兰、澎湖。另有基隆市、新竹市、嘉义市亦归台湾省辖。

现代台湾政区的基础是1950年奠定的,1950年分为5省辖市、16县,其后只有4个市稍有变化:1967年台北升为直辖市,1979年高雄升为直辖市,1982年新竹、嘉义升为省辖市。

1945—1959年的台湾政区是8县,9省辖市和2县辖市,8县是台北、新竹、台中、台南、高雄、花莲、台东、澎湖,9省辖市是基隆、台北、新竹、台中、彰化、嘉义、台南、高雄、屏东,2县辖市是宜兰、花莲。1950年最大的变化是恢复云林县、南投县。

日本侵占台湾时期,政区变迁频繁,1895年设三县一厅:台北县(辖基隆、宜兰、淡水、新竹四个支厅)、台湾县(辖苗栗、彰化、埔里社、云林四个支厅)、台南县(辖嘉义、凤山、恒春、台东四个支厅)、澎湖厅。1897年,台北县分出新竹、宜兰二县,台南县分出嘉义县、凤山县和台东厅,变为六县三厅。

1901年废除县制,共设20个厅:台北、基隆、宜兰、深坑、桃仔园、新竹、苗栗、台中、彰化、南投、斗六、嘉义、盐水港、台南、蕃薯寮、凤山、阿猴、恒春、台东、澎湖。

1909年减为12个厅:台北、桃园、新竹、台中、南投、嘉义、台南、阿猴、台东、花莲港、宜兰、澎湖。1920年设五州二厅:台北州、新竹州、台中州、台南州、高雄州、台东厅、花莲港厅。1926年析置澎湖厅。[①]

① 施雅轩:《台湾的行政区变迁》,台北:远足文化事业有限公司,2003年。

明清时期的台湾区划有两个特点:一是政区不断增多,二是重心由西南向东北转移。1661 年,郑成功收复台湾,设置东都承天府,辖天兴、万年两县及澎湖安抚司,二县以台江内海为界。[①] 1664 年,郑经改东都为东宁总制府,改天兴、万年为州。

康熙二十三年(1684 年),清朝征服明郑,设台厦道、台湾府,原天兴、万年二州改为诸罗县(县治诸罗山,今嘉义市)、凤山县(县治兴隆庄,今高雄左营),台湾府附近设台湾县。

雍正元年(1723 年),诸罗县虎尾溪以北设彰化县,另设淡水同知兼巡北路。雍正五年(1727 年),台厦道改为台湾岛,设澎湖厅。雍正九年(1731 年),改淡水同知为淡水厅,辖大甲溪以北,治沙辘(今台中沙鹿),弘历(1711—1799)乾隆二十年(1752 年)北迁到竹堑(今新竹市)。乾隆五十二年(1787 年)平定林爽文起义,为嘉奖诸罗县的坚守,改诸罗县为嘉义县。颙琰(1796—1820)嘉庆十六年(1811 年),设噶玛兰厅,这是清代在台湾东部的第一个政区。

光绪元年(1875 年)政区变化较大,新设台北府,辖三县一厅:府治附近设淡水县,原淡水厅改为新竹县,噶玛兰厅改为宜兰县,新设基隆厅。原台湾府辖南部,除了原四县一厅,新设水沙连厅、恒春县、卑南厅。

光绪十一年(1885 年)清朝下诏设台湾省,分为台北、台湾二府,台湾府辖台湾县、嘉义县、凤山县、恒春县、彰化县、鹿港厅、埔里社厅、卑南厅、澎湖厅,台北府辖宜兰县、基隆厅、淡水县、新竹县,省会仍在台湾县。台湾虽然建省,但是地方政区没有变化。

光绪十三年(1887 年)闽台分治,台湾正式建省。首任巡抚刘铭传(1836—1896)台湾改革政区,台湾省会改在彰化县桥子头(今台中市),在此新设台湾府和台湾县,原台湾府和台湾县改为台南府和安平县,卑南厅改为台东直隶州。鹿港厅并入彰化县,新设云林县,光绪十五年(1889 年)又设苗栗县,中部的新台湾府辖台湾、彰化、云林、苗栗四县和埔里社厅,台南府辖安平、凤山、嘉义、恒春四县和澎湖厅。

光绪二十年(1894 年),继任台湾巡抚邵友濂(1841—1901)把省会移到台北,分淡水县置南雅厅,台北府辖淡水、新竹、宜兰三县和基隆厅、南雅厅。此时的台南府,除恒春县为后设外,基本就是明郑时期的台湾政区。新增政区都

---

① 邓孔昭:《明郑台湾天兴万年二县(州)辖境的再探讨》,《台湾研究集刊》2009 年第 3 期。

在中北部,而台北府的前身就是淡水厅,中部新台湾府的前身就是彰化县,北中南三个地区的奠定在雍正年间。北部的政区激增在台湾设省的光绪元年(1875 年),中部的政区激增在台湾迁省的光绪十三年(1887 年)。因为台北设府,重心开始北移,为了平衡南北,所以省会才迁到中部。但是台中只是过渡,省会还是很快移到了台北。刘铭传以北方平原的思维定省会在台中,最终没有成功。台湾岛有独特的地理形势,台中的交通不便,也不是经济中心。①

清代之后变化最大的政区是高雄,高雄是日本帝国主义为了侵略东南亚而建设的大港,1924 年设高雄市,1979 年升为直辖市。

另一个较大的变化是花莲的崛起,1909 年日本殖民者把 20 厅并为 12 厅时,把台东厅分为台东、花莲港厅。花莲在台湾东部,面对日本,所以日本人从1931 年开始积极建设花莲港以劫掠台湾物资,并在花莲建设日本移民村。日本帝国主义的妄想最终破灭,但是花莲却发展起来了。

桃园也是在日本侵略时期崛起,1901 年 20 厅时还称桃仔园厅,1909 年12 厅时改为桃园厅。桃园多台地,干旱缺水,原本不宜农业,所以开发较晚。桃园设县后,北部的政区较为均衡了。

比较清末和 1950 年的政区,消失的政区其实只有恒春县和南雅厅,因为凤山县即高雄前身,埔里社厅即南投前身。恒春县地域狭小而多山,1875 年为了防止日本入侵而设县。1871 年,琉球国宫古岛民 69 人漂流到了台湾南部,被牡丹社(在今屏东县牡丹乡)先住民杀死 54 人。1874 年,日本以此为借口,入侵台湾牡丹社,这是近代日本的第一次海外侵略。日军遭到了先住民的强烈抵抗,被迫撤军,却获得清朝赔偿 50 万两白银,清朝放弃了琉球宗主国身份,使得日本独占琉球。此举刺激了清廷,所以要在恒春设县管理。

但是刺激台湾建省的却不是日本人,而是法国人,在光绪九年(1883 年)到十一年(1885 年)的中法战争中,法国舰队占领了基隆和澎湖,并摧毁福州的马尾船厂。中法战争结束之后,清朝认识到台湾在东南海防中的重要性,改福建巡抚为台湾巡抚,刘铭传为首任台湾巡抚。

第二节　台湾先住民的由来

据生物学家检测人类基因发现,全世界现在的人类都有共同祖先,所有人

---

① 周翔鹤:《台湾省会选址论——清代台湾交通与城镇体系之演变》,《海峡交通史论丛》,福州:海风出版社,2002 年。

类源出东非的一个小部落。6万—5万年前,智人从东南亚进入东亚,由南向北,由西向东扩散。最早到亚洲的一支即东南亚各地残存的小黑人,又名尼格利陀人(Negritoes)。赛夏、噶玛兰、邹、布农、泰雅、鲁凯、排湾、阿美、邵等族都有小黑人的传说,传说被南岛民族消灭,所以赛夏人还有每两年一次的矮人祭典。① 晚到亚洲的一支在中国南海一带形成南岛语系与侗台语系民族,也即中国古人所说的越人。侗台民族和南岛民族在中国华南沿海发生分化,向东迁徙的一支是南岛民族。也有学者把南岛语系和侗台语系合称为澳亚语系,这个语系和汉藏语系的分化时间是3万年前。②

南岛民族再向东南诸岛扩散,又从印度尼西亚向西南扩散到马达加斯加岛。很多语言学家认为南岛语系的起源地是台湾岛,现在台湾先住民各族的语源分歧很大。台湾岛的面积在现在南岛语系的分布区中只是沧海一粟,经过几千年的交流,语言差异仍然很大,保存古语特征最多,所以语言学家推测其分化时间很早,很可能是南岛语系的起源地。③ 也有学者认为南岛民族起源于菲律宾南部与印尼东北部,还有学者认为南岛民族祖先从大陆来到台湾,在岛上长期演化,可能还有来自东南亚的人群加入,还有一支先民从华南向越南及婆罗洲等地扩展。④ 不过最末一次冰期时的台湾海峡还是陆地,那时闽台一体,所以此说可以统一为闽台来源说。还有学者认为南岛民族不是从闽台扩散出去,而是旧石器时代以来土著人文共同体内在文化演化、变迁的结果。⑤

进入台湾岛的南岛民族,也在不断分化。这个分化的具体过程,现在还有很多争论。到了近现代,台湾岛西部的先住民被汉人称为平埔族,东部的先住民被称为高山族。清人开始把平埔族和高山族称为熟番、野番,平埔族之名起于清代中期,陈伦炯(约1685—1748)《海国闻见录》说:"台湾西南一带沃野,

① 李壬癸:《台湾南岛民族关于矮人的传说》,李壬癸:《台湾南岛民族的族群与迁徙》,第113~150页。

② 韩升、李辉主编:《我们是谁》,上海:复旦大学出版社,2011年,第85、165页;杨俊、李辉、金建中、金力、卢大儒:《上海先住民的Y染色体遗传分析》,《中央民族大学学报(自然科学版)》2004年第1期。

③ 李壬癸:《台湾最珍贵的文化资产:南岛语言》,《珍惜台湾南岛语言》,台北:前卫出版社,2010年,第9~16页。

④ 臧振华:《吕宋岛考古与南岛语族的起源和扩散问题》,萧新煌主编:《东南亚的变貌》,台北:"中研院"东南亚区域研究计划,2000年,第3~25页。

⑤ 吴春明:《万年前后的"亚洲东南海洋地带"》,《从百越土著到南岛海洋文化》,北京:文物出版社,2012年,第3~24页。

东面俯临大海,附近输赋应徭者,名曰平埔土番。"《安平县杂记》说:"四社番因当时四社地属平埔,近处村庄土民则将该归化生番指称为平埔番。"①平埔族、高山族其实就是汉化和未汉化的区别,高山族、平埔族的区别和文化无关,所以一些高山族和平埔族的关系比两个高山族还近。台湾岛东部也有平原,居住在花东纵谷的阿美族就是平地民族,也被称为高山族。可见,平埔族、高山族的名称并不科学,只是因为汉族首先进入西部平原,所以西部的平埔族汉化较早,这是他们和东部高山族的主要区别。因为高山族的名称不确切,所以很早就有学者提出质疑,并提议改用他名。②

现在我们一般把高山族分为十几个族群,分法不尽相同。由于最近还有一些族群的正名举动,所以分法还在变化。最近的一种分法是分为以下十四族:泰雅(Atayal)、赛德克(Seediq)、太鲁阁(Taroko)、赛夏(Saysiyat)、邵族(Thao)、布农(Bunun)、撒奇莱雅族(Sakizaya)、阿美族(Amis)、邹族(Tsou)、卑南族(Puyuma)、鲁凯族(Rukai)、排湾族(Paiwan)、达悟族(Tao,即雅美族,Yami)、噶玛兰族(Kavalan)。其中达悟(雅美)族只分布在台湾岛东南的离岛——兰屿,其余都在台湾岛。另外在宜兰县的噶玛兰族和日月潭地区的邵族,是高山族还是平埔族,还有争议。邵族、噶玛兰族、太鲁阁族、撒奇莱雅族、赛德克族都是最近十余年才被认可,所以传统的说法只有高山九族。

传统的高山九族中,最北部的泰雅族分布范围最大,但是因为高山很多,所以人口不是最多。其西北的赛夏族,分布地域最小,人口最少。赛夏族的地域曾经较大,但是不断缩小。台湾岛中部的布农族,南北跨度很大,原居于现在分布区的北部,后来不断南迁,是地域扩展最大的一族。布农族西部的邹族,人口倒数第二多,是很小的一族。东部的阿美族,因为居于平地,所以人口最多。排湾族在南部的半岛地区,地域不大,但是有先住民中唯一的贵族制社会,他们的服饰华丽,工艺精美,祭祀隆重。排湾族北部还有鲁凯族、卑南族,两族地域很小,人口较少,文化上有混杂性。兰屿的达悟(雅美)族其实是海洋民族,非常独特,是不到一千年前从菲律宾北迁至此的民族。

西部的平埔族,现在几乎已经全部汉化。原来的平埔族包括十余个族群,文化上可以分为北、中、南三大部分。

北部的大台北地区,原有凯达格兰族(Ketagalan),其北部沿海地区有巴

① 潘英:《台湾平埔族史》,台北:南天书局,1996年,第18页。
② 汪毅夫:《台湾"高山族"之名的商榷》,《台湾社会与文化》,福州:海峡文艺出版社,1994年,第60~66页。

赛族(Basay),其东部有噶玛兰族,其西南部有龟崙族(Kulun),这些民族的语言接近。中西部平原的平埔族包括:道卡斯族、巴则海族(Pazih)、巴布拉族(Papora)、巴布萨族(Babuza,一作猫雾拺族)、洪雅族(Hoanya)、邵族。北部的道卡斯族、巴布拉族、巴布萨族关系最近,其南部的洪雅族分布地域很大,在今台中、彰化、南投、云林、嘉义、台南等地。最南部的平埔族是西拉雅族(Siraya),其南部又可分出马卡道族(Maktao),有时也归为一族。

根据语言学家李壬癸先生研究,台湾先住民是从今台南市附近分化出来。大致可以分为三大族群。

1. 最早分出的是今台湾东南部诸族:(1)约5000年前有一支东迁,即鲁凯族的先民,又在3500年前向东分出卑南族;(2)约4500年前,又有一支向东,3000年前分化为邹族和撒阿鲁阿族;(3)约4000年前,布农族、排湾族的祖先东迁,其后两族不断南迁。

2. 其次分出的是台湾中部诸族:(1)约3500年前向东分出泰雅族,泰雅族向东北进入山区;(2)约3000年前,赛夏族、巴则海族分化,2000年前,赛夏族又向北分出龟崙族;(3)约1000年前,洪雅族、巴布萨族分化,巴布拉族又从巴布萨族分出北迁,道卡斯族又从巴布萨族分出北迁。洪雅、巴布萨、巴布拉、道卡斯是四个沿海民族,因为道卡斯族占据沿海平原,泰雅族又不断北迁,所以赛夏族的范围越来越小。

3. 最后分出的是台湾东部诸族:(1)留在台湾南部的是西拉雅族,其南部分化出马卡道族;(2)又有一支向南,绕过南部的半岛,约3000年前,通过海路,或者沿海而上,到达台湾东部,形成了阿美族;(3)约2500年前,又从阿美族分出巴赛族,北迁到达台北地区。巴赛族不断西迁,分化出凯达格兰族;(4)又有一支在约1000年前北迁到宜兰,形成噶玛兰族。所以台湾最北部和东部的民族和西南部的民族,关系最近。[①]

现在发现的台湾旧石器时代晚期文化是长滨文化,最早发现于台东县长滨乡的八仙洞,除此,还有台北市的圆山、台东县的小马海蚀洞、屏东县的鹅銮鼻等遗址。同时期的台湾西北部还有网形文化,有苗栗县网形伯公、台北市的芝山岩等遗址,刘益昌先生认为其与广西壮族自治区、贵州省的石器比较接近。[②]

---

① 李壬癸:《台湾南岛民族迁移图》,《珍惜台湾南岛语言》。
② 刘益昌:《史前时代台湾与华南关系初探》,《中国海洋发展史论文集》第3辑,台北:"中研院"中山人文社科所,1988年,第19页。

新石器时代台湾最早的文化是大坌坑文化,时间在距今 7000—5000 年,1962 年最早发现于台北县八里乡大坌坑遗址。多数学者认为大坌坑文化来自中国大陆东南沿海地区,张光直把福建、广东等地的粗绳纹陶文化都列入大坌坑文化,臧振华、刘益昌先生认为大坌坑文化不是从台湾本地的旧石器时代的长滨文化发展出来,而是从大陆的华南沿海东迁而来。[①] 也有学者提出大坌坑文化和浙江的河姆渡文化、山东的大汶口文化有密切联系,张崇根有详细总结。[②]

考古学和语言学的结论大致吻合,台湾的南岛民族和大陆的侗台民族,在距今 7000—5000 年分化,这时正是全新世中期的大暖期,气温升高,海平面上升,所以台湾海峡越来越宽,阻隔了海峡两岸的交流。此时地势低洼的地方不适宜人类居住,于是台湾岛的先住民逐渐从西部的平原向东部的山区发展,这就是距今 5000—4000 年的先住民大分化的原因。距今 4500 年前后的降温对台湾的影响不大,所以没有阻挡先住民向东的步伐。

向东的四支,没有分化出很多民族,只有鲁凯族分出卑南族,邹族和撒阿鲁阿族分化开来。但是向北的一支,分出泰雅、赛夏、龟崙、巴则海、洪雅、巴布萨、巴布拉、道卡斯、邵等九族,是分出民族最多的一支。因为台湾中部的平原和盆地较多,所以回旋空间较大,能产生较多的人口。

过去有一种错误观点,以为台湾多数先住民不善航海,台湾在上古时期与世隔绝。但是此说理论上显然不能成立,因为全世界的岛民无不善于航海,南岛民族更是全世界最善于航海的民族,所以才能散布在广阔的太平洋与印度洋。近来考古学者发现,远古台湾岛所产玉器见于菲律宾的巴坦群岛、巴布延群岛、巴拉望岛、加里曼丹岛北部甚至越南中部和泰国南部海岸诸多遗址,说明台湾到这些地区早有航路。[③] 所以台湾过去不在航道的观点有误,台湾自古以来就在海洋航路上。下文还要说到,上古的大陆沿海也有很多南岛民族,这些人有很多应是从台湾迁出。

① 臧振华:《台湾考古的发现和研究》,邓聪、吴春明主编:《东南考古研究》第 2 辑,厦门:厦门大学出版社,1999 年。
② 张崇根:《台湾四百年前史》,第 93～101 页。
③ [日]饭塚义之:《台湾产玉の拡散と東南アジアの先史文化》,《海の道と考古学》,东京:高志书院,2010 年,第 51～65 页。

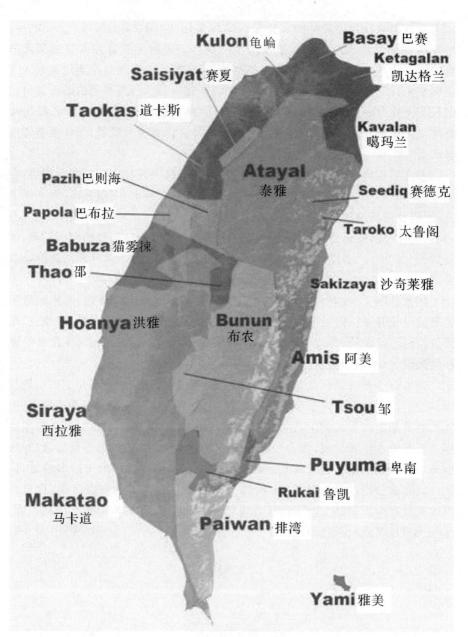

Kulon 龟崙

Basay 巴赛

Saisiyat 赛夏

Ketagalan 凯达格兰

Taokas 道卡斯

Kavalan 噶玛兰

Pazih 巴则海

Atayal 泰雅

Papola 巴布拉

Seediq 赛德克

Taroko 太鲁阁

Babuza 猫雾捒

Thao 邵

Sakizaya 沙奇莱雅

Hoanya 洪雅

Bunun 布农

Amis 阿美

Siraya 西拉雅

Tsou 邹

Puyuma 卑南

Rukai 鲁凯

Makatao 马卡道

Paiwan 排湾

Yami 雅美

台湾先住民分布图

第三节 大壑与黑潮新考

台湾岛和中国大陆距离很近,风烟相望,历史上一直有密切交往,先秦时期的台湾及其附近的黑潮已经为大陆人知晓。

一、先秦书籍中的大壑

《庄子·天地》说:

> 谆芒将东之大壑,适遇苑风于东海之滨。苑风曰:"子将奚之?"曰:"将之大壑。"曰:"奚为焉?"曰:"夫大壑之为物也,注焉而不满,酌焉而不竭,吾将游焉。"①

这里是庄子讲道的一则寓言,但是这则寓言的原型是当时中原流传的地理知识,传说东海之外的大壑深不可测,天下之水汇注不满,大壑的传说在战国时代已经很有名。庄子能听到不少从齐国沿海来的传闻,《庄子》开篇的鲲化为鹏的故事就来自齐谐,也即齐地的故事,所以庄子所说的大壑很可能也自东方的燕齐沿海。

《列子·汤问》夏革曰:

> 渤海之东不知几亿万里,有大壑焉,实惟无底之谷,其下无底,名曰归墟。八纮九野之水,天汉之流,莫不注之,而无增无减焉。其中有五山焉:一曰岱舆,二曰员峤,三曰方壶,四曰瀛洲,五曰蓬莱。②

《尔雅·释地》:"东至于泰远,西至于邠国,南至于濮铅,北至于祝栗,谓之四极。"③岱舆即泰远,岱、泰音近,故泰山又称岱,上古音舆、远双声,鱼部[a]、元部[an]旁转。从《尔雅》另三个地名来看,泰远是音意兼译。《山海经·大荒东经》说:

> 东海之外,大荒之中,有山名大言,日月所出。④

岱舆、泰远亦即东海之外的大言山,大、岱、泰音近,言、远双声叠韵,读音可通。《山海经》大言山上一条就是:"东海之外大壑。"大壑和大言山在一起,

---

① 庄周撰,[清]郭庆藩集释:《庄子集释》,北京:中华书局,2004年,第439~440页。
② 列子撰,杨伯峻集释:《列子集释》,北京:中华书局,1979年,第151页。
③ 周祖谟校笺:《尔雅校笺》,昆明:云南人民出版社,2004年,第93页。
④ 袁珂校注:《山海经校注》,成都:巴蜀书社,1993年,第390页。

和《列子》的大壑中的岱舆山正相吻合。

有学者认为大壑所在的位置就是今天的冲绳海槽,处在大陆架和琉球群岛之间。古人当然没有技术发现这个海槽,但是他们很容易发现流经这里的黑潮(日本暖流),黑潮是世界上第二大洋流,源自赤道,流经台湾岛和琉球群岛、日本列岛周围,流程长达 4000～6000 千米。黑潮本身很清,但是因为携带的杂质和营养盐很少,阳光很少被折射回水面,所以看似颜色很深。黑潮的流速很急,最大流速可达 6～7 节。黑潮是强劲的暖流,夏季表层温度高达22℃～30℃,冬季也有 18℃～24℃。台湾岛东部黑潮宽达 280 千米,厚达 500米,流速 1～1.5 节,进入东海,宽度减小到 150 千米,流速加快到 2.5 节,四国外海的黑潮流量每秒有 6500 万平方米,是世界最大河流亚马孙河流量的 360倍,流速有 4 节。黑潮的流量很大,径流量相当于 1000 条长江,所以容易识别。

古人看到黑潮,联想到阴沟的浊流,所以把这里称为"沟"。明代万历三十四年(1606 年)册封琉球使夏子阳《使琉球录》说:

> (二十七日)午后过钓鱼屿,次日过黄尾屿。是夜风急浪狂,舵牙连折。连日所过水皆深黑,宛如浊沟积水。或又如靛色,忆前使录补遗称由沧水入黑水,信哉。二十九日望见枯米山,夷人喜,以为渐达其家。[1]

乾隆二十一年(1756 年)册封副使周煌《琉球国志略》卷五《山川》说:

> 琉球环岛皆海也,海面西距黑水沟,与闽海界。福建开洋至琉球,必经沧水,过黑水,古称沧溟。[2]

对黑水沟最详细的位置记载,是嘉庆十五年(1808 年)册封使齐鲲的《续琉球国志》,其书说:

> (闰五月)十三日,午刻见赤屿,又行船四更五,过沟祭海。[3]

这里说过了赤尾屿,又行船四更五到黑潮流经海域。明清人很容易发现的黑水沟(黑潮),上古人只要不是色盲,也会很容易发现。明清人喻之为"沟",上古人称其为"壑"也很正常。

康熙二年(1662 年)册封使张学礼《使琉球记》说:

> 初九日,浪急风猛,水飞山立,身中人颠覆呕逆,呻吟不绝。水色有异,深青如蓝,舟子曰:"入大洋矣。"顷之,有白水一线,横亘南北,舟子曰:

---

① [明]夏子阳、王士祯:《使琉球录》,《续修四库全书》第 742 册,第 651 页。

② [清]周煌:《琉球国志略》,《续修四库全书》第 745 册,第 652 页。

③ 吴天颖:《甲午战前钓鱼列屿归属考——兼质日本奥原敏雄诸教授》,北京:社会科学文献出版社,1994 年,第 56～58 页。

"过分水洋矣,此天之所以界中外者!"……海洋之水,绿白红蓝,历历如绘,汲起视之,其清如一,不能解也。[1]

他说过了黑潮,看到白水,这是分水洋,是中国和外国的界线。海水颜色不同,但是汲取细看,颜色相同,不能解释。清代人已经发现黑潮本身没有颜色,但是不明原因。

不过比冲绳更近的地方也有黑潮,这就是台湾海峡及台湾岛东部,黑潮支流称为台湾暖流,从台湾海峡北上,最远可到浙闽交界海域。汉人可以通过中国大陆的沿岸流方便地来到这里,这里更有可能是先秦时期大壑的原型所在。

清代的台湾文献中都记载从福建到台湾岛,要渡过黑水沟。清代黄叔璥《台海使槎录》说:

> 由大担出洋,海水深碧,或翠色如靛,红水沟色稍赤,黑水沟如墨,更进为浅蓝色,入鹿耳门,色黄白如河水。[2]

澎湖和福建之间是红水沟,澎湖和台湾岛之间是黑水沟,因为黑潮分出一支在台湾岛和澎湖之间,到了澎湖之西就不太明显,所以颜色从黑色变成红色。清代郁永河《裨海记游》卷上说:

> 二十二日平旦,渡黑水沟。台湾海道,惟黑水沟最险,自北流南,不知源出何所。海水正碧,沟水独黑如墨,势又稍窳,故谓之沟。广约百里,湍流迅驶,时觉腥秽袭人。又有红黑间道蛇与两头蛇绕船游泳,舟师时时以楮镪投之,屏息惴惴,惧或顺流而南,不知所之耳。红水沟不甚险,人颇泄视之,然二沟在大洋中,风涛鼓荡,而与绿水终古不淆,理亦难明。渡沟良久,闻钲鼓作于舷间,舟师来告,望见澎湖矣……二十四日晨起,视海水自深碧转为淡黑,回望澎湖诸岛,犹隐隐可见。顷之,渐没入烟云之外,前望台湾诸山,已在隐现间。更进,水变为淡蓝,转而为白,而台郡山峦,毕呈目前矣![3]

他说黑水沟从北向南流,这是误把福建的沿岸海流当成了黑潮,其实在澎湖之西的是红水沟,也即黑潮支流的支流,所以他说红水沟不是太险,但是黑水沟的水流很急,这是黑潮在台湾岛西部的支流。过了澎湖,海流是淡黑色。他说黑水沟、红水沟在海中,和碧绿的海水万古不相混淆,不知其中道理,这是古人还没有发现黑潮的由来。

---

① [清]张学礼:《使琉球记》,《四库全书存目丛书》史部第 128 册,第 420~421 页。

② [清]黄叔璥:《台海使槎录》,《台湾文献史料丛刊》第 21 册,第 10 页。

③ [清]郁永河:《裨海记游》,《台湾文献史料丛刊》第 123 册,台北:大通书局,1984年,第 5~8 页。

如果先秦时期古书里的大壑就是台湾岛附近的黑潮，那么中国大陆人在上古时期无疑就了解到了台湾岛的地理。不管大壑在何处，上古时期的中国大陆人已经了解到了台湾或琉球群岛附近的地理。

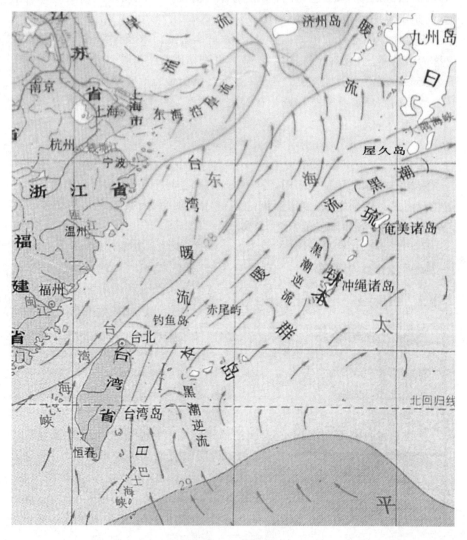

中国近海表层水流(8月)

注：刘明光主编：《中国自然地理图集》，北京：中国地图出版社，1998年，第62页。

还有一条铁证可以说明先秦人已经知道黑潮，《吕氏春秋》卷一七《君守》说："东海之极，水至而反。"就是说到了东海的尽头，水开始回流。这其实是指人们航海到了东海的东部,遇到了强劲的黑潮和台湾暖流,因此又被冲回,这条史料证明先秦的大陆人一定接触到了黑潮。

先秦人知道东南海域的黑潮还有考古学的证据,商朝人大量使用来自热带海域的贝类,前人提出其北运路线可能有东部沿海、长江中游、西部地区三条。日本学者木下尚子提出商朝人使用的贝类有来自今琉球群岛的品种,而且台湾南部的贝珠和琉球群岛西南部波照间岛的贝珠极为类似,黄河流域的贝珠、骨珠、石珠也有类似形状,所以上古的琉球群岛很可能与东亚的宝贝流通有关。[1]

二、六朝书籍中的黑潮

其实不仅上古和明清的中国史书记载了黑潮,秦汉六朝书籍也有记载,只不过比较隐晦,不为人注意。托名东方朔的《神异经》说:

> 东海沧浪之洲,生强木焉,洲人多用作舟楫。其上多以珠玉为戏物,终无所负。其木方一寸,可载百许斤。纵石镇之,不能没。[2]

东海沧浪洲有一种强力的树木,可以为舟船,船上有各种珠玉饰品。这种木船令我们想起台湾岛东南的兰屿达悟族(雅美族)的大海船,这种海船头尾翘起,尖底狭身,在太平洋很多地区都能看到,但是达悟(雅美)族的大船装饰尤其华丽。他们的大船多为白色,上面绘有明亮的红、黑、白三色花纹,还有很多雕刻。新船下水祭礼时,还要在头尾插上有鸡毛的木雕。[3] 古人远看这种大船,以为上面有很多珠宝装饰。

前秦王嘉的《拾遗记》卷一〇《诸名山》记述海外仙山说:

> (员峤山)南有移池国,人长三尺,寿万岁,以茅为衣服,皆长裾大袖,因风以升烟霞,若鸟用羽毛也……北有浣肠之国,甜水绕之,味甜如蜜,而水强流迅急,千钧投之,久久乃没。其国人常行于水上,逍遥于绝岳之岭,度天下广狭,绕八柱为一息,经四轴而暂寝,拾尘吐雾,以算历劫之数,而成阜丘,亦不尽也。[4]

员峤即今琉球群岛最北面的屋久(Yaku)岛,屋久岛是火山岛,形状浑圆。

---

① [日]木下尚子:《从古代中国看琉球列岛的宝贝》,《四川文物》2003年第1期。

② 王国良:《神异经研究》,台北:文史哲出版社,1985年,第54页。

③ 达西乌拉湾·毕马(田哲益):《台湾的先住民——达悟族》,第116、234~235页。

④ [前秦]王嘉撰,[萧梁]萧绮录,王根林校点:《拾遗记》,《汉魏六朝笔记小说大观》,第561页。

附近海潮很急,正是黑潮,牛津大学藏明末闽商航海图在屋久岛附近标注:"野故门,水流东甚紧。"野故门即屋久岛南部的海峡。本书第二章第三节还要论证,《拾遗记·诸名山》记载的东南五大神山不仅都有根据,而且其中的地理信息非常珍贵,从南到北,排列有序,这是中国第一篇详述东南海上五大岛屿——加里曼丹岛、澎湖岛、台湾岛、屋久岛、九州岛的地理文献。屋久岛的扶桑就是著名的屋久杉,最大的杉树被称为绳文杉。

六朝时期托名东方朔的《海内十洲记》说:

> 蓬丘,蓬莱山是也。对东海之东北岸,周回五千里。外别有圆海绕山,圆海水正黑,而谓之冥海也。无风而洪波百丈,不可得往来。上有九老丈人,九天真王宫,盖太上真人所居。唯飞仙有能到其处耳。

蓬莱山外的海水黑色,洪波万丈,正是日本的黑潮。李丰楙先生认为此书是东晋末到刘宋初上清伪经制造时期的道士所作,[①]王国良先生认为此书成于南朝宋齐之际。[②]《海内十洲记》误以为蓬莱在东海东北,其实是在东南,此书应晚于《拾遗记·诸名山》,详见第二章第三节。

汉魏六朝时期另一部托名东方朔的小说《汉武帝内传》说西王母授《五岳真形图》给汉武帝刘彻时说:

> 于是方丈之阜,为理命之室。沧浪海岛,养九老之堂。祖瀛元炎,长元流生,凤麟聚窟,各为洲名。并在沧流大海元津之中,水则碧黑俱流,波则振荡群精。诸仙玉女,聚于沧溟,其名难测,其实分明。[③]

这里的洲名都来自《海内十洲记》,此书晚于《海内十洲记》。其中说大海的绿水和黑水并流,这也是黑潮。

三、燕齐方士的海外探险

齐国是中原华夏诸国中海洋性最强的大国,齐人擅长航海与经商,《史记·齐世家》说齐立国即:"因其俗,简其礼,通商工之业,便鱼盐之利,而人民多归齐,齐为大国。"《平准书》:"齐桓公用管仲之谋,通轻重之权,徼山海之利,以朝诸侯。"《管子·海王》记管仲上官山海之策,用盐铁富国,而海盐是齐国特产,故名海王。《史记·封禅书》说:

---

① 李丰楙:《六朝隋唐仙道类小说研究》,台北:学生书局,1986 年,第 123~146 页。
② 王国良:《海内十洲记研究》,台北:文史哲出版社,1993 年,第 43 页。
③ 王根林校点:《汉武帝内传》,《汉魏六朝笔记小说大观》,上海:上海古籍出版社,1999 年,第 149 页。

自齐威、宣之时，驺子之徒论著终始五德之运，及秦帝而齐人奏之，故始皇采用之。而宋毋忌、正伯侨、充尚、羡门高，最后皆燕人，为方仙道，形解销化，依于鬼神之事。驺衍以阴阳主运显于诸侯，而燕齐海上之方士传其术不能通，然则怪迂阿谀苟合之徒自此兴，不可胜数也。自威、宣、燕昭使人入海求蓬莱、方丈、瀛洲。此三神山者，其傅在勃海中，[1]去人不远。患且至，则船风引而去。盖尝有至者，诸仙人及不死之药皆在焉。其物禽兽尽白，而黄金银为宫阙。未至，望之如云。及到，三神山反居水下。临之，风辄引去，终莫能至云。世主莫不甘心焉。及至秦始皇并天下，至海上，则方士言之不可胜数。

齐威王、齐宣王的时代，齐国的方士就了解到了东海的很多知识。这种风气又北传到了燕国，战国时期的燕、齐方士往来于海上，求仙问药，所以秦代才有齐人徐福东渡，秦汉的山东方士很多出自战国的邹衍门徒。

《史记·孟子荀卿列传》云：

齐有三驺子。其前驺忌……先孟子。其次驺衍，后孟子……以为儒者所谓中国者，于天下乃八十一分居其一分耳。中国名曰"赤县神州"，"赤县神州"内自有九州，禹之序九州是也，不得为州数。中国外如"赤县神州"者九，乃所谓九州也。于是有裨海环之，人民禽兽莫能相通者，乃为一州。如此者九，乃有大瀛海环其外，天地之际焉。

邹衍的大九州说认为，中国内部的九州只占世界的八十一分之一，九州外面还有八个和九州一样大小的九州，这九个九州外面是裨海，就是小海。[2] 再往外面，还有八个和裨海里面九个九州类似的地区，外面是大瀛海。

大瀛海，其实就是我们现在说的大洋，因为瀛就是洋。西汉扬雄《方言》卷一一：

蝇，东齐谓之羊。（郭璞注：此亦语转耳，今江东人呼羊声如蝇。）

东齐就是齐国东部，即今胶东，这里的人把蝇读作羊。语言学家通过《方言》全书的记载，推测西汉时代的东齐是一个特殊方言区。[3] 我们可以推测在邹衍的时代，经常在海上航行的东齐人知道黄海、东海之外还有一个大洋，就是我们今日所谓的太平洋，已经区分了海、洋。东齐人把中原人的[ʎieng]都读作[ʎiang]，所以"瀛"这个字读出来就是[ʎiang]，也就是后世的"洋"字。上

---

① 很多学者以为此处原文应其传在勃海中，"传（傳）"、"傅"形近而讹。

② 《史记索隐》："裨海，小海也。九州之外，更有大瀛海，故知此裨是小海也。且将有裨将，裨是小义也。"今按卑即小。

③ 周振鹤、游汝杰：《方言与中国文化》，第79页。

文引《越绝书》说越人称海为夷,其实就是瀛,读音极近,夷的上古音是以母脂部[ʎiei],这也证明胶东的夷文化确实受到越文化的强烈影响。

因为东夷是北迁的越人,所以瀛、夷的语源与南岛语同源,根据费罗礼调查的台湾各族语言,我们发现,噶玛兰、布农、阿美三族的"海"字读音最近瀛、夷,其次是排湾、卑南、雅美三族语言,费罗礼特别在排湾语的"海"字之下注雅美(达悟)族的"海"字[laut],表示二者关系,laut 即马来语。[①] 根据语言学家研究,东南台湾诸族语言存古较多,分子人类学也证实此点,详见本书第二章第一节关于"人"字、第六章第四节关于"鱼"字的考证。

大陆东部	海	东台湾	海	东南台湾	海
越	ʎiei(夷)	噶玛兰	Ziín, laː zín, rzin, zrin	排湾	lávǝk
莱	ʎiang(瀛)	布农	Ninʔav	卑南	lǝvǝl
		阿美	riár	雅美	ʔatáu、laut

邹衍学说里裨海的原型就是黄海、东海、南海、日本海(韩国称东海)等边缘海,裨海所环绕的中九州的原型,就是朝鲜半岛、库页岛、日本列岛、琉球群岛、台湾列岛等半岛、列岛。虽然这些半岛、列岛的面积不能和大陆相比,但是在上古时期,测量条件很落后,这些半岛、列岛的人口又很稀少,很多地区没有开发,所以人们只知道这些半岛、岛屿的存在,并不清楚它们的面积大小。《山海经》的《海经》出自燕齐之地,《山海经》原有配图,燕齐方士应有简单的海图。一直到明代,洪武二十二年(1389 年)所绘的《大明混一图》上的日本列岛还是被夸张得很大,琉球群岛的主岛冲绳岛在地图上比台湾岛还要大。明代尚且如此,上古时就更可以想见了。所以邹衍自然把西太平洋的这个岛链也当成一些和九州并列的州,进而构建出大九州说。

朝鲜半岛北起慈江道、平安北道、平安南道,南至全罗南道曾经出土燕国明刀,日本西北部的广岛县、佐贺县也曾发现,冲绳县还出土了两枚燕明刀,李学勤先生认为存在辽东到朝鲜、日本、琉球的航线,[②]另有学者指出这些地点和洋流有关,[③]即使上古的中国人没有到达冲绳一带,也说明冲绳等地和燕国

---

① 费罗礼:《台湾土著族的文化、语言分类探究》,台北:"中研院"民族学研究所,1969年,第 100 页。

② 李学勤:《冲绳出土明刀论介》,《中国钱币》1999 年第 2 期。

③ 汪向荣:《古代中日关系史话》,北京:时事出版社,1986 年,第 16 页。

有间接往来,燕齐的海上航行者也一定可以听到大垫的传说。据说冲绳诸岛还出土了汉代的五铢钱,八重山群岛还发现货布钱。[①]

山东省青州市战国齐王墓出土了来自波斯地区的银盒,口沿有埃兰文,年代在公元前9—公元前6世纪,山东半岛战国古墓还出土了来自地中海东岸地区的玻璃珠。[②] 这些都证明了齐国在海外交通范围很广,来自西亚的文物很可能是经过华南沿海转运到山东半岛。

先秦战争记载很多,但是海战记载很少。《战国策·赵策二》首篇苏秦说赵王曰:"秦攻燕则……齐涉渤海。"说明齐国也有海军,海战的详细记载则仅有《管子·轻重甲》一则,说越人试图水淹齐军,被齐人发现,越人大败。越国海军大举伐齐,说明齐、越之间的海路很成熟,平时的商船也很多。因此燕齐方士才能沿海南下吴越,了解南方沿海地名,写在《山海经》中。因此来自南洋的商品才能通过吴越北上,齐人墓中才有西亚商品。

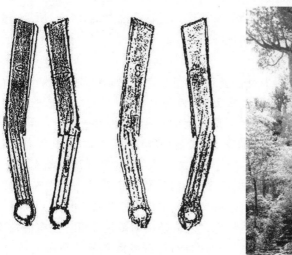

冲绳岛发现的战国时燕国货币——明刀(左二)、绳纹杉(右一)

① 王仲殊:《王仲殊文集》第3卷,北京:社会科学文献出版社,2014年,第277页。
② 林梅村:《丝绸之路考古十五讲》,北京:北京大学出版社,2005年,第105页。

第四节　闽浙沿海的南岛人

虽然先秦的中国大陆人有可能知道台湾,但是我们不能把先秦史书中的东南沿海地名都归为台湾。有学者提出先秦的东海外越和《禹贡》扬州岛夷都指台湾岛,本节予以辨明。有学者虽然认为外越和岛夷不是指台湾,因为台湾的距离较远,但是又提出二者是指日本和琉球等地居民。[①] 今按台湾距离较远,日本和琉球群岛距离也很远,同样不可能是外越和岛夷。

一、东海外越在舟山群岛

因为侗台语系和南岛语系诸族同源,所以统称百越,名号繁多。《吕氏春秋·恃君》:"扬汉之南,百越之际,敝凯诸、夫风、余靡之地,缚娄、阳禺、驩兜之国,多无君。"《汉书·地理志下》颜师古注引臣瓒曰:"自交趾至会稽七八千里,百越杂处,各有种姓。"

南岛语系民族住在海上,所以称为外越。侗台语系民族住在陆上,所以称为内越。春秋时期,越王勾践卧薪尝胆,最终灭吴,但是勾践一系的越人来自绍兴南面山区,长于陆战,不能征服海上的外越。《左传》哀公二十二年(前473年):"越灭吴,请使吴王居甬东。(夫差)辞曰:'孤老矣,焉能事君?'乃缢。越人以归。"勾践要夫差住到甬(今宁波)之东,说明这里就是越国东疆。舟山群岛是外越之地,不属越国。《史记·吴世家》集解引贾逵曰:"甬东,越东鄙,甬江东也。"又引韦昭曰:"句章,东海口外州也。"《史记·越世家·集解》引杜预曰:"甬东,会稽句章县东海中洲也。"汉人还认为甬东在甬江之东的陆地,而魏晋人才开始认为甬东在舟山群岛,这是东汉开发海岛改变了汉人的历史地理观。《史记·田齐世家》说:"太公乃迁康公于海上,食一城,以奉其先祀。"因为齐国占有海岛,所以田齐把姜齐康公迁到海岛,详见本章第三节,这也说明越国没有舟山群岛等地。有人认为勾践既然能灭吴,成为春秋五霸之一,就一定能统治东海上的外越,其实不确。周维衍认为,舟山群岛是吴越所属,所以

---

①　陈国强、蒋炳钊、吴绵吉、辛土成:《百越民族史》,北京:中国社会科学出版社,1988年,第59页。

不是岛夷,岛夷是指台湾,①现在看来不能成立。陈碧笙反驳周维衍,他说中国东部的海岛居民,都可以称为岛夷,所以《禹贡》冀州也有岛夷,②此说合理。

有学者认为台湾属东海外越,③其实东海外越主要在舟山群岛,勾践不能控制外越。《越绝书》卷八《记(越)地传》说:"句践徙治山北,引属东海,内、外越别封削焉。"又说:"富阳里者,外越赐义也。处里门,美以练塘田。"外越归顺勾践越国被称为义举,得到赏赐的田地,实际上是勾践要改变他们的生活习惯,从而控制他们,这也说明外越不在越国之内。

外越还单独进攻吴国,吴国在沿海建城防卫,《越绝书》卷二《记吴地传》三次提及外越:

> 娄门外力士者,阖庐所造,以备外越。

> 娄北武城,阖庐所以候外越也,去县三十里。今为乡也。

> 宿甲者,吴宿兵候外越也,去县百里,其东大冢,摇王冢也。

娄门是姑苏城东面的北门,因为正对娄县(治今昆山)得名。娄县北面三十里还有一个武城,即今昆山市巴城镇西北潭村的武城遗址,三重护城河环绕三重城墙。有人误以为该城在苏州市跨塘镇、唯亭镇之间,这是把去娄县三十里当成去吴县三十里,《汉书·地理志》会稽郡娄县明确说:"有南武城。"常州湖塘镇春秋时期的淹城,也是三重城墙各有护城河环绕。④ 江南多水,河流又可以作为防卫的壕沟与运输的要道,所以城市周围最好有河流环绕。阖闾防止外越的城防都在东部沿海,因为外越住在海上。

楚怀王灭越,疆域只能到达钱塘江。《史记·越世家》:"而越以此散,诸族子争立,或为王,或为君,滨于江南海上,服朝于楚。"此处江南指浙江(钱塘江)以南,此时越国名存实亡,只有一些臣服于楚的小君长。楚怀王才占领钱塘江以南诸地,⑤湖南常德夕阳坡楚简:"越甬君嬴将其众以归楚之岁。"这个甬君即今宁波的一个越人小君长,他朝服于楚的年代,李学勤先生据该简所记历

① 周维衍:《台湾历史地理中的几个问题》,《历史研究》1978 年第 10 期。
② 陈碧笙:《也谈台湾历史地理中的几个问题——与周维衍同志商榷》,《学术月刊》1979 年第 6 期。
③ 周文顺:《台陆关系通史》,郑州:中州古籍出版社,1991 年,第 19 页。
④ 国家文物局主编《中国文物地图集·江苏分册》,北京:中国地图出版社,2008 年,上册第 175、210 页,下册第 257、459 页。
⑤ 杨宽:《楚怀王灭越设郡江东考》、《关于越国灭亡年代的再探讨》,《杨宽古史论文选集》,上海:上海人民出版社,2003 年。

像,定为楚怀王二十二年(前 307 年)。[①]

《史记·秦始皇本纪》嬴政二十五年(前 222 年):"王翦遂定荆江南地,降越君,置会稽郡。"秦并百越,也不能征服东海外越,《越绝书·记吴地传》说:"乌程、余杭、黝、歙、无湖、石城县以南,皆故大越徙民也。秦始皇帝刻石徙之。"同书《记地传》说:"以其(秦始皇)三十七年,东游之会稽……以正月甲戌到大越是时……徙大越民置余杭、伊攻□、故鄣。因徙天下有罪适吏民,置海南故大越处,以备东海外越。乃更名大越曰山阴。"[②]嬴政三十七年(前 210 年)此次南巡,为了防止宁绍平原的越人和东海上未臣服的外越来往,迁徙这里的越人到乌程、余杭、黝、歙、无湖、故鄣、石城等县,而把全国各地的罪人迁到这里。强大的秦朝也不能征服东海上的外越,因为秦人来自西北,长于陆战,不善水战,不能攻占海岛。中国历代兴起于北方的王朝即使席卷大陆,到了东南沿海也是强弩之末。

二、扬州岛夷在浙江沿海

《禹贡》扬州:"岛夷卉服,厥篚织贝。厥包橘柚锡贡。"有学者认为这里的岛夷就是台湾,其实这是误解。《禹贡》虽然成书于春秋战国时代,但是作者是西北的秦晋一带人,他对东南地区的了解很少。[③] 所以《禹贡》南部的三个州只有北界,没有南界,文中说:"淮、海惟扬州……荆及衡阳惟荆州……华阳、黑水惟梁州。"扬州的边界是淮河和大海,荆州的边界是荆山和衡山(大别山)之阳,[④]梁州的边界是华山之阳和西部的黑水,这三个州没有南界,因为作者不知。既然扬州连南界都没有,作者当然不可能知道台湾。

卉就是草,卉服即用草做的衣服,现在太平洋诸岛还有草裙。琼州(今海

① 李学勤:《越甬君嬴将其众以归楚之岁考》,《古文字研究》第 25 辑,北京:中华书局,2005 年。

② 俞纪东译注:《越绝书全译》,贵阳:贵州人民出版社,1996 年。

③ 周运中:《论九州异说的地域背景》,《北大史学》第 15 辑,北京:北京大学出版社,2010 年。

④ 衡山不是今湖南衡山,而是大别山。秦衡山郡在今湖北省东部,项羽封吴芮为衡山王在此,《战国策·魏策》吴起曰三苗在衡山之南是此衡山,《禹贡》下文说长江至于衡山,过九江,也是大别山,见徐旭生:《中国古史的传说时代》,桂林:广西师范大学出版社,2003 年,第 352 页。陈立柱、纪丹阳:《古代"衡山"地望与〈禹贡〉荆州范围综说》,《中国历史地理论丛》2011 年第 3 期。

口)地方志说:"南中所出木绵、吉布、芭蕉、麻皮,无非卉也。"①说明古人早已认识到卉服的多样性,可能还包括木棉衣及各种植物做的衣服,还有学者认为包括树皮衣。②

郑玄云:"贝,锦名。《诗》云:萋兮斐兮,成是贝锦。"《毛传》:"贝锦,锦文也。"织贝是织锦上的贝纹,或许是汉人的想象。宋代人接触到了华南的民族,所以有了吉贝的新解,苏轼说:"南海岛夷绩草木为服,如今吉贝木棉之类,其纹斓斑如贝,故曰吉贝。"南宋蔡沈《尚书集传》:"今南夷木棉之精好者,亦谓之吉贝。"苏轼的解释不对,南方民族称木棉为吉贝,南宋人的认识更加进步。但是宋人不知吉贝是马来语 Kapok 或 Kapuk 音译,不能简称为贝,所以织贝不可能指吉贝。

近现代人发现台湾先住民有贝壳编成的衣服,林惠祥认为这就是《禹贡》的织贝,凌纯声指出这种贝衣不限于台湾一地,刘起釪认为《禹贡》的织贝是贝衣,但不是指台湾先住民,而很可能是舟山群岛的先住民。③ 笔者认为刘起釪先生的观点最为切合,舟山群岛是中国最大的群岛,而且向南有群岛绵延在闽浙海岸,所以这里的先住民和南岛民族关系密切。

又有学者把《禹贡》扬州"包橘柚锡贡"和台湾所出水果联系起来,④其实这也不能成立,因为这些水果见于中国南方多地,不只台湾出产。这位学者又引孔安国之说认为是包裹橘柚,笔者认为这里的包不是包裹,因为这不合《禹贡》体例。《禹贡》讲贡品只用篚、贡二字,没有"包"字。扬州说到的锡贡,亦见于豫州"锡贡磬错"和荆州"九江入锡大龟",既言"入",应是入贡,所以荆州原文也应是锡贡。因此包应是一种贡品,笔者认为包是上古南方人对柚子的称呼,柚子的别名是香抛,现在中国东南诸多方言还把柚子称为抛或包,厦门、福州话都说 pau,温州话是 pɔ。据学者研究,这个字的源头是越语,现在壮语还把柚子称为 pau 或 puk、pok,柚子最早是越人栽种。现在南方汉语把品质稍差的柚子称为抛,这是后来的分化,抛是较早出现的品质。⑤《禹贡》的"包"就

① [宋]王象之撰,李勇先校点:《舆地纪胜》卷一二四"琼州风俗形胜岛夷卉服"条引郡志,第 3931 页。此句原为"无非花卉也",据《方舆胜览》卷四三"琼州"改。

② 吴春明:《"岛夷卉服"、"织绩木皮"的民族考古学新证》,《从百越土著到南岛海洋文化》,第 187~202 页。

③ 顾颉刚、刘起釪:《尚书校释译论》,北京:中华书局,2005 年,第 637~639 页。

④ 李祖基:《〈禹贡〉岛夷"卉服"、"织贝"新解》,《台湾历史研究》,北京:台海出版社,2006 年,第 6~8 页。

⑤ 周振鹤、游汝杰:《方言与中国文化》,上海:上海人民出版社,2006 年,第 114~115 页。

是柚子的本名,指柚子的一种。

明代陆容《菽园杂记》卷一二说:

> 温州乐清县,近海有村落,曰三山黄渡。其民兄弟共娶一妻,无兄弟
> 者,女家多不乐与。以其孤立,恐不能养也。既娶后,兄弟各以手巾为记,
> 日暮兄先悬巾,则弟不敢入。或弟先悬之,则兄不入。故又名其地为手巾
> 吞。成化间,台州府开设太平县,割其地属焉。予初闻此风,未信。后按
> 行太平,访之果然。盖岛夷之俗,自前代以来,因袭久矣。弘治四年予始
> 陈言于朝,请禁之。[①]

温州府乐清县(今乐清市)沿海有村叫三山黄渡,兄弟共用一个妻子。成
化五年(1469 年)割黄岩县置太平县(今温岭市),成化十二年(1476 年),温州
府乐清县之山门乡、玉环乡划归太平县。陆容明确说这是岛夷之俗,弘治四年
(1493 年)上奏朝廷禁止。其实这就是普那路亚婚(Punaluan family),普那路
亚是夏威夷语,意为亲密伙伴,即一群同胞的或血缘较远的姊妹同一群平辈但
不是兄弟的男子通婚,或一群同胞或血缘较远的兄弟同一群平辈但是姊妹的
女子通婚。《新唐书》卷二二二下说多蔑国:"其人短小,兄弟共娶一妻,妇总发
为角,辨夫之多少。"此国在今泰国东南部,说明东南亚也有此俗。

二、吴、越海洋民俗

吴越都在水乡泽国立国,《国语》卷二〇《越语上》伍子胥说:"夫吴之与越
也,仇雠敌战之国也。三江环之,民无所移,有吴则无越,有越则无吴,将不可
改于是矣。员闻之,陆人居陆,水人居水。夫上党之国,我攻而胜之,吾不能居
其地,不能乘其车。夫越国,吾攻而胜之,吾能居其地,吾能乘其舟。"

《越绝书·记地传》说勾践有死士八千人,戈船三百艘。又说:"木客大冢
者,句践父允常冢也。初徙琅玡,使楼船卒二千八百人,伐松柏以为桴……舟
室者,勾践船宫也。去县五十里……巫神,欲使覆祸吴人船……石塘者,越所
害军船也。塘广六十五步,长三百五十三步。去县四十里。防坞者,越所以遏
吴军也。去县四十里。"说明吴越有强大的水军,中国最早的海战记载就是吴
国海军北伐齐国,《左传》哀公十年(前 485 年)说:"徐承帅舟师,将自海入齐,
齐人败之,吴师乃还。"

春秋战国时期的吴越人名还是费解的越语,地名多带诸、勾、句、姑、无、

---

① [明]陆容:《菽园杂记》,北京:中华书局,1985 年,第 141~142 页。

乌、于、无、朱、余等字，现在保留在江浙二省的越语地名还有盱眙、无锡、句容、诸暨、余姚等。"无锡"是越语，不是汉人曲解的没有锡矿。义乌原名乌伤，也是越语，汉代人曲解为乌鸦受伤，又编造故事，改名义乌。

《战国策·赵策二》说："被发文身，错臂左衽，瓯越之民也。黑齿雕题，鳀冠秫缝，大吴之国也。"此处列举吴越风俗，与中原对比。吴人也有纹面、黑齿之俗，《海外东经》黑齿国："为人黑，食稻啖蛇，一赤一青，在其旁。"《楚辞·招魂》："南方不可以此些，雕题黑齿。"《吕氏春秋·求人》："（禹东至）黑齿之国。"唐代樊绰《蛮书》说南诏南有黑齿蛮，唐朝有大将百济人黑齿常之，《岭外代答》卷六《食槟榔》："自福建下四川与广东、西路皆食槟榔者……每逢行人则黑齿朱唇。"①吴人戴鱼皮冠，《后汉书》卷八五《东夷传》说："会稽海外有东鳀人，分为二十余国。"东鳀不知其得名是否来自鳀冠，待考，因为此书另有倭人，所以东鳀似为台湾和琉球。

现在闽南话的人读 lang，吴语原来说侬，源自马来语的人［orang］。②元代高德基《平江记事》说："嘉定州去平江一百六十里，乡音与吴城尤异。其并海去处，号三侬之地。盖以乡人自称曰吾侬、我侬，称他人曰渠侬、你侬，问人曰谁侬……好事者遂名其处为三侬之地。"③嘉定被苏州人嘲为三侬之地，因为嘉定在苏州边缘，保留了古语，万历《常熟县私志》卷三《方言》说到谁侬、我侬、你侬。④东晋干宝《搜神记》卷一二《伥囊》把丹阳郡南部山地的越人称为伥囊，实即溪人。⑤

吴越的舟船之名也与南岛语有关，《左传》鲁昭公十七年（前 525 年）说楚、吴战于长岸，楚人大败吴师，获其乘舟余皇。吴公子光（阖闾）说："丧先王之乘舟。"吴王世代使用的宝船是余皇，《说文》卷八作艅艎，笔者认为艅艎出自台湾南部先住民语言的大船［avang］，从南岛语借入吴语。因为是吴王所乘大船，所以汉译时用"皇"字。吴越地名汉译时多用"余"字，如余杭、余暨，不过此处的余皇是一字。上古音余是以母鱼部，皇是匣母阳部，王力拟为［jia］［ɣuang］。

39

①　[宋]周去非著，杨武泉校注：《岭外代答校注》，第 235 页。
②　徐松石：《东南亚民族的中国血缘》，第 45 页。
③　[元]高德基：《平江记事》，陈其弟点校，《吴中小志丛刊》，扬州：广陵书社，2004 年，第 24 页。
④　[明]姚宗仪：《常熟县私志》，上海图书馆藏清代抄本。
⑤　周运中：《六朝东南溪人考实》，《地方文化研究》2014 年第 1 期。

台湾到菲律宾一带的同源船字表

地区	人群	字音	意义
台湾岛	南邹族卡那卡那富、沙鲁沙阿	avangə	船
	鲁凯族茂林方言	avangi	
	鲁凯族多纳方言	avangə	
	西拉雅族	avang	
兰屿、巴坦群岛	雅美族、巴坦人	avang	大船
巴布延群岛	巴布延人	abang	
菲律宾	Casiguran Dumagat	qa'beng	独木舟
	Gadding、Ilianen Manobo	qabang	
	Kalamansig Cotaba to Manobo	qawong	
	Western Bukidnon Manobo	qavang	
	Tagabili	qowong	

另外,1650 年荷兰人记录 Favorlang 人语言的船是 abak,《诸罗县志》记载猫雾捒语的船是阿满,也可能是同源字。土田滋认为邹族、鲁凯族都在深山,不用大船,他们的这个词是借自平埔族。李壬癸认为西拉雅族的这个词可能是借自菲律宾人。① 猫雾捒人在今彰化到台中一带,这是这个同源字的已知最北分布,但是清代人记音不准,阿满即使复原为 amang 或 abang,读音和 avang 也有别,所以吴人所用的余皇大船还是与西拉雅语最近。吴人的这种大船无疑是来自东海外越,这也说明外越是北迁的南岛人。或许宁波出土铜钺上的大船就是这种艅艎,当然也有可能是艋舺。因为南岛人每年都在固定时期外出猎首,所以古籍记载外越会侵扰吴越。

《越绝书》卷八所说的戈船,疑即《三国志·吕蒙传》小船"艭艒",即马来语称小船为 kolek。② 吴王光的名号阖闾,张家山汉简写作盖庐,应即马来语的船 kapal,盖为 kap,阖为 gap,闾、庐是 lia。扬雄《方言》卷九:"首谓之阖闾。"其实不是船头,而是小船。《方言》同卷:

---

① 李壬癸:《台湾南岛语言的舟船同源词》,《台湾南岛民族的族群与迁徙》,台北:常民文化事业股份有限公司,1997 年,第 82~87 页。

② 饶宗颐:《说鹢及海船的相关问题》,《饶宗颐二十世纪学术文集》卷七《中外关系史》,北京:中国人民大学出版社,2009 年。

舟,自关而西谓之船,自关而东或谓之舟,或谓之航。南楚江湘凡船大者谓之舸,小舸谓之艖。艖谓之艒**艒**,小艒**艒**谓之艇……方舟谓之横(扬州人呼渡津航为杭)。①

越国的余杭(今临安)可能是运盐渡口之义,因为《越绝书》卷八说:"朱余者,越盐官也。越人谓盐曰余。去县三十五里。"东南人把渡口称为杭,由船义引申而来,即今杭州一名由来。

小船称为冒宿,亦即艨艟,东汉刘熙《释名·释船》:"外狭而长曰艨冲,以冲突敌船也。"冲突敌船可能是汉人附会,此字原是越语,南方民间小船都是此名,并非始于军用。

狭长而深的船称为差符,前人也没有解释,笔者认为差符即马来语称狭长的小船的 sampan,读音很近,现在写作舢板。

现在中国东南沿海地区都把"屿"读成 si 或 su,这可能也是古越语,现在日语的岛还是 shima,二者可能有关。

唐代顾况《永嘉》诗云:"东瓯传旧俗,风日江边好。何处乐神声?夷歌出烟岛。"唐代温州海岛还是夷人所居。

三、游艇子、卢亭、白水郎、鲛人

华南海上的南岛民族又名游艇子,《北史》卷四一《杨素传》:"江浙贼高智慧自号东扬州刺史……智慧有船舰千余艘……泉州人王国庆……据州为乱,自以海路艰阻,非北人所习,不设备伍。素泛海奄至……时南海先有五六百家,居水为亡命,号曰游艇子。智慧、国庆欲往依之。素乃密令人说国庆……因庆乃斩智慧于泉州。"

北宋乐史《太平寰宇记》卷九八明州鄞县:"东海上有野人,名为庚定子。旧说云昔从徐福入海,逃避海滨,亡匿姓名,自号庚定子。土人谓之白水郎。脂泽悉用鱼膏,衣服兼资绢布,音讹亦谓之卢亭子也。"②所谓庚定子是卢定子之形讹,亦即卢亭,南宋周去非《岭外代答》卷三《蜑蛮》说:"广州有蜑一种,名曰卢停,善水战。"③所谓卢循遗种,是汉人曲解。徐松石指出卢亭、卢循是马来语海[Laoetan],卢亭即海人。④ 此说精辟,马来语的海是 laut,游为以母幽

① [汉]扬雄著,周祖谟校笺:《方言校笺》,第59页。
② [宋]乐史撰,王文楚等点校:《太平寰宇记》,第1960页。
③ [宋]周去非著,杨武泉校注:《岭外代答校注》,北京:中华书局,1999年,第116页。
④ 徐松石:《东南亚民族的中国血缘》,香港:平安书店,1959年,第110页。

部,卢为来母鱼部,音近,游或即卢之音讹,或是汉人改造之名。总之游艇子、白水郎是南岛民族。

韩振华误认为白水讹为泊水,又说卢亭(蜑民)是瓯骆之误,意为裸体,福州人称蜑民为曲蹄、科蹄、乞黎、诃黎、郭倪也是卢亭的音讹,卢亭是指他们裸体又驾驶小艇。白水郎(蜑民)源自西瓯骆人,西瓯一定就在东瓯之西,在今闽北和浙西地区,西瓯后来被闽越控制,所以白水郎也是出自闽越。清代邓淳《岭南丛述》"卢亭"条说:"卢亭,亦曰卢余。"余可能是指余皇(艅艎)的余。[1] 韩说皆误,白水即泊水,指泊于水上,此名是汉人所起。瓯骆是越人自称,不是出自汉语的"裸",读音有别。卢亭也非裸艇,汉语中不可能有裸艇这种称呼。白水郎的主体来源不是陆上的越人。一般认为西瓯在岭南,不是在今福建的闽越,这里不再展开。下文说艅艎是南岛语大船的汉译,不能拆开。卢余指卢循之余,首见于唐末刘恂《岭表录异》卷上:"卢亭者,卢循昔据广州既败,余党奔入海岛野居。惟食蚝蛎,垒壳为墙壁。"[2]但是卢亭为卢循之余是后人附会。

《太平寰宇记》卷一○二泉州风俗说:

> 白水郎,即此州之夷户,亦曰游艇子,即卢循之余。晋末卢循寇暴,为刘裕所灭,遗种逃叛,散居山海,至今种类尚繁。唐武德八年(625年),都督王义童遣使招抚,得其首领周造、麦细陵等,并授骑都尉,令相统摄,不为寇盗。贞观十年(636年),始输半课。其居止常在船上,兼结庐海畔,随时移徙。船头尾尖高,当中平阔,冲波逆浪,都无畏惧,名曰了鸟船。[3]

白水郎所用的大船,首尾尖高,其实就是南岛民族的海船,现代台湾东南角兰屿的阿美族还有这种大船。同书卷一○○说福州在武德八年(625年)置丰州都督府,贞观初改名泉州,所以这里的白水郎主要在今福州。

元稹《送岭南崔侍御》:"白水郎行旱地稀。"晋张华《博物志》卷九:"南海外有鲛人,水居如鱼,不废织绩,其眼能泣珠,从水出,寓人家,积日卖绢。将去,从主人索一器,泣而成珠满盘,以与主人。"《汉武洞冥别国记》:"吠勒国贡文犀四头……此国去长安九千里,在日南。人长七尺,被发至踵,乘犀象之车,乘象入海底取宝。宿于鲛人之舍,得泪珠,则鲛所泣之珠也,亦曰泣珠。"此书旧题

---

① 韩振华:《试释福建水上蜑民(白水郎)的历史来源》,原载《厦门大学学报》1954年第5期。收入韩振华:《华侨史及古民族宗教研究》,香港大学亚洲研究中心,2003年。

② [唐]刘恂著,商璧、潘博校补:《岭表录异校补》,南宁:广西民族出版社,1988年,第60页。

③ [宋]乐史撰,王文楚等点校:《太平寰宇记》,第2030页。

东汉郭宪撰,或说是萧绎作。① 白水上下书写,易误成泉,萧梁任昉《述异记》:"蛟人,即泉先也,又名泉客。"泉客是白水客之误,杜甫《客从》:"客从南溟来,遗我泉客珠。"《大正藏》所收《唐大和上东征传》白水郎作泉郎。有人据此二则以为泉郎为正,②其实泉郎是白水郎误。

弘治《八闽通志》卷一二《地理》福宁州(治今霞浦县)白水江:"《旧记》云,闽之先居海岛有七种:卢亭、白水郎、乐山、莫徭、游般子、山夷、云家之属是也。此江在州西南一百七十里,先是白水郎停舟之处因名。"③此书虽然较晚,但是闽地海上七种人有根据,南宋《舆地纪胜》卷一二八福州"景物下":"白水江在长溪县,《旧记》云闽之先,居于海岛者七种,白水(即)[郎]其一也。"④《三山志》卷六《海道》引《旧记》说白水江在霞浦县东北一百七十里,而非西南,即今沙埕港。⑤

四、鸟了、须虑、舳舻

1976 年,宁波市鄞县云龙镇甲村石秃山出土一件春秋时期铜钺,金黄色,高 9.8 厘米,刃宽 12.1 厘米。器身一面素面,另一面铸有一边框,框内上方为龙纹,双龙昂首相向,前肢弯曲,尾向内卷。下部以弧形边框线为舟,上坐四人成一排,四人皆头戴高高的羽冠,双手持桨划船。⑥ 这是东海外越或扬州岛夷的真实写照,这些人的羽冠、大船都是南岛语族一直使用。在其上方还有两条蛇纹,这是东南民族崇拜蟒蛇的表现。这也说明舟山群岛的先住民和南岛民族关系密切,在今浙南、闽北的先住民——安家人很可能也是北迁的南岛民族,南岛民族也有可能沿海北迁舟山群岛。有趣的是,在越南东山文化的代表遗址清化省东山遗址也出土了一块靴形斧,不仅外形类似,上面也有双蛇,下面也有羽人乘船。如此遥远的两地有如此类似的物品,说明越人文化在海上流传很广。所谓自交趾至会稽七八千里,百越杂处,其言不虚。

① 王国良:《汉武洞冥记研究》,台北:文史哲出版社,1989 年,第 2~7 页。
② 董志翘:《〈入唐求法巡礼行记〉词汇研究》,北京:中国社会科学出版社,2000 年,第 43~44 页。
③ [明]黄仲昭:《八闽通志》,福州:福建人民出版社,1990 年,第 225 页。
④ [宋]王象之撰、李勇先校点:《舆地纪胜》,成都:四川大学出版社,2005 年,第 4031 页。
⑤ [宋]梁克家:《三山志》,影印万历四十一年(1613 年)刻本,北京:方志出版社,2004 年。
⑥ 曹锦炎、周生望:《浙江鄞县出土春秋时代铜器》,《考古》1984 年第 8 期。

宁波出土的铜钺(左一)、越南清化省东山遗址出土铜斧(右二)

注:[日]量博满:《東南アジアの土著文明》,讲谈社出版研究所:《東南アジア》,东京:株式会社讲谈社,1983年,第95页。

越人不但向广阔的太平洋、印度洋扩展,还从海岸来到内陆,所以在中国云南、广西、四川、贵州及越南、老挝等地发现的古代铜鼓上也有羽人竞渡纹饰,船只也是首尾翘起,并在首尾有装饰,多呈鸟首形。有的是单体船,有的是两只船合成一个方舟,又名舫,在太平洋诸岛也常见。[①] 因为海洋航行需要足够大的船,所以方舟更加安全。

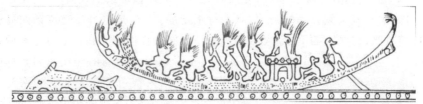

广西西林县铜鼓船纹

六朝江南还有越人的鸟了船,《梁书》卷四五《王僧辩传》:"及王师次于南洲,贼帅侯子鉴等率步骑万余人于岸挑战,又以鸼舻千艘并载士,两边悉八十棹,棹手皆越人,去来趣袭,捷过风电。"这种细长的船有80个人同时划桨,所以非常迅速。

鸟了之名,也即须虑。《越绝书》卷三《吴内传》有一段记录古越语的珍贵文字,是勾践的军令汉译,称为《维甲令》,说:"治须虑者,越人谓船为须虑。"越

---

① 李伟卿:《铜鼓船纹的再探索》,黄德荣、李昆声:《铜鼓船纹考》,陈丽琼:《铜鼓船纹补释——兼论越人航渡美洲》,《中国铜鼓研究会第二次学术讨论会论文集》,北京:文物出版社,1986年。

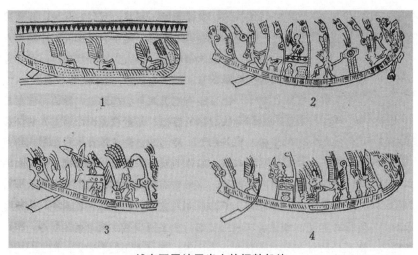

越南不同地区出土的铜鼓船纹

注:1. 东京　2. 玉缕　3. 黄下　4. 河东

台湾兰屿的达悟(雅美)族大船

人把船称为须虑,上古音鸟是端母幽部[tyu],了是来母宵部[lyô],须是心母侯部[sio],虑是来母鱼部[lia],鸟了、须虑读音极近。也即舳舻,舳是澄母觉部[duk],舻是来母鱼部[la],读音极近。《汉书·武帝纪》说刘彻:"自寻阳浮江,亲射蛟江中,获之。舳舻千里,薄枞阳而出。"寻阳县(治今湖北黄梅县)有造船基地,《史记·淮南衡山列传》:"南收衡山以击庐江,有寻阳之船。"汉文典籍对舳舻有种种曲解或误解,[1]殊不知舳舻是船名,不能拆分。

五、安家、云家、艋舺、五会船

《太平御览》卷七八〇《东夷》引孙吴沈莹《临海水土异物志》说:"安家之民,悉依深山,架立屋舍于栈格上,似楼状。居处、饮食、衣服、被饰与夷州民相似。父母死亡,杀犬祭之,作四方函以盛尸。饮酒歌舞毕,仍悬着高山岩石之间,不埋土中作冢也。今安阳、罗江县民是其子孙也。"安阳应为罗阳,西晋改为安固,在今浙江瑞安市,罗江县在今浙江苍南到福建福鼎一带。这里说安阳、罗江二县的先住民安家人和夷洲(台湾)人风俗相似,凌纯声从干栏建筑、崖葬、猎头、凿齿、木鼓、犬祭六个方面,论证台湾先住民和安家人同源,二者都是大陆越人的后裔,前者是南渡到台湾一支,后者是进入到山区一支。[2] 现在学界公认台湾先住民不可能是从浙江南迁,所以笔者认为安家人很可能是上古时期从台湾北部北迁。

安家人也即云家人,弘治《八闽通志》卷一二《地理》福宁州(治今霞浦县)白水江:"《旧记》云,闽之先居海岛有七种:卢亭、白水郎、乐山、莫徭、游般子、山夷、云家之属是也。此江在州西南一百七十里,先是白水郎停舟之处因名。"其实卢亭就是白水郎、游艇子,游艇子形讹为游般子;而云家无疑是安家,这就是《临海志》说的罗江县安家人。

台湾宜兰县先住民噶玛兰人把船称为蟒甲[vanka],黄叔璥说康熙壬寅(1722年)漳州把总朱文炳曾经漂流到宜兰,噶玛兰人用蟒甲送回,蟒甲是:"独木挖空,两边翼以木板,用藤缚之,无油灰可艌。水易流入,番以杓不时挹之。"[3]笔者认为这就是安家的语源,因为 v 音较轻,所以音译省略,变成 anka,即安家。如果转为 unka,就译为云家。这个字在噶玛兰人北部的巴赛语中是[bangka],音译为艋舺,台北市万华区是日本殖民者改名,原名就是艋舺,来

---

① 《汉书》注引李斐曰:"舳,船后持柂处也。舻,船前头刺棹处也。"扬雄《方言》卷九:"后曰舳,舳制水也。"郭璞注:"今江东呼柂为舳。"《说文》卷八:"舳,舻也。从舟由声。汉律名船方长为舳舻。一曰舟尾。"又:"舻,舳舻也。一曰船头。"舳舻不能拆分为船头、船尾。

② 凌纯声:《古代闽越人与台湾土著族》,《中国边疆民族与环太平洋文化》,台北:联经出版事业公司,1979年,第363～387页。

③ 詹素娟、张素玢:《台湾先住民史:平埔族史篇(北)》,南投:台湾省文献委员会,2001年,第27页。

自先住民语言。据李壬癸研究,巴赛语和噶玛兰语最近,巴赛语的[bangka]和西部南岛语言一致,但是台湾别的南岛语言没有,所以巴赛人是后来北迁台湾的,但是他后来又改变看法,认为这些是巴赛人的借词。但是巴赛语的岛和西部南岛语也一样,巴赛人原来不可能没有"岛"字,所以李先生对此存疑。[①]笔者认为巴赛语和西部南岛语的同源词不太可能是借词,很可能是保留的古语,因为巴赛人从台湾东部海域北迁,所以保留了这些和台湾西部先住民不同的词汇。巴赛族传说其祖先来自东南方向的 Sanasai,可能在今花莲、台东甚至绿岛、兰屿。[②]李壬癸先生后来又提出巴赛最近噶玛兰语,其次是阿美语和西拉雅语,合称东台湾支群。他认为巴赛人和噶玛兰人的祖先在 3000 年前从南台湾北迁花莲北部,巴赛人的祖先又在 2000 年前北迁,噶玛兰人的祖先又在 1000 年前北迁。[③]

安家人是从台湾北迁的南岛人,他们使用大船,所以被称为安家(vanka)。他们原来应是住在沿海平原,但是后来被南迁的吴越人排挤入山区,所以孙吴的安家人已经在深山了。

《御览》卷七七〇引《周处风土记》:"小曰舟,大曰船。温麻五会者,永宁县出。豫林合五板以为大船,因以五会为名也。"道光《厦门志》卷一五:"港之内,或维舟而水处,为人通往来,输货物。浮家泛宅,俗呼曰五帆。五帆之妇,曰白水婆。"韩振华认为这就是厦门的五帆船,今按五会应是五桅之音讹,合五板是合五桅之形讹。温麻县境在今霞浦到福鼎一带,[④]永宁县境在今温岭到温州一带,二县邻近。左思《吴都赋》:"篙工楫师,选自闽禺。"说明福建不仅输入好船,还输出航海能手。

汉族端午节的龙舟,李约瑟认为龙舟源自东南亚文化。[⑤] 其实上古东南亚和中国东南的越文化是一体,端午节本来就起源于中国南方,所以汉族的龙

① 李壬癸:《巴赛语的地位》,《珍惜台湾南岛语言》,第 188 页。
② 詹素娟:《Sanasai 传说圈的历史图像》,刘益昌、潘英海主编:《平埔族群的区域研究论文集》,南投:台湾省文献委员会,1998 年。
③ 李壬癸:《从文献资料看台湾平埔族群的语言》、《台湾南岛民族迁徙图(2010 年更新版)》,《珍惜台湾南岛语言》,第 154 页。
④ 古温麻县治有争论,一般认为在今霞浦县古县村,1992—1993 年在古县村发现三国到隋唐墓十多座,有孙皓天纪元年(277 年)墓砖,见政协福建省霞浦县委员会编:《霞浦文物》,《霞浦文史资料》第 27 辑,2010 年,第 170~171、192~194 页,证明确实在此。
⑤ [英]李约瑟著,汪受琪等译:《中国科学技术史》第 4 卷第 3 分册《土木工程与航海技术》,北京:科学出版社,2008 年,第 481 页。

舟很可能也是中国东南土著创造。

六、曲蹄与交趾

福州话的曲蹄不是卢亭的音讹,因为疍民长期坐在小船里,所以腿部弯曲畸形,因而得名。陈文涛《福建近代民生地理志》:"蛋族,以其生长船中,两足俱曲,故曰曲蹄。"①世界上很多水居民族都有类似的畸形,在太平洋对岸的北美洲西北部海岸,居住着西北印第安人。早期欧洲探险家反复提及这一带印第安人,胸部和上肢骨架粗大,肌肉发达,但下肢则比欧洲人短得多,骨架、肌肉发达程度也略逊,不少人的下肢还出现了严重的畸形,有不少罗圈腿。由于西北印第安人长期生活在海上,世代在独木舟中摇桨捕鱼,因此上肢得到了充分的锻炼,变得十分粗壮,而下肢长期弯曲在舟内,一定程度上退化了。②

《海外南经》说交胫国人交胫,《淮南子·地形》作交股民。郭璞注:"言脚胫曲戾相交,所谓雕题、交趾者也。或作颈,其为人交颈而行也。"交趾见于《墨子》、《韩非子》、《吕氏春秋》、《淮南子》,《尚书·尧典》硬造出一个指南疆的词"南交"。《后汉书·南蛮西南夷列传》:"其俗,男女同川而浴,故曰交趾。"南朝顾野王《舆地志》:"交趾,其夷足大指开,析两足并立,指则相交。"唐代孔颖达疏《礼记·王制》注时云:"蛮卧时,头向外,而足在内相交,故云交趾。"这比上面两种说法更怪诞。③

其实交趾就是疍民,因为世代在舟内盘坐,双脚长期不用作行走,因而脚趾分开,双腿弯曲,故名交股、交胫、交趾。为什么沿海渔民在中原成了南方民族的代表呢?因为从长江流域到岭南的早期交通以水路最便捷,所以最早接触到的都是沿海民族。所以《山海经·海内南经》说:"瓯居海中。闽在海中。"即因为中原人从海路南下岭南。④

---

① 林蔚文:《福建疍民名称和分布考》,《东南文化》1990年第3期。
② 高小刚:《图腾柱下:北美印第安文化漫记》,北京:三联书店,1997年,第49页。
③ 吴永章:《神话传说与南方民族关系新解》,《民族研究文集》,北京:民族出版社,2002年。
④ 周振鹤:《从历史地理角度看古代航海活动》,《周振鹤自选集》,桂林:广西师范大学出版社,1999年。

外越、岛夷、白水郎、安家人示意图

　　既然上古时期在今浙江沿海有南岛民族,或者深受南岛文化影响的越人,那么《禹贡》所说的织贝即使是指贝衣,也应该是今浙江沿海的先住民所用,而不可能是指台湾岛。总之,先秦的东海外越和扬州岛夷是指今浙江沿海的北迁南岛人,而非台湾先住民。

　　还有学者误以为福建陆上的闽越人是南岛语系民族,这也是一种误解,福建沿海有南岛民族,不能说明陆上的闽越人也是南岛民族。

第二章

孙吴出征夷洲

　　隋代是台湾历史上的一个重要时代，所以本书把隋代之前单独列为一章。隋代之前，虽然有孙吴出征台湾，但是孙吴只是一个南方政权，不是全国统一政权，所以在台湾的影响无法和隋代相比。隋代之前的台湾，只和中国东南沿海地区有联系。孙吴之前的台湾史料极少，所以本章的主体仍是孙吴。

　　孙吴虽然只是中国南方政权，但是非常重要。因为孙吴占据了中国南方大多数地区，是中国第一个与整个北方相抗衡的南方王朝。孙吴的立国，标志中国南方的崛起。曹魏共有 46 年（220—265 年），刘蜀仅有 43 年（221—263 年），孙吴长达 59 年（222—280 年），孙吴不仅是三国时间最长一国，而且最晚灭亡，在蜀之后 17 年、魏之后 15 年才亡。

　　孙吴在东汉时还默默无闻的小县秣陵乡野建成了一个首都建业（今南京市），而且成为此后中国数个王朝的都城，其中不乏全国统一政权。南京至今仍是中国重要都会，这是孙吴的深远影响。孙吴在中国南方强行推进汉化政策，在东南山区设置多个政区，对中国东南的面貌产生了深远影响。

　　孙吴出兵海外，一度在海南岛复置郡县，并首次出兵台湾岛，并且试图到达徐福等人所居的亶洲，这是中国首个大规模在海外用兵的王朝。孙吴联合辽东的公孙渊，标志中国政治地理格局的巨变，这是中国第一个海上政治同盟关系。孙吴还派朱应、康泰出使南洋，所经历及听闻之地多达百余国，这是首个积极探索海外的王朝。

　　孙吴是六朝之首，所以后来的北朝人也往往把南朝人称为吴人，把南方话称为吴音。六朝文化也被冠以吴之名，影响了海东的朝鲜半岛和日本列岛，日本至今仍有吴音之称。

　　孙吴在中国历史上的地位如此重要，第一篇关于台湾的详细资料就出自孙吴时的《临海水土志》，台湾从此时才明确进入中国人的视野。

第一节 夷洲夷人与赛夏族

《三国志》卷四七《吴主传》记载孙权（182—252）黄龙二年（230 年）正月：

> 遣将军卫温、诸葛直将甲士万人浮海求夷洲及亶洲。亶洲在海中，长老传言秦始皇帝遣方士徐福将童男童女数千人入海，求蓬莱神山及仙药，止此洲不还。世相承有数万家，其上人民，时有至会稽货布，会稽东县人入海行，亦有遭风流移至亶洲者。所在绝远，卒不可得至，但得夷洲数千人还。①

《后汉书》卷八五《东夷传》说：

> 会稽海外有东鳀人，分为二十余国。又有夷洲及澶洲，传言秦始皇遣方士徐福将童男女数千人入海，求蓬莱神仙不得，徐福畏诛不敢还，遂止此洲，世世相承，有数万家，人民时至会稽市。会稽东冶县人有入海行遭风，流移至澶洲者。所在绝远，不可往来。②

这两则记载明确说徐福到达澶洲，不是夷洲。古人从来没说徐福到达夷洲，现在有些学者误读古书，认为古人说徐福到达夷洲，据此得出夷洲不是台湾的结论。其实亶洲在今日本，笔者另有论证，本书仅讨论夷洲。还有人认为徐福既去了日本，也去了台湾，或者徐福的分队去了台湾，笔者以为此说没有根据，暂且存疑。

正史的记载很简单，但是孙吴临海太守沈莹著有《临海水土志》（以下《临海志》），此书有关于台湾岛的详细记载，是一部珍贵文献。可惜此书散佚，《太平御览》卷七八〇引此书说：

> 夷洲在临海东南，去郡二千里。土地无霜雪，草木不死。四面是山，众山夷所居。山顶有越王射的，正白，乃是石也。此夷各号为王，分画土地，人民各自别异。
>
> 人皆髡头穿耳，女人不穿耳。作室居，种荆为蕃鄣。土地饶沃，既生五谷，又多鱼肉。舅姑子归，男女卧息共一大床。交会之时，各不相避。能作细布，亦作班文布，刻画其内，有文章，以为饰好也。其地亦出铜、铁，惟用鹿矛以战斗耳。磨砺青石，以作矢镞、刃斧，环贯珠珰。饮食不洁，取

---

① ［晋］陈寿：《三国志》，北京：中华书局，1982 年，第 1136 页。
② ［刘宋］范晔：《后汉书》，北京：中华书局，1965 年，第 2822 页。

生鱼肉,杂贮大器中,以卤之,历日月乃啖食之,以为上肴。

呼民人为"弥麟"。如有所召,取大空材,材十余丈,以着中庭。又以大杆,旁春之,闻四五里,如鼓,民人闻之,皆往驰赴会。

饮食皆踞相对。凿木作器,如猪槽状,以鱼肉腥臊安中,十十五五共食之。以粟为酒,木槽贮之,用大竹筒长七寸许饮之。歌似犬嗥,以相娱乐。

得人头,斫去脑,驳其面肉,留置骨,取大毛染之,以作鬃眉发编,具齿以作口,自临战斗时用之,如假面状,此是夷王所服。战得头,着首。还,于中庭建一大材,高十余丈,以所得头差次挂之。历年不下,彰示其功。

又甲家有女,乙家有男,仍委父母往就之居,与作夫妻,同牢而食。女以嫁,皆缺去前上一齿。
又曰:

安家之民,悉依深山,架立屋舍于栈格上,似楼状。居处、饮食、衣服、被饰与夷州民相似。父母死亡,杀犬祭之,作四方函以盛尸。饮酒歌舞毕,仍悬着高山岩石之间,不埋土中作冢也。今安阳、罗江县民是其子孙也。①

一、前人研究

方豪先生说根据《临海志》记载,无论从海程、方向、地形、气候、居民、物产来看,都可确定是台湾,但中外学者意见既然没有一致,为谨慎起见,仍列为存疑的古代文献之一。② 他之所以既信又疑,是因为他毕竟没有确定吴军到达台湾岛何处。

前引杜正胜之文认为《临海志》所说的先住民文化特征不是台湾先住民特有,在中国南方、中南半岛和南洋的原始社会都有类似记载。又说《临海志》记

① 《后汉书·东夷传》、《太平寰宇记》卷九八、《资治通鉴》卷七一所引基本相同,本文不再赘析。古书有夷洲、夷州之别,应是夷洲,见陈孔立:《夷洲非"夷州"辨》,《台湾研究集刊》2001年第1期。

② 方豪:《台湾早期史纲》,台北:学生书局,1994年,第19~20页。极少数学者如梁嘉彬认为夷洲是冲绳岛,但是他的证据都不值一提,他说后人引《临海水土志》文字有出入,所以怀疑宋人窜改,其实古人引书有出入很正常。他说夷洲在临海郡西南,可见他连临海郡范围和方向都不清楚。他说冲绳岛气候符合、四面山溪,其实台湾也符合。参见梁嘉彬:《琉球及东南诸群岛与中国》,台中:东海大学,1965年。

载先住民晒盐,但是荷兰人1623年发现萧垅社(今台南佳里)的先住民不会晒盐。他竭力论证《临海志》和台湾无关,其实原著说的是临海郡东南两千里的大岛,当然不可能和中南半岛、南洋有关。萧垅社的先住民不会晒盐,这是因为大陆商人贩盐而来,但是台湾岛多数先住民在几千年里不可能不会晒盐。

前引周维衍之文认为吴军从泉州渡海,到达台南或嘉义海岸,他说如果是到达北台湾,则不足两千里的航程。而且台湾南北气候迥异,北部有雪,不符合《临海志》无雪的记载。前引陈碧笙之文指出台湾北部也很少有雪,台北的霜日不到一天,所以不能根据这一点确认吴军到达台湾岛南部。但是他也认为吴军到达台湾西南海岸,因为这里距离澎湖最近,土地肥沃,物产丰富。笔者认为这一说法也是推测,不能确认。

陈文又提出琉球论一些说法比较合理,比如夷洲的读音Y-chou接近琉球的邪久,琉球多铁,台湾少铁,当时还不能环岛航行,不能发现台湾四面是山。其实这些说法不能成立,邪久是屋久岛的古名,不是琉球群岛的古名,而且屋久岛的读音Yaku和夷洲相差很远。《临海志》说夷洲"亦出铜铁",没说铜铁很多,台湾完全符合。孙吴的大军不能环岛航行,但是中国大陆人既然很早就了解台湾,所以吴人可能听说了台湾四面是山的传闻,或者派小规模船队远航,看到台湾大山连绵。或者是吴军到达一个盆地,以为台湾岛四面是山。

张崇根认为吴军到达台湾北部,理由有:

1. 缺齿、猎头风俗在台湾南部不存在。

2. 日本人在台北发现指掌型古砖,年代为三国。

3. 夷洲出铜、铁,台湾的铜铁矿主要在基隆、淡水一带。

4. 同治《淡水厅志》卷一五吴廷华《社寮杂诗》说:"插期刻羽走猫邻。"原注:"未受室谓之猫邻。"猫邻即弥麟。[①]

但是以上诸条都可以再讨论,因为:

1. 猎头风俗遍布台湾各族,凿齿风俗在4000年前就见于台湾岛南北多个遗址,集中在台北和最南部的恒春地区。[②]

2. 日本人在台北发现古砖没有确凿考古报告,先住民几乎不会用砖,所以此点值得怀疑。张崇根引吴壮达之说,认为台北的古砖是吴军带来的,又引连横之说,说曾经有人在台北发掘古砖数块,和《吴中金石录》的赤乌古砖类

---

① 张崇根:《三国孙吴经营台湾考》,施联朱、许良国编:《台湾民族历史与文化》,北京:中央民族学院出版社,1987年。

② 韩康信、中村孝博:《中国和日本古代仪式拔牙的比较研究》,《考古学报》1998年第3期。

似，可能是吴军使用。① 如果确实是吴军所用，不太可能是由海船载来，应是在台湾烧制。但是《三国志》没有说吴军在台湾久留，所以没有必要烧砖。或许是留居台湾未归的吴人烧造，或许是比吴军先来台湾的吴人所用。

3. 台湾的铜铁矿在东部地区也有，②而且吴军可能只是看到先住民的铜铁制品，就说此地出铜铁，未必真的看到铜铁矿，而铜铁制品可以通过贸易获取，不一定代表本地就产。

4. 吴廷华说猫邻是未婚男子，不是人的意思，而且淡水厅是雍正元年（1723 年）析自彰化县，吴廷华（1682—1755）之诗写到多地，其中猫雾捒（即巴布萨 Babuza）就在今台中和彰化，丁绍仪的《东瀛识略》卷六《番俗》说：“番所居室，南路曰囷、曰朗，北路曰达劳、曰浓密、曰必堵混。每有兴作，众番协力成之。筑土为基，架竹木为梁柱，葺茅为盖，编竹为墙，形同覆舟。举家同室而处，男娶妇、女赘婿，始另居。彰化番则异是，男女未婚嫁者另筑小屋曰笼仔，或曰猫邻，女居之。男所居曰公廨，此公廨番所由名也。”③可见这是彰化风俗，不是台湾北部，而且这里说是未婚女子所居房屋叫猫邻。

二、夷洲新考

本书重新论证吴军到达地点在台湾北部，他们接触到的夷洲人是赛夏族系的先住民，理由如下：

1. 据《宋书》卷三五《州郡志一》永嘉郡：“安固令，吴立曰罗阳，孙皓改曰安阳，晋武帝太康元年（280 年）更名。”④则《临海志》写于孙皓（242—284）时，安阳县即晋安固县，在今浙江瑞安市。卷三六《州郡志二》晋安郡：“罗江男相，吴立，属临海。晋武帝立晋安郡，度属。”则罗江县在临海、晋安之交，在今浙江苍南到福建福鼎一带，再南则是温麻县。张崇根提出罗江县故城很可能是今福安市的罗江村，在交溪和廉溪的交汇处，下游就是白马江，可以进入三都澳海湾。笔者认为此说合理，说明临海郡的南界在今宁德市。

安阳、罗江二县的先住民安家人和夷洲人风俗相似，本书第一章第四节说过，安家人很可能是从台湾北部北迁，吴军接触到的夷洲人很可能也是北台湾

---

① 张崇根：《台湾四百年前史》，北京：九州出版社，2005 年，第 299～300 页。

② 陈正祥：《台湾地志》，台北：南天书局，1993 年，第 567 页。

③ ［清］丁绍仪：《东瀛识略》，《台湾文献史料丛刊》第 121 册，台北：大通书局，1987 年，第 75 页。

④ ［梁］沈约：《宋书》，北京：中华书局，1974 年，第 1037 页。

的先住民。沿海的部分安家人或许已经汉化,但是后世从浙北南下的吴越移民也擅长航海,所以浙南和台湾之间的航路很可能就是通过安家人建立的。

有趣的是,孙吴的罗阳县,西晋改名为安固,而安固的读音居然和安家极近,固、家都是见母鱼部,王力所拟上古音,固为 ka,家为 kea,所以安固可能得名于安家人。

梁嘉彬认为孙吴到达的夷洲是冲绳岛,不是台湾岛,此说被某些学者利用,他们甚至进一步论证唐朝以前的大陆人发现不了台湾,论据是根据季风和洋流,温州以北的港口无法航行到台湾。①

其实临海郡的南界已在今福建北部,虽然是《临海水土志》记载夷洲,但是我们不能肯定吴军从临海郡治(今浙江省台州市椒江区章安镇)直航台湾岛,很可能是沿岸到今福建北部再渡海。

2.《宋书》卷三五永嘉郡:"横阳令,晋武帝太康四年(283 年),以横屿船屯为始阳,仍复更名。"卷三六晋安郡:"原丰令,晋武帝太康三年(282 年),省建安典船校尉立……温麻令,晋武帝太康四年,以温麻船屯立。"

横阳县在今浙江平阳市,原丰县在今福建闽江口,温麻县在今霞浦县,这三地都是孙吴的造船基地,西晋初年立县,《吴书》记载发配犯人到建安造船,《元和郡县图志》福州说:"吴于此立曲舸都尉,主谪徙之人作船于此。"②曲舟是典船之形讹,前引韩振华之文认为是典舸之讹,即管理白水郎的鸟了船。笔者认为不太可能,因为典船校尉是正式官职,一定是用汉语,不可能用先住民语言。

从吴国船屯都在浙南、闽北来看,这里的航海业最为发达。所以吴军很可能是从临海郡起航,顺北风南航,自然最有可能到达台湾岛北部。因为在冬季出航,所以吴军看到冬季的夷洲"土地无霜雪,草木不死"。

孙吴在中国南方开辟了大量新郡新县,可是新设的船屯却远离孙吴的核心区吴郡、会稽郡,集中在浙南和闽北。孙吴和西晋之所以在浙南和闽北突然建设了很多船屯,可能就是因为这里的先住民安家人是善于航海的南岛民族。

3.《临海志》说:"夷洲在临海东南,去郡二千里。土地无霜雪,草木不死。"有人按照今天的里距测量,台湾在临海郡治东南,但是不足二千里。其实古代的里较短,而且航海难以测距,古代的航海者使用的里距单位是更,不同于路

---

① 林伯维:《密码与光谱:台湾为中心的历史知识论》,台北:秀威资讯科技股份有限公司,2008 年,第 204~208 页。

② 周振鹤:《从历史地理角度看古代航海活动》,《周振鹤自选集》,桂林:广西师范大学出版社,1999 年。

上测距。《三国志》卷三八《许靖传》说许靖从会稽郡出发:"便与袁沛、邓子孝等浮涉沧海,南至交州。经历东瓯、闽、越之国,行经万里,不见汉地,漂薄风波,绝粮茹草,饥殍荐臻,死者大半,既济南海。"许靖从今宁波或绍兴入海,到交州南海郡(今广州市)居然有万里,则从浙南或闽北到台湾北部当然有两千里。

古人所说的东南也是模糊概念,到了明代,中国人还误以为冲绳岛在福州的东南,[①]其实冲绳岛在福州的东北。

4.《临海志》说:"四面是山,众山夷所居……土地饶沃,既生五谷,又多鱼肉。"说明吴军到达之地既有山丘,也有平原,自然以台湾北部最有可能。

《后汉书》注引作四面是山溪,张崇根认为是山溪,不是山。笔者认为二者都有可能,但是即使是山溪,也以台湾北部最有可能。因为这里的海岸就有山丘,而中南部的山区离海岸很远。

台湾最北端是大屯火山群,台北市西部的林口台地土壤贫瘠,桃园县的沿海地区原来缺水,条件不佳,所以新竹平原和台北平原更有可能。两地比较肥沃,三面是山,一面是海,符合所谓四面是山的盆地地形。

5.《临海志》说:"呼民人为弥麟。"按照王力先生构拟的上古音,弥麟是miai lien。今北台湾先住民的各族语言中,只有赛夏族的"人"字接近弥麟的上古音。赛夏语的人字是 ma'iaeh,ma' 即入声喉塞音,l 是边音,接近零声母,所以与弥麟的读音很近。而且赛夏语的"人"字叫法很特别,原始南岛语系的"人"字被构拟为 *caw,很多台湾先住民语言都比较接近,但是赛夏语不是。和赛夏语关系较近的巴则海语的"人"字也不相同,据研究两族分化在 2000 年前,而邻近的巴布拉(Papola)、洪雅(Hoanya)、道卡斯(Taokas)、巴布萨(Babuza)四族分化可能不到 1000 年。台湾岛东北部的巴赛族是台湾最北的先住民,但是他们的祖先很可能从台湾南部迁来,所以语言接近台湾东部的噶玛兰、阿美二族和台湾西南部的西拉雅族(Siraya)。巴赛语的人和弥麟很远,所以吴军不可能到达台湾岛东北部。

---

① ［明］严从简著,余思黎点校:《殊域周咨录》,北京:中华书局,1993 年,第 166 页。

孙吴东征示意图(虚线为临海郡界)

笔者参考前人调查，①把先住民语言人字读音制成下表：

族名	语言：人	族名	语言：人
巴赛（Basay）	tau	赛夏（Saisiyat）	ma'iaeh
泰雅（Atayal）	cuquiliq	噶玛兰（Kavalan）	razat
巴则海（Pazih）	saw	赛德克（Seediq）	seediq
邹（Tsou）	cou	邵（Thao）	caw
鲁凯（Rukai）	umaumase	阿美（Ami）	tamdaw
排湾（Paiwan）	caucau	卑南（Puyuma）	tau
西拉雅（Siraya）	sidaia	道卡斯（Taokas）	sanuf
布农（Bunun）	bunun	雅美（Yami）	tau

伊能嘉矩提出巴则海人称男人为 Mamarin，即弥麟的语源，②陈碧笙从之。③ 但是巴则海族与赛夏族分化较早，所以赛夏语的人在巴则海语中已经转变为男人，而非"人"字。而且巴则海族在今台中市东部，此地距离台湾北部的金属产地很远，所以吴军不应至此。

和赛夏语的"人"字读音接近的居然还有东南台湾的三种语言，19 世纪 80 年代在鹅銮鼻海岬管理灯塔的英国人乔治·泰勒记录到在今台东县的知本人（Tipun）的人字是 marinai，阿美语是 vainaian，知本人是今卑南族，这里的阿美族在今台东县。④ 前者尤其接近弥麟，但是这里地处台湾东南角，不可能是吴军登陆地。卑南族是由多个民族融合而成，包括阿美、鲁凯、排湾、北部山区南迁的未知民族及海外北迁民族的成分，⑤这里非常偏僻，又接近布农族，所以可能保存了一些接近西北语言的古词。但是根据今人调查，泰勒所记的不是"人"字，而是男人，所以泰勒所记可能有误。

① 何大安主编：《台湾南岛语言丛书》，台北：远流出版事业股份有限公司，2000 年；李壬癸：《珍惜台湾南岛语言》，第 193 页；[法]费罗礼：《台湾土著族的文化，语言分类探究》，台北："中研院"民族学研究所，1969 年，第 173 页。

② [日]伊能嘉矩著，"国史馆"台湾文献馆编译：《台湾文化志》上卷，台北：台湾书房，2011 年，第 6 页。

③ 陈碧笙：《台湾地方史（增订本）》，北京：中国社会科学出版社，1990 年，第 23 页。

④ [英]乔治·泰勒：《漫游南台湾》，谢世忠、刘瑞超译：《1880 年代南台湾的先住民族：南岬灯塔驻守员乔治·泰勒撰述文集》，台北：顺益台湾先住民博物馆，2010 年，第 147 页。

⑤ 李壬癸：《台湾先住民史·语言篇》，台北："国史馆"台湾文献馆，1999 年，第 39 页。

再次接近的是台湾岛中南部的布农语，bunun 即布农语的"人"字，b、m 都是唇音，l、n 音近。布农族可能起源于其居住区北部的今南投县中部。[①] 所以布农语的"人"字接近赛夏，可能是因为早期居地很近。北部的泰雅、赛德克人的"人"字读音也比较特别，和南部不同。

赛夏、布农语言的共同存古有生物学证据，据检测母系血缘（线粒体 DNA）发现，E 型血缘不见于亚洲大陆和太平洋岛屿，只见于台湾和东南亚岛屿，台湾的赛夏族、布农族、西拉雅族有多样及高频率的 E1a1a 血缘，推测形成年代是 10000 多年前，可能是最早在台湾演化形成。E2b1 血缘只见于布农、西拉雅、阿美、泰雅等族和菲律宾北部的巴坦人，可能是距今 4000—3000 年从菲律宾到台湾。关系再次的是巴则海族、凯达格兰族，介于台湾先住民和福建人之间。台湾先住民可能是世界上最纯种的族群，赛夏族又最突出。[②] 所以赛夏、布农等族的"人"字和其他多族不同的原因可能正是因为他们从东南亚北迁台湾的时间不同，晚来的诸族更接近东南亚语言。

世界上很多民族的族名源自本族语言的"人"字，台湾多数先住民也是如此。各族语言中的"人"字非常重要，"人"字的语音关系往往反映民族的关系。语言学反映的台湾先住民关系和生物学的检测吻合，说明二者都可信。孙吴俘虏了几千台湾岛先住民，吴人应该记录大量先住民词汇。但是史书仅记载了一个先住民单词，就是"人"字，其原因也值得深思。

有学者认为弥麟的语源就是闽，把台湾先住民和闽越联系起来，笔者认为此说不合理，因为闽的古音是 mang，和弥麟读音不近。而且因为人类同源，所以世界很多语源对人的称呼都比较接近，比如汉语的人又称为民，羌族自称为 mi、mie 或 ma，藏族原来自称 mi 或 muə，[③]英语的人为 man，原始印欧语的人构拟为 *mánu，马来语的人是 orang，闽南语的"人"字白读为 lang 可能与之有关，所以我们不能说弥麟的语源就是闽，如果要联系起来，则世界很多语言都可以联系起来了。

6. 今天的赛夏人居住在新竹、苗栗中部山区，范围很小，但是在泰雅人北侵之前，其东南部还有大片土地。原来居住在新竹、苗栗沿海的道卡斯族是不到 1000 年前从彰化县北迁，传说赛夏人的祖先在海边，因为洪水而向内陆迁

---

① 李壬癸：《台湾先住民史·语言篇》，第 35、41 页。

② 林妈利：《我们流着不同的血液：以血型、基因的科学证据揭开台湾各族群身世之谜》，第 125～126、158～166 页。

③ 马长寿：《氐与羌》，桂林：广西师范大学出版社，2006 年，第 12～12 页。

移。① 从文献及口传记载发现道卡斯族和赛夏族最重要的祭典中有极类似的行事,所以两族关系密切。② 孙吴时代的赛夏人占据新竹、苗栗全部,另外桃园县东部到台北县南部的先住民龟仑族(Kulon)语言资料只有 45 个单词,接近赛夏语,可能是从赛夏北迁的一支,③但是上文已经说明从土壤情况来看,吴军到达之处不可能在桃园。

7.《临海志》:"饮食不洁,取生鱼肉,杂贮大器中,以卤之,历日月乃啖食之,以为上肴……饮食皆踞相对,凿木作器,如猪槽状,以鱼肉腥臊安中,十十五五共食之。以粟为酒,木槽贮之,用大竹筒长七寸许饮之。"赛夏人喜欢吃腌制食品,《台海使槎录》卷六《北路诸番九》说新竹、苗栗先住民:"鱼虾腌为鲑,鹿麋腌为脯,余物皆生食……阿里山、水沙连内山诸番,尚用木椀,平埔诸社多仿汉人。"④

8.《临海志》说:"女以嫁,皆缺去前上一齿。"赛夏族男女十岁就穿耳,十五六岁成年礼之前,男女都拔牙,男子拔两颗上门牙,女子拔两颗犬齿。⑤

9.《临海志》说:"得人头,斫去脑,驳其面肉,留置骨,取大毛染之,以作鬓眉发,具齿以作口,自临战斗时用之,如假面状,此是夷王所服。战得头,着首。还,于中庭建一大材,高十余丈,以所得头差次挂之。历年不下,彰示其功。"这里说对骷髅装饰,也是新竹一带先住民确有的风俗,蓝鼎元《纪竹堑埔》说:"竹堑埔宽长百里,行竟日无人烟。野番出没,伏草莽以伺杀人,割首级,剥骷髅饰金,夸为奇货,由来旧矣。行人将过此,必倩熟番挟弓矢护卫,然后敢行,亦间有失事者,以此视为畏途。"⑥

所以,孙吴所见的山夷可能就是台湾西北部的赛夏族系先民,居住在台北到苗栗一带,吴军很可能在台北或新竹沿海登陆。也不排除在苗栗、台中沿海登陆的可能性,这里的巴布拉族、巴则海族和赛夏族关系较近。

台湾最北部的先住民是巴赛族,分布金山在到三貂角地区,他们在大陆文

---

① 李壬癸:《台湾先住民史:语言篇》,第 61、141~156 页。

② 吴东南:《平埔道卡斯族与赛夏族之关系》,《民族学研究所资料汇编》第 1 期,台北:"中研院"民族学研究所,1990 年。

③ 李壬癸:《从文献资料看台湾平埔族群的语言》,《珍惜台湾南岛语言》,第 154 页。

④ [清]黄叔璥:《台海使槎录》,《台湾文献史料丛刊》第 21 册,台北:大通书局,1984 年,第 130、132 页。

⑤ 达西乌拉湾·毕马(田哲益):《台湾的先住民——赛夏族》,台北:台原出版社,2002 年,第 204~205 页。

⑥ [清]蓝鼎元:《东征集》卷六,《台湾文献史料丛刊》第 126 册,台北:大通书局,1987 年,第 87 页。

献中没有什么记载。刘益昌先生根据考古发现,认为淡水河口的十三行文化(1800—850年前)可能就是巴赛族的祖先。① 西班牙人初到台湾北端时发现,这里的先住民擅长经商和手工,不事农作,运送东部宜兰、花莲的物产和中国大陆人、西班牙人交易。②

2000—1800年前的台北淡水河口地区出现了台湾最早的金属文化,约2000年前开始接触到外来的青铜器,1800年前使用和制作各种金属器。十三行遗址出土的90多枚中国铜钱多数是唐宋时期,有一枚可能是魏晋南北朝时期的五铢钱。这里出土的青铜刀、珠饰、玻璃可能来自东南亚或中国大陆,而一个鎏金铜碗应是来自唐朝的大陆,晚期文化有大量宋元瓷器。直到明朝实行海禁政策之后,台北地区不能得到足够的瓷器,于是重新回到陶器时代。③ 刘益昌先生根据西班牙人及清朝人记载指出巴赛族擅长航海与贸易,造成巴赛语扩张到大台北地区。所以我们对大台北地区1800年前的先住民语言还不甚清楚,但是根据西班牙人和荷兰人的记载,淡水河口的Senar语和其南部的淡水语不同,所以那时的淡水河流域很可能不是巴赛族。

淡水河口地区进入铁器时代正是中国大陆烽烟四起的东汉末年,而东汉时期的中国南方又是一个开发高潮时期,所以此时可能有南方汉人来到台湾,北台湾的先民无疑在此时与大陆文化有深入交流。笔者认为这就是台湾最北部的凯达格兰族的血缘介于台湾先住民和福建人之间的原因,因为汉末有一些大陆沿海移民到达台湾岛。

无独有偶,南台湾也恰好在同时进入铁器时代。根据台南的南科园区考古发现,距今1800—1400年进入蔦松文化,④正值汉末,很可能也是因为东汉华南的开发或汉末战乱导致汉人把铁器制作技术传入南台湾。

孙吴到达的土地肥沃的盆地是不是台北盆地,现在还不能确定。但是从语言来看,他们接触到的一定是和赛夏族关系最近的人群。如果是台北盆地,

① 刘益昌:《再谈台湾北、东地区的族群分布》,刘益昌、潘英海主编:《平埔族群的区域研究论文集》,南投:台湾省文献委员会,1998年。

② 翁佳音:《近世初期北部台湾的贸易与先住民》,黄富三、翁佳音主编:《台湾商业传统论文集》,台北:"中研院"台湾史研究所筹备处,1999年。

③ 刘益昌:《淡水河口的史前文化与族群》,台北:台北县十三行博物馆,2002年,第112~131页;臧振华:《十三行的史前居民》,南投:台北县十三行博物馆,2002年,第45~53页。

④ 臧振华、李匡悌:《南科的古文明》,台东:台湾史前文化博物馆,2013年,第230页。

那时这里先住民的语言可能接近赛夏语。《临海水土志》说："此夷各号为王，分画土地，人民各自别异。"可见吴军到达的是一块民族纷杂之地，所以应该是以台北地区最为可能，因为这里西南有赛夏文化，东北有巴赛文化，淡水河流域各地的文化可能还有差异，李壬癸先生指出 17 世纪上半期台湾北部语言最分歧的地区就是淡水河口，[①]所以这里最有可能是吴军登陆地。

《临海志》说："人皆髡头穿耳，女人不穿耳。"八里乡十三行遗址出土一件陶偶，显示明显的穿耳习俗，臧振华先生认为这是女性造像，但是笔者认为这件陶偶只有上身的一部分，所以不能断定是女像。

《临海志》说安家人与夷洲类似，"架立屋舍于栈格上，似楼状"，十三行遗址也有柱洞显示当时是干栏建筑，臧振华之书引《淡水厅志》证明清代仍然是干栏建筑。不过台北盆地的北面就是大屯火山群，这里有在中国大陆也很难获得的硫黄与黄金，如果吴军到达台北盆地，似乎不应该没有发现珍稀的矿产，但是《临海志》《三国志》都没提。如果吴国发现了，不应该就此罢兵。或许是吴军在台时间太短，没有发现。

史明说，夷洲只能当作研究古代台湾的一种参考，若想进一步予以论断，必须重新觅取明确的资料才有可能。[②] 笔者恰好找到了很多明确的史料，证明吴军到达的夷洲就是台湾岛。史明把隋代以后的流求等同于今日的琉球群岛和台湾岛的广大区域，这也是不对的，明代之前的流求（琉球、瑠求）都是台湾岛。总之，夷洲可以确定是今台湾岛，否定夷洲是台湾的观点都不能再成立了。

三、孙吴出征夷洲的待解问题

虽然孙吴所征夷洲现在可以确定是台湾岛，但是孙吴出征夷洲之事还有很多谜团留待破解。

第一，我们不知孙吴是如何知道夷洲，隋代出征流求（台湾）是因为海师何蛮的报告，但是孙吴出征夷洲的由来，史书没有说明。最有可能的原因是秦汉以来的东南沿海人就已经知道夷洲，因为《后汉书·东夷传》说徐福等人所到的亶洲："人民时至会稽市。会稽东冶县人有入海行遭风，流移至澶洲者。"亶

---

① 李壬癸：《台湾北部平埔族的种类及其互动关系》，潘英海、詹素娟主编：《平埔研究论文集》，台北："中研院"台湾史研究所筹备处，1995 年。

② 史明：《台湾人四百年史》，台北：蓬岛文化公司，1980 年，第 28 页。

洲人会到会稽郡贸易，也有大陆人漂流到亶洲。我们也可以推想，也有人漂流到夷洲，甚至也有两岸贸易的可能。

第二，我们不知吴军在夷洲的时间，吴军只有万人，却俘虏了数千人，应该花了一段时间。因为台湾先住民英勇善战，吴军的武器比起先住民的武器，也不会进步多少，这和荷兰人不同，荷兰人及其后的明郑、清朝都有现代火器。吴军对台湾地形也不会太熟悉，他们到了这里，除了要战争，还要调查地理以便回去报告。吴军如果在台湾花了几个月到半年时间，风向转变，由冬季的北风改为夏季的南风，回程恰好顺利。所以笔者推测，吴军在台湾至少有几个月。

《三国志》卷五八《陆逊传》说：

> 权欲遣偏师取夷州及朱崖，皆以谘逊，逊上疏曰："臣愚以为四海未定，当须民力，以济时务。今兵兴历年，见众损减，陛下忧劳圣虑，忘寝与食，将远规夷州，以定大事，臣反复思惟，未见其利，万里袭取，风波难测，民易水土，必致疾疫，今驱见众，经涉不毛，欲益更损，欲利反害。又珠崖绝险，民犹禽兽，得其民不足济事，无其兵不足亏众。今江东见众，自足图事，但当畜力而后动耳……"权遂征夷州，得不补失。

同书卷六〇《全琮传》说：

> 赤乌九年，迁右大司马、左军师……初，权将围珠崖及夷州，皆先问琮，琮曰："以圣朝之威，何向而不克？然殊方异域，隔绝障海，水土气毒，自古有之，兵入民出，必生疾病，转相污染，往者惧不能反，所获何可多致？猥亏江岸之兵，以冀万一之利，愚臣犹所不安。"权不听。军行经岁，士众疾疫死者十有八九，权深悔之。后言次及之，琮对曰："当是时，群臣有不谏者，臣以为不忠。"

孙权在征讨夷洲和珠崖洲（今海南岛）之前，曾经咨询陆逊和全琮，但是没有听从二人劝告，结果得不偿失，士兵在海外死伤很重。陆逊认为吴军的主力应该谋取中原，夷洲在万里之外，军队会在海上遇到灾难，会在异域生病，所以无利可图。全琮也认为军队会发生疫情，而且会传染回本土。《全琮传》说军队在海外长达几年，这是指征珠崖，不是指征讨夷洲，卫温、诸葛直在征讨夷洲的次年就征讨武陵郡蛮夷，所以他们在夷洲的时间不会超过半年。《全琮传》又把珠崖置于夷洲之前，其实征讨珠崖在征讨夷洲之后的12年，这可能是因为陈寿不熟悉孙吴历史。

第三，我们不知卫温、诸葛直的生平，这和孙吴渡海出征珠崖洲情况不同。征讨海南岛的吴军统帅虽然也不是很著名，但是在《三国志》里还有传记。《三国志》卷四七《吴主传》说赤乌五年（242年）："秋七月，遣将军聂友、校尉陆凯以兵三万讨珠崖、儋耳。"同书卷六一《陆凯传》说:"赤乌中,除儋耳太守,讨朱崖,斩获有功,迁为建武校尉。"陆凯不仅做过儋耳太守,而且立了大功,孙吴在海南岛上设置的儋耳郡最迟存在到赤乌九年(246年),聂友也在此战之后飞黄腾达,同书《诸葛恪传》裴注引《吴录》说:"(聂友)后为将,讨儋耳,还拜丹杨太守,年五十三卒。"丹杨即丹阳郡,是吴国都城所在地区,反映聂友此次征讨珠崖大胜,深得孙权欢心。[①]

卫温、诸葛直的命运不佳,《吴主传》说黄龙三年(231年):"三年春二月,遣太常潘浚率众五万讨武陵蛮夷。卫温、诸葛直皆以违诏无功,下狱诛。"卫温、诸葛直因为在两年内败了两次,所以被杀。其实这二人的运气真的不好,海南岛虽然自从汉元帝刘奭初元三年(前46年)罢珠崖郡后就没有再归中原王朝统治,但是毕竟曾经被南越国和汉朝统治了100多年,距离大陆也比较近,而且孙吴征讨珠崖出兵三万,但是征讨夷洲只有万人,所以出征海南岛比出征夷洲容易。夷洲从来没有被大陆王朝统治,距离大陆较远,孙吴出征夷洲可能是夷洲历史上的第一次大战,所以卫温、诸葛直的难度较大。孙权又派他们去武陵郡征讨蛮夷,这也是比较难的,因为武陵郡距离江东地区较远,地形复杂,孙吴对这里的了解较少。孙吴也征讨过在今皖南和浙西的山越,但是山越地区周围都是汉地,吴军补给容易,所以征讨武陵郡蛮夷比征讨山越难多了。

第四,我们不知孙吴为何派遣卫温、诸葛直只率领万人就要征服夷洲和亶洲两个岛,似乎吴人认为从夷洲可以通往亶洲,亶洲在今日本,详见下一节,说明吴人很可能知晓从台湾到日本的航路。但是孙权一定不知晓台湾岛是如此巨大,是如此难以征服,不可能派遣万人就很快胜利,不可能很快再去亶洲。如果孙权并不了解征服夷洲的难度,就对卫温、诸葛直的战败非常生气,那真的很不应该。当然还有一种可能是孙权先派二人为先遣部队,原本有可能还有后续军队,但是在夷洲的大败使得孙权放弃了全部计划。

第五,孙吴俘虏了数千台湾先住民,我们不知这些先住民的下落。从当时的情况来看,这些人最有可能被安排在今福建和浙江沿海。他们应该有后代留存,可能早已融合在后世的大陆人之中。

第六,孙吴放弃再次征讨夷洲,除了卫温、诸葛直失败的因素,我们不知是

---

① 周运中:《再论汉唐间海南岛的建置沿革》,周长山、林强主编:《历史·环境与边疆——2010年中国历史地理国际学术研讨会论文集》,桂林:广西师范大学出版社,2012年,第72~73页。

否还有其他原因。从《临海志》的记载来看,吴人没有在夷洲发现多少特殊的资源,这可能也是孙吴不再出征夷洲的原因。

总之,孙吴出征夷洲还有很多问题留待解决。孙吴出征夷洲,准备不足,不知夷洲和亶洲的大小与距离,最终失败,得不偿失。孙权反而迁怒卫温、诸葛直,又杀死二人。可能正是因为孙吴在夷洲大败,吴人又没在夷洲发现宝物,所以导致东晋及南朝都没有再出兵夷洲。

附说东鳀,《后汉书》说又有东鳀人,分为二十余国,邻近夷洲、澶洲,在会稽郡(长江以南到福建地区)之东,或许是今琉球群岛。古代的国指小部落,即《山海经》所谓的国,所以说天下万国。元代冲绳岛上有三个小国,再往上古则更多,所以今琉球群岛能有二十多国。《战国策·赵策二》说:"黑齿雕题,鳀冠秫缝,大吴之国也。"[1]戴着鳀鱼皮冠,东鳀人很可能是因为他们的鳀冠得名。东鳀可能不包括台湾,因为孙吴到达夷洲,就是今台湾岛北部。吴人把夷洲和东鳀分得很清楚,东鳀不太可能还是指台湾岛。前引周维衍之文认为东鳀是今台湾,前引陈碧笙之文反驳说东鳀在今日本。周维衍认为东鳀、雕题音近,也有其他学者认同,[2]其实毫无关系,东、雕读音也不相近,陈碧笙之文已经指出其误。鳀的上古音是定母支部[dye],音近夷,或许是古越语的夷人,也即海人。

总之,秦汉时代的人已经很了解日本到台湾的岛链地区,而且有贸易往来。正是因为汉代人有此知识基础,所以孙吴派兵出征台湾。

第二节 南朝月屿看台湾

孙吴虽然出征台湾岛,但是没有在台湾岛建立长久居住的聚落。东晋南朝的台湾岛似乎从中国的典籍之中消失了,其实孙吴出征宝岛对后世的影响很大,南朝人没有忘记台湾岛。

北宋乐史(930—1007)所著的《太平寰宇记》是一部珍贵的地理总志,虽然晚于唐代李吉甫的《元和郡县图志》,但是内容远比《元和郡县图志》丰富。乐史是从南唐进入北宋的江西抚州宜黄县人,南唐保留了大量唐代之前的古籍,

---

① [汉]刘向集录,范祥雍笺证:《战国策笺证》,上海:上海古籍出版社,2006年,第1047~1048页。

② 周文顺:《台陆关系通史》,第61页。

所以乐史在撰书时引用了很多北宋之后散佚的地方志。

《太平寰宇记》卷一〇〇福州侯官县：

> 月屿，越王石。《舆地志》：侯官县南百余里，海边有月屿，出海蛤。海边又有越王石，常隐云雾，相传唯清廉太守乃得见。宋元徽中，太守虞愿观见无隐。①

此条在福州侯官县下，似乎全记大陆之事，所以不为前人注意。其实《太平寰宇记》是乐史编辑地方旧志而成，他在北宋初年还能看到很多汉魏六朝古书，而中国政区在六朝以后多有变动，乐史没有全部考明，常把旧志条目归入新立政区条目之下。所以我们看到《太平寰宇记》里的很多条目，其实已经不在此县之下。侯官县的月屿，既然在其县南百余里，其实早已归属武则天圣历二年（699年）析出的福清县，而《太平寰宇记》的福清县下没有任何一条分目，说明乐史很可能没有看到福清县的地方志，所以他不明福清地理，仍然把月屿放在侯官县下。《舆地志》是南朝陈代顾野王所撰，此处的月屿为南朝之事。《舆地志》在北宋初年还有，所以《太平御览》、《太平寰宇记》多引此书，但是《文献通考》已不著录，说明此书亡在南宋。②

月屿在侯官县南百余里的海边，即今莆田市秀屿区南日群岛东北角的东月屿及其北邻的小月屿，两岛距离160米，可以合称。此地以北紧邻平潭县，原属福清县，嘉庆三年（1798年）才析置平潭厅，而福清建自李唐，所以月屿在南朝时记在侯官县下。南日岛西北有小日岛，南日、小日和月屿可能是相对地名。

月屿一带海域，有时能看见隐藏在云雾之中的越王石，无疑是指今台湾岛，证据有六。

第一，月屿西南是南日岛，东北是平潭县的塘屿、草屿，月屿向东没有其他岛屿，只有台湾岛。南宋梁克家（1128—1187）《三山志》卷六《海道》说：

> 东：南匿、草屿、塘屿。昭灵庙下，光风霁日，穷目力而东，有碧拳然，乃琉求国也。每风暴作，钓船多为所漂，一日夜至其界。其水东流而不返，莎蔓错织，不容转柁，漂者必至而后已。其国人得之，以藤串其踵，令作山间。盖其国刳木为盂，乃能周旋莎蔓间。今海中大姨山，夜忌举火，虑其国望之而至也。③

① ［宋］乐史撰，王文楚等点校：《太平寰宇记》，北京：中华书局，2007年，第1994页。
② 张国淦：《中国古方志考》，北京：中华书局，1962年，第67~68页。
③ ［宋］梁克家：《三山志》，第45~46页。

在南匿（南日岛）、草屿、塘屿一带海域东望看到的琉求国无疑是台湾，台湾西部多平原，沿海有水草密布的沼泽，即所谓莎蔓。从南日岛的东南角到苗栗县海岸的最短直线距离只有133千米，到达台中的大甲溪口的直线距离只有135千米，所以说一日一夜能到。月屿周围岛屿星罗棋布，如果越王石在今莆田或平潭，不可能如此难见。所谓的大姨山不见于今日地图，可能是大麦山之形讹，今南日岛之东有大麦屿，其东即台湾海峡。

南日岛、月屿、塘屿、草屿

第二，《临海水土志》说夷洲："山顶有越王射的，正白，乃是石也。"夷州山顶的白色物体可能是终年积雪，也可能是圣石，传说是越王射中的白石，这就是传说在月屿海域能依稀看见隐在云雾中的越王石。因为顾野王所记是远方奇闻，乐史抄录《舆地志》可能又多有周折，所以我们现在不能得知月屿传说的原形，可能原来月屿一带人对海外越王石的描述更为详细。

第三，南宋崇安县（今武夷山市）人祝穆（？—1255）所著《方舆胜览》卷一三兴化军(治今莆田市)说:"湄州山,去郡东北七十里,在海上,与流求国相望。"①湄洲岛在南日岛西南,距离台湾更远,但是宋人也说和流求相望。

第四,乾隆《福宁府志》卷四一有宋代长溪县(治今霞浦县)令刘镇《浮膺山》一诗云:

> 马头过了又驴头,何处飞来海上洲。

> 绝顶试穷千里目,烟波深处是琉球。②

刘镇是宋宁宗赵扩嘉泰二年(1202年)进士,浮膺山是今霞浦县浮鹰岛,其东南就是东涌岛(东引岛),再东南是台湾,说明南宋时人知晓从这里向东南通往台湾。万历《福宁州志》卷一《山川》说浮瀛山:"一名浮膺山,山上有四澳,宋元间居民繁庶,如镇北大将军林国祥辈皆居于此。"③因为宋代福建沿海已经比较繁盛,台湾海峡的航船较多,所以有很多看见台湾的记载。这条从福建北部到台湾北部的航路,最迟可以追溯到孙吴东征夷洲,可能在六朝隋唐时期一直存在。

第五,陆游(1125—1210)《剑南诗稿》卷八《步出万里桥门至江上》诗云:

> 常忆航巨海,银山卷涛头。

> 一日新雨霁,微茫见流求(在福州泛海东望,见流求国)。

陆游在宋高宗赵构绍兴二十八年(1158年)任福州宁德县(治今宁德市)主簿,两年后返都,此诗作于此时。

同书卷五九还有《感昔》诗云:

> 行年三十忆南游,稳驾沧溟万斛舟。

> 尝记早秋雷雨后,舵师指点说流求。

陆游回忆早年在福建,曾经在海上听船民讲述流求,方豪先生认为这是绍兴二十四年(1154年)陆游三十岁时所作。

在月峿当然不能直接看到台湾岛,但是古人航海,离岸稍远,也有可能看到或漂流到台湾,方豪指出南宋文献中有两则在福州望见台湾的记载,又列出南宋四则史料讲到毗舍耶人从台湾、澎湖一带出发,劫掠泉州沿海,说明南宋时期台湾和大陆的关系已经非常密切。④

第六,《隋书》卷八一《流求国传》说:

---

① [宋]祝穆撰,祝洙增订,施和金点校:《方舆胜览》,北京:中华书局,2003年,第218~219页。

② 傅璇琮主编:《全宋诗》,北京:北京大学出版社,1998年,第34269页。

③ 万历《福宁州志》,北京:书目文献出版社,1990年,第32页。

④ 方豪:《台湾早期史纲》,第31~34页。

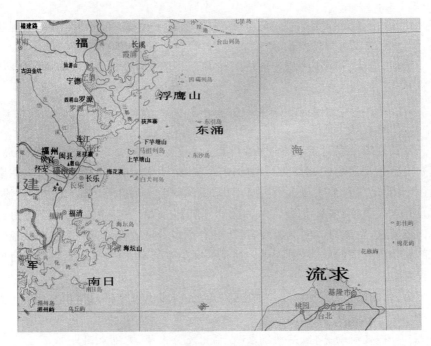

浮鹰山、东涌、流求

　　流求国,居海岛之中,当建安郡东,水行五日而至……大业元年,海师何蛮等,每春秋二时,天清风静,东望依希,似有烟雾之气,亦不知几千里。三年,炀帝令羽骑尉朱宽入海求访异俗,何蛮言之,遂与蛮俱往,因到流求国。

　　这里也说在福建沿海能看见台湾岛的烟雾之气,引发隋炀帝大业三年(607年)派朱宽、何蛮出使台湾岛,大业六年(610年)又派陈稜、张镇周出征台湾岛。建安郡治在闽县(治今福州市),何蛮很可能是从这里出发而看到台湾,他的知识基础其实是在南朝就奠定的。

　　综上所述,《太平寰宇记》所引南朝顾野王《舆地志》所记月屿海域见到的越王石,是对台湾岛的描写。这说明从孙吴黄龙二年(230年)到隋代大业三年(607年)的近四百年间,台湾岛的记载没有在中国的史书里中断。只是因为宋代以后六朝图书大量散佚,导致我们很难看到南朝人对台湾的记载。

　　此前学界一般认为《三山志》的记载是福建地方史籍中关于台湾的最早记载,现在看来应该是南朝《舆地志》参考的六朝福建地区的地方志。

第三节　方壶澎湖与瀛洲台湾

汉晋六朝时期托名东方朔所作的笔记小说有《海内十洲记》与《神异经》，另外上文引用前秦王嘉的《拾遗记》卷一〇《名山记》也记载海外各洲，这些看似荒诞不经的笔记小说，其实有很多内容可信，《神异经》中对南洋椰子、木瓜、火山、银山的记载都很宝贵，甚至记载了北亚地下的猛犸象，笔者已有论证。[①]因为六朝时期中国人航海事业迅猛发展，所以海外地理知识激增，《神异经》、《海内十洲记》、《拾遗记》就吸纳了这些知识。虽然最后编定者也对海外地理知识进行加工，但是透露的原始信息还是非常宝贵。我们只要把其中夸张附会的成分去除，真实的内容就被提取出来了。

《拾遗记·诸名山》记载了七个山，首山昆仑山没有实质内容，最末昆吾山、洞庭山在中国，中间的东南五山依次是蓬莱、方丈、瀛洲、员峤、岱舆。上文已经根据黑潮论证员峤山是屋久岛，还有很多证据。下文将要论证，这五山其实是从南到北，第一山蓬莱山是加里曼丹岛，第二山方丈山是澎湖岛，第三山瀛洲是台湾岛，第四山员峤山是屋久岛，第五山岱舆山是九州岛。

一、蓬莱是文莱

先看《拾遗记》蓬莱山：

蓬莱山，亦名防丘，亦名云来，高二万里，广七万里。水浅，有细石如金玉，得之不加陶冶，自然光净，仙者服之。东有郁夷国，时有金雾。诸仙说此上常浮转低昂，有如山上架楼，室常向明以开户牖，及雾灭歇，户皆向北。其西有含明之国，缀鸟毛以为衣，承露而饮，终天登高取水，亦以金、银、仓环、水精、火藻为阶。有冰水、沸水，饮者千岁。有大螺名裸步，负其壳露行，冷则复入其壳。生卵着石则软，取之则坚。明王出世，则浮于海际焉。有葭，红色，可编为席，温柔如罽毳焉。有鸟名鸿鹅，色似鸿，形如秃鹙，腹内无肠，羽翮附骨而生，无皮肉也。雄雌相眄则生产。南有鸟，名鸳鸯，形似雁，徘徊云间，栖息高岫，足不践地，生于石穴中，万岁一交则生

---

① 周运中：《中国南洋古代交通史》，厦门：厦门大学出版社，2015年，第109~111页。

雏,千岁衔毛学飞,以千万为群,推其毛长者高翥万里。圣君之世,来入国郊。有浮筠之簳,叶青茎紫,子大如珠,有青鸾集其上。下有沙砾,细如粉,柔风至,叶条翻起,拂细沙如云雾。仙者来观而戏焉,风吹竹叶,声如钟磬之音。

蓬莱又名云来,蓬的上古音是并母东部,李方桂拟为 bung,蓬与云、文的读音很接近,现在闽南语的文就是 bun。加里曼丹岛又名婆罗洲,即渤泥、文莱(Brunei),文莱原是全岛之名。

此书蓬莱山高二万里、广七万里,但是没说方丈、瀛洲、员峤、岱舆的大小,说明蓬莱山又高又大。加里曼丹岛是世界第三大岛,而第一大岛格陵兰岛、第二大岛新几内亚岛从古至今都是与世隔绝,所以加里曼丹岛就是世人熟悉的第一大岛。宋代《诸蕃志》就记载到了帝汶岛,但是直到明清,中国人的书籍都不提新几内亚岛。

加里曼丹岛的第一高山基纳巴卢(Kinabalu)山,海拔 4101 米,虽然比新几内亚岛的最高山 5030 米的查亚峰低,但是比周围几个大岛的主峰高。而且苏门答腊岛、爪哇岛的最高山在其南部,也即传统航路不及之处,所以不易看到。基纳巴卢山紧邻北海岸,历来是重要航标。《顺风相送·暹罗往马军》:"丑艮十更,取圣山五屿,在帆铺边。"《指南正法·往汶来山形水势》:"犀角山:丁未八更及单丁,取圣山。圣山:充天高大。圣山下,对二个屿是五屿。"圣山即基纳巴卢山,前人素无疑义,说明此山是重要航标。

蓬莱山水浅,也是实情,因为加里曼丹岛周围海水较浅,不像苏门答腊岛、爪哇岛南部是印度洋,所以水深。加里曼丹岛西北部尤浅,这也是大陆人熟悉之处。其北部多沙岸,所以说有沙砾,细如粉。苏门答腊岛北部多是三角洲海岸,沼泽密布。

最有趣的是,蓬莱山出一种大螺,而中国孙吴、萧梁、唐朝三个时代五种书籍记载的加里曼丹岛正是以产大螺闻名,《太平御览》卷七八七引康泰《扶南土俗》曰:"诸薄之东北有巨延洲,人民无田,种芋,浮船海中,截大蚶螺杯往扶南。"卷八〇七引《广州志》曰:"大贝出巨延州,与行贾贸易。"又引徐哀《南方记》曰:"大贝出诸簿巨延州土地,采卖之以易绛青。"《梁书》卷五四说:"婆利国,在广州东南海中洲上,去广州二月日行。国界东西五十日行,南北二十日行。有一百三十六聚。土气暑热,如中国之盛夏……普通三年,其王频伽复遣使珠贝智贡白鹦鹉、青虫、兜鍪、琉璃器、吉贝、螺杯、杂香、药等数十种。"《新唐书》卷二二二下:"婆利者,直环王东南,自交州泛海,历赤土、丹丹诸国乃至。地大洲,多马,亦号马礼。袤长数千里……产玳瑁、文螺。"我已经在另书详细论证,巨延、婆利就是加里曼丹岛,婆利即渤泥、文莱。①此书唯独在蓬莱山说到大螺,说明就是加里曼丹岛。

这种大螺,就是鹦鹉螺,其分布范围,北到菲律宾吕宋岛中部,西到加里曼丹岛(婆罗洲),南到澳大利亚,②所以中国古代人记载最著名的产地是加里曼丹岛。鹦鹉螺的贝壳最长可达近 27 厘米,确实很大。外壳有花纹,所以又名文螺。鹦鹉螺的外壳是螺旋形,开口很大,所以适合做成杯子,即螺杯。

南朝刘敬叔《异苑》卷三:"鹦鹉螺,形似鸟,故以为名。常脱壳而游,朝出,则有虫类如蜘蛛,入其壳中,螺夕还,则此虫出。庾阐所谓,鹦鹉内游,寄居负壳者也。"其实这是误解,鹦鹉螺有 90 只腕手,被误以为是寄居蟹。《太平御览》卷七六〇引《异物志》:"鹦鹉螺,状以覆杯,形如鸟头,向其腹视,似鹦鹉,故以为名。"《岭表录异》卷下:"鹦鹉螺,旋尖处,屈而朱,如鹦鹉嘴,故以此名。壳上青绿斑文,大者可受三升。壳内光莹,如云母,装为酒杯,奇而可玩。"

南京东晋王兴之墓出土了一个鹦鹉螺做的杯子,壳外用铜边镶扣,两侧装有铜质双耳,证明六朝时期的螺杯确实从南洋来到了都城建康。唐代也有来自南洋的螺杯,李白《襄阳歌》诗云:"鸬鹚杓、鹦鹉杯,百年三万六千日,一日须倾三百杯。"

鹦鹉螺与南京出土鹦鹉螺杯

鸿鹅应是犀鸟,犀鸟的头骨巨大,输入中国,称为鹤顶,贵为珍品,婆罗洲出产此物。因为鹤顶中空,所以有人误以为头骨是全身骨架,看到中空就说这种鸟腹内空洞,没有皮毛。

①　周运中:《中国南洋古代交通史》,第 141～142、155～156 页。
②　董正之:《现生鹦鹉螺类的地理分布》,载《海洋科学》1987 年第 4 期。

蓬莱山东边的金雾,其实是指火山喷出的硫黄雾,菲律宾群岛多火山。雾气消散,户皆向北,指的是火山活动扰动地表土层方向。

蓬莱山西边的含明国人,缀鸟毛以为衣,即加里曼丹岛正西的苏门答腊岛甘巴(Kampar),即唐代的甘毕、宋代的监篦、《郑和航海图》的甘巴港,音近含明。元代汪大渊《岛夷志略》第 98 条罗婆斯说:"国与麻加那之右山联属……风俗野朴,不织不衣,以鸟羽掩身。食无烟火,惟有茹毛饮血,巢居穴处而已。"我已经论证,麻加那即苏门答腊岛西岸的米南家保(Menankabwa),罗婆斯是婆罗斯之倒误,即唐代的婆鲁师,在今苏门答腊岛西北部。[①] 此处人也是用鸟毛作衣,正是苏门答腊岛土著习俗。此处还多金、银、仓环、水精、火藻,苏门答腊岛西北部正以产金著称,二千多年前的印度人即称为金洲。

再看《海内十洲记》说:

> 蓬丘,蓬莱山是也。对东海之东北岸,周回五千里。外别有圆海绕山,圆海水正黑,而谓之冥海也。无风而洪波百丈,不可得往来。上有九老丈人,九天真王宫,盖太上真人所居。唯飞仙有能到其处耳。

此处误说蓬莱在东海东北,可见不如《拾遗记》准确。《拾遗记》的海外诸岛最为详确,《海内十洲记》不仅简略,而且位置错乱,可见《海内十洲记》是缩编了《拾遗记》东南五山,再加上西域部分,晚于《拾遗记·诸名山》。

《海内十洲记》说:

> 炎洲,在南海中,地方二千里,去北岸九万里。上有风生兽,似豹,青色,大如狸。张网取之,积薪数车以烧之,薪尽而兽不然,灰中而立,毛亦不焦。斫刺不入,打之如灰囊。以铁锤锻其头,数十下乃死。而张口向风,须史复活。以石上菖蒲塞其鼻,即死。取其脑和菊花服之,尽十斤,得寿五百年。

下文还说到火林山的火浣布,也即火山所出石棉,可见描写的确是南洋地理。此处风生兽,其实是水獭,《通典》卷一八八勃焚洲引《抱朴子》云:"勃焚洲在南海中,薰绿水胶所出。胶如枫脂矣,所以不可多得者。止患猎猥兽啖人。此兽大者重十斤,状如水獭,其头身及他处了无毛,唯从鼻上以竟脊至尾上有毛,广一寸许,青毛长三四分许,其无毛处则如韦囊。人张捕得之,斫刺不伤,积薪烈火,缚以投火中,薪尽而此兽不焦。须以大杖打之,皮不伤而骨碎都尽,乃死耳。"勃焚洲即义净《大唐西域求法高僧传》的渤盆国、《南海寄归内法传》

---

① 周运中:《中国南洋古代交通史》,第 386～387 页。

的盆盆洲、《梁书》盘盘国，在今泰国宋卡。① 可见这则材料出自东晋，《拾遗记》虽然出自前秦王嘉，但是附在最末的《诸名山》是江东人所作。因为昆吾山条说到西晋张华使雷焕为江西丰城县令，掘出宝剑，又写到湖南的洞庭山，而开头的昆仑山没有实际内容，可见《诸名山》专记东南海上诸岛。但是《海内十洲记》说：

> 长洲，一名青丘，在南海辰巳之地。地方各五千里，去岸二十五万里。上饶山川及多大树，树乃有二千围者。一洲之上，专是林木，故一名青丘。又有仙草灵药，甘液玉英，靡所不有。又有风山，山恒震声。有紫府宫，天真仙女游于此地。

辰巳在东南120°～150°，正是加里曼丹岛。地方五千里，是《海内十洲记》记载的东南第二大岛。第一大岛是扶桑："在东海之东岸，岸直，陆行登岸一万里，东复有碧海。海广狭浩汗，与东海等。"此岛在东海之东，其东还有碧海，可见扶桑是本州岛，其东的碧海是太平洋。本州岛面积不到加里曼丹岛三分之一，但是因为人多，中国人也熟悉，所以说有万里。因为加里曼丹岛多热带雨林，所以说多大树。可能正是因为森林密布，所以古人翻译时用了"蓬莱"二字，表示植被茂密。

二、方壶是澎湖岛

再看方丈山，《海内十洲记》说：

> 方丈洲在东海中心，西南东北岸正等，方丈方面各五千里。上专是群龙所聚，有金玉琉璃之宫，三天司命所治之处。群仙不欲升天者，皆往来此洲，受太玄生箓，仙家数十万。耕田种芝草，课计顷亩，如种稻状，亦有玉石泉，上有九源丈人宫主，领天下水神，及龙蛇巨鲸阴精水兽之辈。

此处说方丈是因为方形得名，自然是编书者附会。但是群龙、琉璃皆非杜撰，因为《拾遗记·诸名山》所说的方丈山就是以群龙、琉璃出名。

因为《列子·汤问》所说的五大神山是岱舆、员峤、方壶、瀛洲、蓬莱，完全对应《拾遗记·诸名山》记载的蓬莱、方丈、瀛洲、员峤、岱舆，所以方丈应是方壶之讹，或是先作方夫，再形讹为丈。

《拾遗记》说方丈山：

> 方丈之山，一名峦雉。东有龙场，地方千里，玉瑶为林，云色皆紫。有龙，皮骨如山阜，散百顷，遇其蜕骨之时，如生龙。或云："龙常斗此处，膏

75

① 周运中：《中国南洋古代交通史》，第158～160页。

血如水流。膏色黑者,着草木及诸物如淳漆也。膏色紫光,着地凝坚,可为宝器。"燕昭王二年,海人乘霞舟,以雕壶盛数斗膏,以献昭王。王坐通云之台,亦曰通霞台,以龙膏为灯,光耀百里,烟色丹紫,国人望之,咸言瑞光,世人遥拜之。灯以火浣布为缠。山西有照石,去石十里,视人物之影如镜焉。碎石片片,皆能照人,而质方一丈,则重一两。昭王舂此石为泥,泥通霞之台,与西王母常游居此台上。常有众鸾凤鼓舞,如琴瑟和鸣,神光照耀,如日月之出。台左右种恒春之树,叶如莲花,芬芳如桂,花随四时之色。昭王之末,仙人贡焉,列国咸贺。王曰:"寡人得恒春矣,何忧太清不至。"恒春一名沉生,如今之沉香也。有草名濡薐,叶色如绀,茎色如漆,细软可萦,海人织以为席荐,卷之不盈一手,舒之则列坐方国之宾。莎萝为经。莎萝草细大如发,一茎百寻,柔软香滑,群仙以为龙、鹄之辔。有池方百里,水浅可涉,泥色若金而味辛,以泥为器,可作舟矣。百炼可为金,色青,照鬼魅犹如石镜,魑魅不能藏形矣。

方壶和澎湖的读音很近,古无轻唇音 f,方的上古音是 piuang,澎是上古音是 beang,读音很近。南宋称澎湖为平湖,此为原名,见本书第四章第三节。因为澎湖很平,而且环抱马公港与马公内港两个海湾,如海中大湖,非常独特,故名平湖。所以《拾遗记》说此岛:"有池方百里,水浅可涉。"就是平湖。峦雉上古音是 luan diei,很可能是南岛语的海 laut 的汉译,即海岛,此名源自东方海上的南岛民族。

龙场的龙是抹香鲸,龙膏是龙涎香,这是鲸鱼的分泌物,或由鲸鱼排泄入海,或来自鲸鱼尸体,《拾遗记》说龙膏是鲸鱼死后流出的膏血,中有草木及诸物,龙涎香确实是抹香鲸消化道里的分泌物,所以其中夹有各种物品。明初跟随郑和下西洋的费信《星槎胜览》说龙涎屿:"独然南立海中,此屿浮艳海面,波击云腾。每至春间,群龙所集于上,交戏而遗涎沫,番人乃架独木舟,登此屿,采取而归。设遇风波,则人俱下海,一手附舟傍,一手揖水而至岸也。其龙涎初若脂胶,黑黄色,颇有鱼腥之气,久则成就大泥。或大鱼腹中剖出,若斗大圆珠,亦觉鱼腥。"[①] 这是他在龙涎屿(今印度尼西亚西北角龙多岛,Pulau Rondo)所闻,所谓出自鱼腹是真,涎沫是假。台湾也产龙涎香,《恒春县志》卷九《物产》:"龙涎香,不常有。据采访云,系海中大鱼涎沫,成块浮海中,近岸取之,白色如胶,兹求售者,有黄白二色。研之易碎,烧之气如松香,盖赝鼎焉。为鳅鱼精,浮于水面者,价十倍不可多得。"这里说是鲸鱼唾液,说明中国人关

---

① [明]费信著,冯承钧校注:《星槎胜览校注》,北京:中华书局,1954 年,第 26~27 页。

于龙涎香的认识有时反而倒退,六朝人所说的膏血更为贴切。

　　所谓《海内十洲记》的琉璃其实就是《拾遗记》的照石,也即澎湖四宝之首的文石,光滑晶莹,故名照石。《拾遗记》说照石产于方丈山西,正是因为澎湖本岛的文石产于最西部的风柜尾。

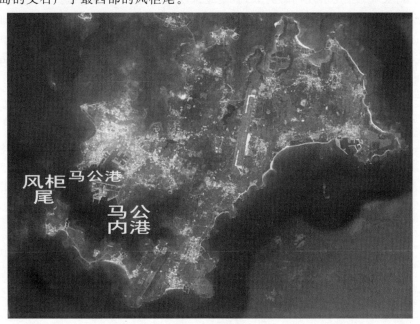

澎湖岛地图

　　编席的软草,这种草应该就是后世闻名的台湾席草,又名大甲蔺、苑里蔺,因为台中市大甲镇、苗栗县苑里镇种植最多得名。台湾草席特别松软,所以《拾遗记》说这种草席卷起可以放在手里,铺下则可坐数人。这种草又名莛芏,《拾遗记》的濡蒘应是蒘濡之误,上古音莛芏是 geong tha,蒘濡是 kan nio。这种草属于莎草科莎草属,这里所谓作为经线的莎萝也是莎草,所谓一茎百寻,指这种草比较高,显然这是莎草属的高杆莎草,这也是一种编席的草。高杆莎草主要分布在华南和东南亚,莎草绿色,但是草席褐色,大陆人只看到草席,没有看到莎草,所以说莎草的茎叶都是褐色。

三、瀛洲是台湾岛

　　《海内十洲记》第一个山是徐福东渡所到的祖洲,在东海中,地方五百里,去西岸七万里。第二个山是瀛洲:

瀛洲在东海中,地方四千里,大抵是对会稽,去西岸七十万里。上生神芝仙草。又有玉石,高且千丈。出泉如酒,味甘,名之为玉醴泉,饮之,数升辄醉,令人长生。洲上多仙家,风俗似吴人,山川如中国也。

上文说过,胶东人称海为瀛,就是越人所说的夷,所以瀛洲就是夷洲,夷洲是台湾,瀛洲也是台湾,夷洲、瀛洲本是海洲。因为台湾是距离中国最近的大岛,所以称为海洲。虽然此书所说各岛面积与距离不可信,但是各岛面积不一,可能说明方士掌握的各岛大小比例信息。此岛有四千里,比徐福所到的祖洲大很多,因为台湾较大。

瀛洲有玉石,高达千丈,其实是台湾岛的最高峰玉山,海拔 3952 米。玉山名为玉石,也即《临海志》所说:"山顶有越王射的,正白,乃是石也。"我们注意到,此书描述海外各岛,唯有瀛洲提到高达千丈的玉石,各岛地理信息都有特点,可见此书绝非杜撰。

所谓风俗似吴人,因为台湾本来靠近闽浙,所以有近似的越文化,山川如中国也是因为靠近大陆。

再看《拾遗记》的瀛洲:

瀛洲一名魂洲,亦曰环洲。东有渊洞,有鱼长千丈,色斑,鼻端有角,时鼓舞群戏。远望水间有五色云,就视,乃此鱼喷水为云,如庆云之丽,无以加也。有树名影木,日中视之如列星,万岁一实,实如瓜,青皮黑瓤,食之骨轻。上如华盖,群仙以避风雨。有金峦之观,饰以众环,直上干云。中有青瑶几,覆以云纨之素,刻碧玉为倒龙之状,悬火精为日,刻黑玉为乌,以水精为月,青瑶为蟾兔。于地下为机棧,以测昏明,不亏弦望。时时有香风泠然而至,张袖受之,则历年不歇。有兽名嗅石,其状如麒麟,不食生卉,不饮浊水,嗅石则知有金玉,吹石则开,金沙宝璞,粲然而可用。有草名芸苗,状如菖蒲,食叶则醉,饵根则醒。有鸟如凤,身绀翼丹,名曰藏珠,每鸣翔而吐珠累斛。仙人常以其珠饰仙裳,盖轻而耀于日月也。

台湾东海岸为断崖海岸,所以多有海蚀洞。长达千丈又能喷水的大鱼,就是鲸鱼,台湾东部多鲸。台湾赏鲸四大胜地是宜兰县头城镇乌石港、花莲县花莲港、石梯港、台东县加路蓝港,因为黑潮流经台湾东部,营养丰富,吸引鱼群,所以鲸鱼也喜欢在此出没。影木是木瓜树,青皮黑瓤,树如华盖。

此处特别提到一种形如麒麟的野兽,无疑是鹿,台湾原来最多的野兽就是鹿,最有名的商品也是鹿,明代陈第《东番记》:"山最宜鹿,儦儦俟俟,千百为群……居常,禁不许私捕鹿。冬,鹿群出,则约百十人即之……社社无不饱鹿者。取其余肉,离而腊之,鹿舌、鹿鞭、鹿筋亦腊,鹿皮角委积充栋……漳、泉之惠民、充龙、烈屿诸澳……易其鹿脯皮角。"[1]熊明遇《东番》说："而中国人以故衣粗磁,贸其皮角与其余肉,闽中郡亦无不厌若鹿者矣。"[2]一个名叫Carspar Schmalkaden的德国士兵因为供职于荷兰东印度公司,所以得以在1648—1652年进入台湾,他在所著的《东西印度惊奇旅行记》说:"这些山脉与山谷中,有各式各样的野生动物,特别是大量的鹿。[这里的鹿体型]虽然比我们[西欧]本地的要小,但其肥硕并不下于我们这里[西欧]的鹿。"[3]本书叙述各岛,唯独在此山提到鹿,说明此山无疑就是台湾。

瀛洲一名魂洲,亦曰环洲。魂、环音近,魂在前,说明别名是音译。上古音魂是 γuən,环是 γoan,环洲很可能源自洪雅(Hoanya)族,在今嘉义、云林沿海,距离澎湖很近。本书第四章第二节要说到嘉义沿海发现唐宋时期瓷器,证明汉人很容易从澎湖到此,接触到洪雅族,因而又称台湾为环洲、魂洲。

四、员峤是屋久岛

《拾遗记》说员峤山:

> 员峤山,一名环丘。上有方湖,周回千里。多大鹊,高一丈,衔不周之粟。粟穗高三丈,粒皎如玉。鹊衔粟飞于中国,故世俗间往往有之。其粟,食之历月不饥。故《吕氏春秋》云:"粟之美者,有不周之粟焉。"东有云石,广五百里,驳骆如锦,扣之片片,则翁然云出。有木名猗桑,煎椹以为蜜。有冰蚕长七寸,黑色,有角有鳞,以霜雪覆之,然后作茧,长一尺,其色五彩,织为文锦,入水不濡,以之投火,经宿不燎。唐尧之世,海人献之,尧以为黼黻。西有星池千里,池中有神龟,八足六眼,背负七星、日、月、八方之图,腹有五岳、四渎之象。时出石上,望之煌煌如列星矣。有草名芸蓬,色白如雪,一枝二丈,夜视有白光,可以为杖。南有移池国,人长三尺,寿万岁,以茅为衣服,皆长裾大袖,因风以升烟霞,若鸟用羽毛也。人皆双瞳,修眉长耳,餐九天之正气,死而复生,于亿劫之内,见五岳再成尘。扶桑万岁一枯,其人视之如旦暮也。北有浣肠之国,甜水绕之,味甜如蜜,而

---

① [明]沈有容:《闽海赠言》,《台湾文献史料丛刊》第154册,台北:大通书局,1987年,第26页。

② [明]熊明遇:《文直行书诗文》,《四库禁毁书丛刊》编委会编:《四库禁毁书丛刊》集部第106册,北京:北京出版社,1997年,第495页。

③ 郑维中:《制作"福尔摩沙"——追寻西洋古书中的台湾身影》,台北:大雁文化事业股份有限公司,2006年,第129页。

水强流迅急,千钧投之,久久乃没。其国人常行于水上,逍遥于绝岳之岭,度天下广狭,绕八柱为一息,经四轴而暂寝,拾尘吐雾,以算历劫之数,而成阜丘,亦不尽也。

员峤,顾名思义是圆形,屋久岛因为是火山岛,所以正是圆形。上有方湖,其实就是火山口。黑潮流速很急,所以说强流迅急。屋久岛平均海拔上千米,所以有很好的粟,今屋久岛东南有麦生村。东面有云石剥落,可能在屋久岛东南的割石岳。所谓西有神龟,因为今屋久岛西北的永田海滨是北太平洋最大的红海龟产卵地,每年5—7月的夜晚,红海龟上岸产卵,景象壮观,2004年统计有7300多只海龟登陆,所以说望之如星。

所谓猗桑,煎椹为蜜,其实就是扶桑,《太平御览》卷九五五《木部四·桑》引《神异经》:"东方有树焉,高八十尺,敷张自辅,叶长一丈,广六七尺,曰扶桑。有椹焉,长三尺五寸。"《文选》卷一五张平子《思玄赋》"凭归云而遝逝兮,夕余宿乎扶桑"注引《海内十洲记》说:"扶桑叶似桑树。又如椹树,长丈,大二千围,两两同根生,更相依倚,是以名之扶桑。"所谓依倚就是扶的附会,再变为猗桑。屋久岛上有不少树龄上千年的日本柳杉,有据说树龄1000年以下的小杉,有据说树龄5000年的大王杉。有一棵高达30米的杉树被誉为绳文杉,据说树龄有6000年,因为绳文时代得名。屋久杉就是扶桑的原型,日语的杉是sugi,音近sang,译为桑。这里往东就是太平洋,所以这里被古代的燕齐方士看成神圣的日出之地。

汉语的杉、桑读音也很接近,容易讹误。《山海经·北次二经》说最北的湖灌山出湖灌水,东流入海,其北水行五百里,再过流沙三百里到洹山,有三桑生之,其高百仞。湖灌水应是《汉书·地理志》的于延水,于延、湖灌音近,上古音于(ɣiua)、湖(ɣa)都是匣母鱼部,双声叠韵,延(ʎian)、灌(kuan)是元部,此水即沽水(今潮白河的上游白河),湖灌山在今河北沽源县西南。其北水行五百里,指闪电河水路。到正蓝旗境内,再向北就是浑善达克沙地,高达百仞的三桑,其实是云杉林。浑善达克沙地北部的克什克腾旗有世界唯一的沙地云杉林,不仅非常高大,而且树龄可达几百年。

扶桑又作榑桑,《说文》卷六上榑:"榑桑,神木,日所出也。"《山海经·东次三经》无皋山:"南望幼海,东望榑木,无草木,多风。"此山是今连云港锦屏山,[①]榑木即扶桑,《山海经·大荒东经》:"上有扶木,柱三百里,其叶如芥,有谷曰温源谷,汤谷上有扶木,一日方至,一日方出,皆载于乌。"《海外东经》说汤

---

① 周运中:《〈山海经·东山经〉地理新释》,《古代文明》2011年第3期。

谷：“上有扶桑，十日所浴，在黑齿北。居水中，有大木，九日居下枝，一日居上枝。”《尧典》旸谷即汤谷，温源就是温泉，中、日、韩都把温泉称为汤，即热水。古书中也有称温泉为温源者，《水经注·鲍丘水》：“（庚水）又东南流与温泉水合，水出北山温溪，即温源也……《魏土地记》曰：徐无城东有温汤，即此也。”屋久岛多温泉，还有世界罕见的平内海中温泉，恰好在屋久岛南部，从海岸礁石中涌出，退潮时才露出。屋久岛南部的黑潮就是东海大壑，又有海中温泉，故名汤谷，则扶桑确在屋久岛。

汤谷在郁夷，《山海经·大荒南经》：“东南海之外，甘水之间，有羲和之国。有女子名曰羲和，方浴日于甘渊。羲和者，帝俊之妻，生十日。”《尧典》：“乃命羲和，钦若昊天，历象日月星辰，敬授民时。分命羲仲，宅嵎夷，曰旸谷。寅宾出日，平秩东作。日中，星鸟，以殷仲春。”《史记·五帝本纪》译为今文，嵎夷改为郁夷，而郁可通倭，《诗·小雅·四牡》：“四牡騑騑，周道委迟。”《韩诗》作周道郁夷，则郁通委，也即通倭。倭可通和，倭人自称和，则羲和之名或许也来自倭人。

扶桑也即空桑，《楚辞·天问》说：“斡维焉系，天极焉加？八柱何当，东南何亏？九天之际，安放安属？”《山海经》郭璞注引《启筮》：“空桑之苍苍，八极之既张，乃有夫羲和，是主日月，职出入以为晦明。”空桑是大地中心的支柱，周围的八极就是八柱，八方各有一柱。维系八柱的绳子就是八纮，《左传》昭公十二年（前530年）说楚国的左史倚相能读《三坟》、《五典》、《八索》、《九丘》，三坟指三皇之典，五典或是五帝之典，八索即八纮，也即天文书，九丘类似九州，指地志。纮、索都是大绳子，《淮南子·原道》说：“横四维而含阴阳，纮宇宙而含三光。”

因为聚落的社木象征扶桑，所以空桑又引申为帝都，《吕氏春秋》卷五《古乐》：“帝颛顼生自若水，实处空桑，乃登为帝。”《淮南子·本经训》：“舜之时，共工振滔洪水，以薄空桑。”空桑又作穷桑、穷石，《左传》昭公二十九年（前513年）说五行之官：“世不失职，遂济穷桑。”穷桑即空桑，又作穷石，《左传》襄公四年（前569年）魏绛：“昔有夏之方衰也，后羿自鉏迁于穷石，因夏民以代夏政。”穷石即夏朝都城，上古音的石是禅母铎部[zyak]，桑是心母阳部[sang]，读音相近。

《拾遗记》卷一说：

帝子与皇娥泛于海上，以桂枝为表，结熏茅为旌，刻玉为鸠，置于表端，言鸠知四时之候，故《春秋传》曰司至是也。今之相风，此之遗像也。帝子与皇娥并坐，抚桐峰梓瑟。皇娥倚瑟而清歌曰：“天清地旷浩茫茫，万象回薄化无方。涵天荡荡望沧沧，乘桴轻漾着日傍。当其何所至穷桑，心知和乐悦未央。"俗谓游乐之处为桑中也,《诗》中《卫风》云:"期我乎桑中。"盖类此也。白帝子答歌:"四维八埏眇难极,驱光逐影穷水域。璇宫夜静当轩织。桐峰文梓千寻直,伐梓作器成琴瑟。清歌流畅乐难极,沧湄海浦来栖息。"及皇娥生少昊,号曰穷桑氏,亦曰桑丘氏。至六国时,桑丘子著《阴阳书》,即其余裔也。[1]

这段话中最重要的就是相风的鸠表,现在我们看到良渚文化的玉器上就有这种木柱,上面有鸠,这种图案也传到了大汶口文化。[2] 此处说少昊即穷桑氏,与空桑山的位置吻合。桑丘即乘丘,汉成帝鸿嘉元年(前 20 年)封东平思王指顷为桑丘侯,即此,[3]在今兖州市西北堰头村,邻近曲阜之北的穷桑。

这段话另一个奇妙之处在于所记少暤之歌能和《山海经》呼应。《大荒东经》首句说:

> 东海之外大壑,少昊之国,少昊孺帝颛顼于此,弃其琴瑟。有甘山者,甘水出焉,生甘渊。大荒东南隅有山,名皮母地丘。东海之外,大荒之中,有山名曰大言,日月所出。

我们不明白《山海经》此句所说为何事,再看《拾遗记》少暤唱到遥远的水域,又说到琴瑟,才明白原来是少暤到东海穷桑游玩,弃其琴瑟。这说明《拾遗记》所引桑丘子之书非常宝贵,可惜此书失传。

方士不仅要在屋久岛寻找扶桑,还要在屋久岛寻找仙药。屋久岛是日本降水最多之地,植被茂密,屋久的读音恰好与药同音,药材丰富。

穷桑在大壑,对应扶桑在屋久岛。所谓甘山、甘水对应《诸名山》员峤山北面的甜水。其实是泔水之误,泔水即污水,正是黑潮的写照。

员峤山南面有移池国人,个子很矮,编茅草为衣服,正是《禹贡》所说的扬州岛夷卉服,也即今太平洋岛民普遍穿着的草衣。其北面的激流,正是屋久岛和大陆之间的海峡急流,所谓投物不沉,也是对水面急流的夸张。其人常行水上,指冲绳人用船来往。移池国可能是冲绳岛,因为冲绳本地人把冲绳岛称为地下[ziti],汉译即移池,上古音移池是 ʎiai dai,以母为舌齿音。所谓移池国人寿万岁,其实也有根据,现在冲绳人还是世界上最长寿的人群。日本人寿命较高,冲绳又是日本最长寿之地。中国正史最早详细记载日本的文献《三国

---

① [前秦]王嘉撰,[萧梁]萧绮录,王根林校点:《拾遗记》,《汉魏六朝笔记小说大观》,上海:上海古籍出版社,1999 年,第 496 页。

② 周运中:《中国文明起源新考》,台北:花木兰文化出版社,2015 年,第 249~265 页。

③ 周振鹤:《汉书地理志汇释》,合肥:安徽教育出版社,2006 年,第 221 页。

志》卷三〇《东夷传》说倭国："其人寿考，或百年，或八九十年……又有侏儒国在其南，人长三四尺，去女王四千余里。又有裸国、黑齿国复在其东南，船行一年可至。"侏儒国即移池国，也是人长三尺。再南的裸国、黑齿国在今台湾，《山海经》说汤谷在黑齿国北，位置完全符合。

五、岱舆是九州岛

再看《拾遗记》岱舆山：

  岱舆山，一名浮析。东有员渊千里，常沸腾，以金石投之，则烂如土矣。孟冬水涸，中有黄烟从地出，起数丈，烟色万变。山人掘之，入地数尺，得燋石，如炭灭，有碎火，以蒸烛投之，则然而青色，深掘则火转盛。有草名莽煌，叶圆如荷，去之十步，炙人衣则燋，刈之为席，方冬弥温，以枝相摩，则火出矣。南有平沙千里，色如金，若粉屑，靡靡常流，鸟兽行则没足。风吹沙起若雾，亦名金雾，亦曰金尘。沙着树粲然，如黄金涂矣。和之以泥，涂仙宫，则晃昱明粲也。西有乌玉山，其石五色而轻，或似履乌之状，光泽可爱，有类人工。其黑色者为胜，众仙所用焉。北有玉梁千丈，驾玄流之上，紫苔覆漫，味甘而柔滑，食者千岁不饥。玉梁之侧，有斑斓自然云霞龙凤之状。梁去玄流千余丈，云气生其下。傍有丹桂、紫桂、白桂，皆直上千寻，可为舟航，谓之文桂之舟。亦有沙棠、豫章之木，长千寻，细枝为舟，犹长十丈。有七色芝生梁下，其色青，光辉耀，谓之苍芝。荧火大如蜂，声如雀，八翅六足。梁有五色蝙蝠，黄者无肠，倒飞，腹向天。白者脑重，头垂自挂。黑者如乌，至千岁形变如小燕。青者毫毛长二寸，色如翠。赤者止于石穴，穴上入天，视日出入恒在其上。有兽名嗽月，形似豹，饮金泉之液，食银石之髓。此兽夜喷白气，其光如月，可照数十亩。轩辕之世获焉。有遥香草，其花如丹，光耀入月，叶细长而白，如忘忧之草，其花叶俱香，扇馥数里，故名遥香草。其子如薏中实，甘香，食之累月不饥渴，体如草之香，久食延龄万岁。仙人常采食之。[①]

本书第一章第三节说过，岱舆即大言、泰远，接近大壑，则在黑潮流经地。岱舆山在今九州岛最西南的萨摩半岛，其东部有沸腾的圆渊，能把金属和石头烧烂，无疑是樱岛火山。圆渊就是火山口，黄烟万丈，就是火山喷出的硫黄烟雾，山上人可以在地下看到火焰，但又不是石炭，只能是熔岩。此处对火山的

---

① ［前秦］王嘉：《拾遗记》，《汉魏六朝笔记小说大观》，第 561 页。

描绘相当逼真,绝非杜撰。樱岛火山是日本最活跃的活火山,于 1471 年、1779 年、1914 年、2006 年、2009 年爆发。1914 年爆发,东部才和大隅半岛相连。2009 年喷出高达 4000 米的烟雾,可见《拾遗记》说黄烟万丈果然不假。樱岛之东是大隅半岛,音近岱舆。樱岛西面的萨摩半岛东南角有指宿市,读为 Ibusuki,接近浮析的上古读音 busek。

南面的平沙千里,就在萨摩半岛西南角的日置市(Hioki)吹上町(Fukiage)一带,这里的海岸沙丘长达 47 千米,和本州岛千叶县的九十九里海滨和鸟取县的鸟取沙丘,并称为日本的三大沙丘。因为这么长的沙丘在九州岛独一无二,所以古人特地记载,而且夸张为千里。

北部的千寻花木,指鹿儿岛县北部的森林,此处向北到熊本县是山地,所以森林茂密。

西部焉玉山的黑色轻石,无疑是火山石。鹿儿岛县多火山,一半以上的土地被火山灰覆盖,所以也多火山石。之所以用火山石命名,就是因为徐福等方士需要这种石头。东晋著名方士葛洪《抱朴子·仙药》说:"又真珠径一寸以上可服,服之可以长久,酪浆渍之,皆化如水银,亦可以浮石水蜂窠化,包彤蛇黄合之,可引长三四尺,丸服之,绝谷服之,则不死而长生也。"[1]浮石因为多孔,所以又名蜂巢石。《本草纲目》卷九引《抱朴子》说:"烧泥为瓦,燔木为炭,水沫为浮石,此皆去其柔脆,变为坚刚也。"引《交州记》云:"海中有浮石,轻虚可以磨脚,煮水饮之止渴,即此也。"李时珍说:"浮石乃水沫结成,色白而体轻,其质玲珑,肺之象也。气味咸寒,润下之用也。故入肺除上焦痰热,止咳嗽而软坚。清其上源,故又治诸淋。"[2]因为浮石往往采自海中,所以李时珍也认为浮石是水沫形成,他还解释为何能治热病。我们知道,方士服用五石散之后,发热口渴,所以又需散热,于是冷食,加大饮水,宽衣博带,运动出汗,[3]这时的浮石又有传说解渴的功能。五石散的成分之一是硫黄,而九州岛南部火山很多,所以徐福等燕齐方士都来这里。

嗽月似豹,饮金泉之液,食银石之髓。可能是一种野猫,萨摩半岛有多处金银矿,而且萨摩东北的菱刈金矿储量 260 吨,是世界少有的金山。现在萨摩南部的串木野有金银矿,枕崎有春日、岩户金银矿,知览有赤石金银矿。

可见《拾遗记·诸名山》记载的东南五大岛——蓬莱(文莱、婆罗洲)、方丈

---

① [晋]葛洪著,王明校释:《抱朴子内篇校释》,北京:中华书局,1985 年,第 204 页。

② [明]李时珍:《本草纲目》,北京:人民卫生出版社,2004 年。

③ 鲁迅:《魏晋风度及文章与药及酒之关系》,《而已集》,北京:人民文学出版社,2005 年。

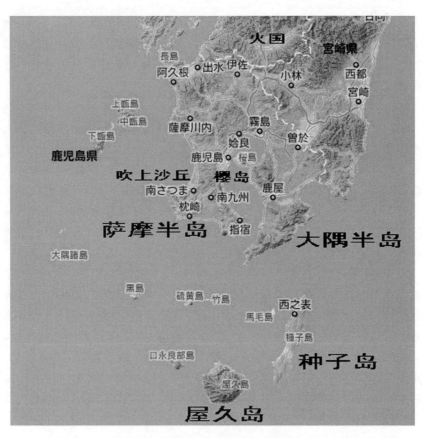

员峤山(屋久岛)与岱舆山(九州岛)

（方壶、澎湖岛）、瀛洲（夷洲、台湾岛）、员峤（屋久岛）、岱舆（九州岛）诸多独特的地理信息，不仅详细准确，而且五岛由南到北，排列有序。可见古人不诬，至少说方士选取了来自海上的宝贵地理资料。如果我们有足够多的知识，就能看出真相。

　　上古燕齐方士追求的三神山蓬莱、方丈、瀛洲，就是文莱、澎湖、台湾，因为吕宋原来远离传统航路，所以直到宋代才首次为中国记载，而文莱在孙吴就被中国记载了。至于朝鲜、日本与冲绳一带，早已为燕、齐方士所熟知，所以不在三神山之列。海上诸岛的名字，从上古到六朝都很稳定，因为海上航行的人不可能随意变动地名，否则会引发麻烦或灾难。

　　五大仙山的名字，蓬莱是音意兼译，方壶可能也有土著语言根据，但是暂定为汉人命名的平湖，瀛洲或许也是汉人命名，员峤也是音意兼译，员峤 yan-kiu 音近 Yaku，岱舆如果是源自大隅，则是汉名，也可能源自土著语言。

汉晋时期的东方沿海地区流行道教，东晋孙恩发动沿海道教徒起兵，就流动于胶东与江南的沿海各岛屿，也流散到海外各地。道家很注重堪舆，所以他们对地形观察很仔细，比如浙江玉环岛形如肺部，所以被道家称为地肺山，《太平寰宇记》卷九九温州：

> 玉环山，一名木陋屿，又名地（肺）[肺]山，在海中，周回五百余里，去郡二百里，上有流水洁白如玉，因以为名。按《登真隐诀》云：郗司空先立别墅于此，东晋居人数百家，至今湖田见在。

玉环岛在东晋时已有很多人迁居，湖田得到开发。这则材料出自道家的典籍，这些玉环岛的先民可能有很多是道教徒。《海内十洲记》说汉武帝刘彻从东方朔处得到昆仑钟山、蓬莱山及神洲真形图，《汉武帝内传》说汉武帝从西王母处得到了《五岳真形图》，这些神山真形图都是道士所绘，托名汉武帝和东方朔等人。所谓五岳真形图是道家绘制的山脉地图，有真实依据。[①]

因为《神异经》、《海内十洲记》、《拾遗记》等书籍的作者都是方士，为了寻找长生不老的灵丹妙药，喜欢海外探险，不惜一切代价，搜罗各种资料，而且越怪越好，所以方士记载的海外地理往往比较奇特，但是总有根据。东晋著名道家葛洪听说交趾的句漏县产丹砂，为了寻求丹砂炼丹，居然离开首都建康，舍弃高官厚禄，要去交趾当县令。而且真的南行到了广州。葛洪还有一篇《太清金液神丹经》，系统抄录了南洋地理珍贵史料，是我们研究隋唐之前南洋地理的最重要文献，参见笔者《中国南洋古代交通史》。

不过我们也不能过度夸大方士的海外探险成绩，有学者认为《海内十洲记》地名主要在今美洲，带洲是库页岛，方丈洲是四国岛，又说瀛洲东部的渊洞是深达 6000 米的海沟，[②] 全部误考。美洲太远，而且其定在美洲的地名在《海内十洲记》中，多在西海和北海，美洲在中国东方，方位不合，论据也都错误。库页岛寒冷，人烟稀少，中国人很少去。说方丈洲是四国岛的证据是四国岛近似方形，其实方丈洲方形是晚出附会，中国人去四国岛也不多。古人不可能发现深达千米的海沟，此说纯属臆测。

---

① 李丰楙：《六朝隋唐仙道类小说研究》，第 76～85 页。

② 鞠德源：《中国先民海外大探险之谜》，北京：北京图书馆出版社，2003 年。

第三章

隋代出征流求

隋代的时间很短,只有 28 年(581—618 年),虽然比起那个与之极其类似的秦朝(前 221—前 206 年)要长 12 年,但是在中国历史上的地位没有秦朝高。可是隋朝因为承接了六朝的遗产,在中国东南海外交通的功业比秦朝辉煌。隋朝像秦朝南征百越一样,向南一度灭亡在今越南中部的古国林邑。但是秦朝没有遣使南洋,也没有出兵海外,而杨广(569—618)在大业三年(607年)派常骏出使赤土国,大业六年(610 年),又派军出征流求,也即台湾。

隋朝此次出征流求,虽然没有在流求建立郡县,只俘虏了数千人回来,但是留下了《隋书》的《流求传》和《陈稜传》两篇重要记载。这两篇记载不仅内容非常翔实,而且是中国首篇出自官方的台湾记载。孙吴的《临海水土志》不是官方记载,正像六朝地志几乎都是私人著作一样,此书也不是官方记载。而在隋朝之后,直到明代后期,才有一些台湾的翔实记载。而这些明末的台湾史料,还不是官方记载。最著名的陈第《东番记》也不是官方文献,虽然陈第是以官方身份随军到达台湾岛。

隋代的台湾文献虽然如此重要,但是因为隋代较为久远,在宋代之前的古籍散佚太多,所以隋唐时期的很多史实不易研究清楚。关于隋代出征台湾的历史,还有不少争议,本章利用了一些新方法和新史料,提出了一些新观点,而且确定了隋军到达的流求国就在今天的台湾岛。

第一节 陈稜为何从义安郡出发

关于隋朝与流求关系的史料,主要出自《隋书》卷六四《陈稜传》和卷八一《流求国传》,《陈稜传》说:

陈稜，字长威，庐江襄安人也。祖硕，以渔钓自给。父岘，少骁勇，事章大宝为帐内部曲。告大宝反，授谯州刺史。陈灭，废于家。高智慧、汪文进等作乱江南，庐江豪杰亦举兵相应，以岘旧将，共推为主。岘欲拒之，稜谓岘曰："众乱既作，拒之祸且及己。不如伪从，别为后计。"岘然之。时柱国李彻军至当涂，岘潜使稜至彻所，请为内应。彻上其事，拜上大将军、宣州刺史，封谯郡公，邑一千户，诏彻应接之。彻军未至，谋泄，为其党所杀，稜仅以获免。上以其父之故，拜开府，寻领乡兵。

炀帝即位，授骠骑将军。大业三年，拜武贲郎将。后三岁，与朝请大夫张镇周发东阳兵万余人，自义安泛海，击流求国，月余而至。流求人初见船舰，以为商旅，往往诣军中贸易。

稜率众登岸，遣镇周为先锋。其主欢斯渴剌兜遣兵拒战，镇周频击破之。稜进至低没檀洞，其小王欢斯老模率兵拒战，稜击败之，斩老模。其日雾雨晦冥，将士皆惧，稜刑白马以祭海神。既而开霁，分为五军，趣其都邑。

渴剌兜率众数千逆拒，稜遣镇周又先锋击走之。稜乘胜逐北，至其栅，渴剌兜背栅而阵。稜尽锐击之，从辰至未，苦斗不息。渴剌兜自以军疲，引入栅。稜遂填堑，攻破其栅，斩渴剌兜，获其子岛槌，虏男女数千而归。帝大悦，进稜位右光禄大夫，武贲如故，镇周金紫光禄大夫。

同书《流求国传》说：

流求国，居海岛之中，当建安郡东，水行五日而至。土多山洞。其王姓欢斯氏，名渴剌兜，不知其由来有国代数也。彼土人呼之为可老羊，妻曰多拔荼。所居曰波罗檀洞，堑栅三重，环以流水，树棘为藩。王所居舍，其大一十六间，雕刻禽兽。多斗镂树，似橘而叶密，条纤如发然下垂。国有四五帅，统诸洞，洞有小王。往往有村，村有鸟了帅，并以善战者为之，自相树立，理一村之事。

男女皆以白纻绳缠发，从项后盘绕至额。其男子用鸟羽为冠，装以珠、贝，饰以赤毛，形制不同。妇人以罗纹白布为帽，其形正方。织斗镂皮并杂色纻及杂毛以为衣，制裁不一。缀毛垂螺为饰，杂色相间，下垂小贝，其声如佩，缀珰施钏，悬珠于颈。

织藤为笠，饰以毛羽。有刀、矟、弓、箭、剑、铍之属。其处少铁，刃皆薄小，多以骨角辅助之。编纻为甲，或用熊、豹皮。王乘木兽，令左右舆之而行，导从不过数十人。小王乘机，镂为兽形。国人好相攻击，人皆骁健善走，难死而耐创。诸洞各为部队，不相救助。两阵相当，勇者三五人出前跳噪，交言相骂，因相击射。如其不胜，一军皆走，遣人致谢，即共和解。

收取斗死者，共聚而食之，仍以髑髅将向王所。王则赐之以冠，使为队帅。无赋敛，有事则均税。用刑亦无常准，皆临事科决。犯罪皆断于鸟了帅；不伏，则上请于王，王令臣下共议定之。狱无枷锁，唯用绳缚。决死刑以铁锥，大如箸，长尺余，钻顶而杀之。轻罪用杖。俗无文字，望月亏盈以纪时节，候草药枯以为年岁。

人深目长鼻，颇类于胡，亦有小慧。无君臣上下之节、拜伏之礼。父子同床而寝。男子拔去髭鬓，身上有毛之处皆亦除去。妇人以墨黥手，为虫蛇之文。嫁娶以酒肴珠贝为娉，或男女相悦，便相匹偶。妇人产乳，必食子衣，产后以火自炙，令汗出，五日便平复。以木槽中暴海水为盐，木汁为酢，酿米麦为酒，其味甚薄。食皆用手。偶得异味，先进尊者。凡有宴会，执酒者必待呼名而后饮。上王酒者，亦呼王名。衔杯共饮，颇同突厥。歌呼蹋蹄，一人唱，从皆和，音颇哀怨。扶女子上膊，摇手而舞。其死者气将绝，举至庭，亲宾哭泣相吊。浴其尸，以布帛缠之，裹以苇草，亲土而殡，上不起坟。子为父者，数月不食肉。南境风俗少异，人有死者，邑里共食之。有熊、罴、豺、狼，尤多猪、鸡，无牛、羊、驴、马。

厥田良沃，先以火烧而引水灌之。持一插，以石为刃，长尺余，阔数寸，而垦之。土宜稻、粱、秜、黍、麻、豆、赤豆、胡豆、黑豆等，木有枫、栝、樟、松、梖、楠、杉、梓、竹、藤、果、药，同于江表，风土气候与岭南相类。

俗事山海之神，祭以酒肴，斗战杀人，便将所杀人祭其神。或依茂树起小屋，或悬髑髅于树上，以箭射之，或累石系幡以为神主。王之所居，壁下多聚髑髅以为佳。人间门户上必安兽头骨角。

大业元年，海师何蛮等，每春秋二时，天清风静，东望依希，似有烟雾之气，亦不知几千里。三年，炀帝令羽骑尉朱宽入海求访异俗，何蛮言之，遂与蛮俱往，因到流求国。言不相通，掠一人而返。明年，帝复令宽慰抚之，流求不从，宽取其布甲而还。时倭国使来朝，见之曰："此夷邪久国人所用也。"

帝遣武贲郎将陈稜、朝请大夫张镇州率兵，自义安浮海击之。至高华屿，又东行二日至鼊鼊屿，又一日便至流求。初，稜将南方诸国人从军，有昆仑人颇解其语，遣人慰谕之，流求不从，拒逆官军。稜击走之，进至其都，频战皆败，焚其宫室，虏其男女数千人，载军实而还。自尔遂绝。

据说大业元年（605年），海师何蛮发现了流求，三年（607年），杨广命令朱宽入海求访异俗，何蛮向朱宽报告了他的发现，于是朱宽等人到了流求，语言不通，俘虏了一个人回来。次年，朱宽又奉命到流求招抚，流求人不从，这次连人也没有抓到，大概把先住民吓跑了，所以朱宽把流求人的布甲拿回来了。大业六年(610年),陈稜奉命率军征讨流求国(在今台湾岛),俘虏数千人而归。

上文已经说明,杨广好大喜功,南征林邑,东伐高丽,遣使赤土,竭力向外扩张,所以很关心东南海外的世界,于是才有何蛮引朱宽出海。所以隋征流求是向外扩张,绝非为了增加人口。自古以来,只有在南方立国的小王朝才需要增加人口,绝无统一的全国性王朝为了增加人口而出兵海外之理。有学者认为隋朝是为了增加福建人口才东征流求,①笔者认为不能成立。

学界关于陈稜的研究很少,笔者仅见几篇较早论文,而且还有不少问题。陈稜家乡的期刊《安徽史学》于1993年第4期刊有王光照先生的《隋将陈稜述论》,对陈稜生平有全面介绍,但是很多地方尚欠分析。

陈稜在大业六年(610年)率军征讨流求国(在今台湾岛),徐晓望先生认为陈稜从浙江东部出发去流求,而非义安郡(今潮州市)。② 本书先回答陈稜为何从义安郡出海,据《隋书·地理志下》,义安郡是今广东潮汕地区,《地理志下》说:

> 义安郡(梁置东扬州,后改曰瀛州,及陈,州废。平陈,置潮州),统县五,户二千六十六。海阳(旧置义安郡。平陈,郡废。大业初置郡。有凤皇山)、程乡、潮阳、海宁(有龙溪山)、万川(旧曰义招,大业初改名焉)。

此处说得很清楚,义安郡在梁朝曾经是东扬州,所以《陈稜传》说发东阳兵,即东扬州兵。古人习用通假,或是后人传抄失误,总之与浙江的东阳无关。因为是从义安郡出兵,所以花了一月有余时间。有学者认为中间遇风,所以耽搁,③可备一说,但无确证,其实隋军也有可能因为不明道路及流求情况等诸多原因延缓行程。《流求国传》说:"初,稜将南方诸国人从军,有昆仑人颇解其语,遣人慰谕之。"昆仑人是东南亚的土著,所以说是南方诸国人,如果是从今浙江出海,怎么会有这些人? 只有从岭南出兵,才可以解释。那么为什么陈稜是从岭南出海呢?

照理说,出兵到台湾确实应该从今浙江、福建沿海出海最近。孙吴派军远航夷洲,很可能是从临海郡出发。《隋书·地理志》永嘉郡下说:"临海,旧曰章安,置临海郡。平陈,郡废,县改名焉。"隋代废弃了沿用了600年的章安县,不仅如此,存在300年的临海郡也裁撤了,临海郡归属永嘉郡,《隋书》卷二六《地理志下》说永嘉郡共4县,其中有临海县,南朝时期临海郡5个县在隋代居然

---

① 徐晓望:《早期台湾海峡史研究》,福州:海风出版社,2006年,第14页。
② 徐晓望:《陈稜、朱宽赴流求国航程研究》,《福建论坛(人文社科版)》2011年第3期。
③ 张海鹏,陶文钊:《台湾简史》,南京:凤凰出版社,2010年,第7页。

只剩下临海 1 个县了,这其中究竟发生了什么天灾人祸呢?

《隋书》卷四八《杨素传》说:

> 俄而江南人李稜等聚众为乱,大者数万,小者数千,共相影响,杀害长吏。以素为行军总管,帅众讨之……浙江贼帅高智慧自号东扬州刺史,船舰千艘,屯据要害,兵甚劲。素击之,自旦至中,苦战而破。智慧逃入海,素蹑之,从馀姚泛海趣永嘉。智慧来拒战,素击走之,擒获数千人。贼帅汪文进自称天子,据东阳,署其徒蔡道人为司空,守乐安。进讨,悉平之。又破永嘉贼帅沈孝彻。于是步道向天台,指临海郡,逐捕遗逸寇。前后百馀战,智慧遁守闽越……先是,泉州人王国庆,南安豪族也,杀刺史刘弘,据州为乱,诸亡贼皆归之。自以海路艰阻,非北人所习,不设备伍。素泛海掩至,国庆遑遽,弃州而走,余党散入海岛,或守溪洞。素分遣诸将,水陆追捕……国庆于是执送智慧,斩于泉州。自余支党,悉来降附,江南大定。

同书卷二《文帝本纪》说开皇十年(590 年)十一月:

> 是月,婺州人汪文进、会稽人高智慧、苏州人沈玄憎皆举兵反,自称天子,署置百官。乐安蔡道人、蒋山李稜、饶州吴代华、永嘉沈孝澈、泉州王国庆、余杭杨宝英、交趾李春等皆自称大都督,攻陷州县。诏上柱国、内史令、越国公杨素讨平之。

在开皇十年(590 年)冬,江南掀起了反隋的大起义,涉及数州,会稽人高智慧自称东扬州刺史,有战船数千。高智慧在隋军压迫下,从余姚南逃入海,杨素一直追赶他到永嘉。但是高智慧这时仅在永嘉小败,没有被全歼。杨素撇开高智慧,向陆上进发到乐安县(今仙居县),这时的乐安被东阳郡(今金华地区)的部队占领,杨素平定乐安,又向永嘉进发,平定沈孝彻。又向临海郡进发,步兵指向始丰县(今天台县)天台山,高智慧逃亡福建。这说明直到隋灭陈后两年,临海郡还在。临海郡被废,应该就在江南大起义之后。当时的临海郡治章安县,这是杨素在临海的最后一战,高智慧在临海、永嘉沿海反隋力量被彻底摧毁后才逃亡福建。

杨素水军一直追到泉州,高智慧虽然被平定,但是从长江口到闽南的沿海豪强势力也被战火摧残殆尽。除去战死,还有很多逃亡到更远的海岛。泉州王国庆先前也在叛乱行列,虽然最后在海岛投降隋军,但是隋军不可能再信任王氏。东南沿海社会的有生力量在战争中被摧毁,所以在隋末的动荡之中,各地纷纷起事,但是东南居然悄无声息。其原因正是因为东南刚刚经历过战乱,没有力量再起兵。而经历过战乱之后,矛盾得到化解,所以也无起兵必要。这也从反面证明了隋初的战乱,对东南社会的影响很大。

因为这场战争摧毁了江南的沿海势力,所以隋军要出兵流求,就不能再从江南出兵,只能从岭南招募军队。义安郡最靠近流求,所以从这里出兵。隋军大概有三部分组成,除了南下的原有军队,以及招募的岭南沿海土著,还有南洋的昆仑人,这也说明隋军原有队伍的不足。

还有两条证据能说明陈稜是从岭南出兵,《太平御览》卷八二〇《布帛部七》说:"杜宝《大业拾遗录》曰:七年十二月朱宽征留仇国还,获男女口千余人并杂物产,与中国多不同,缉木皮为布,甚细白,幅阔三尺二寸,亦有细斑布,幅阔一尺许。"《太平广记》卷四八二《蛮夷三》引《朝野佥载》"留仇国"条说:"炀帝令朱宽征留仇国还,获男女口千余人并杂物产,与中国多不同,缉木皮为布,甚细白,幅阔三尺二三寸,亦有细斑布,幅阔一尺许。又得金荆榴数十斤,木色如真金密致,而文彩盘蹙,有如美锦,甚香,极精,可以为枕及案面,虽沉檀不能及。彼土无铁,朱宽还至南海郡,留仇中男夫壮者,多加以铁钳锁,恐其道逃叛。还至江都,将见为解脱之,皆手把钳叩头惜脱,甚于中土贵金。人形短小,似昆仑。"[1]朱宽从流求归来,先回南海郡,再把部分战俘押送江都郡请功,这也说明出征流求是从岭南出发,所以先回南海郡。陈稜是大业六年(610年)出兵,此处说朱宽是七年(611年)十二月才回来,徐晓望先生认为朱宽还有一次出征流求。笔者认为不能成立,因为出兵海外是国之大事,《隋书》不可能漏载。而且陈稜如果是在大业六年(610年)底出兵,则他到达流求就已经是大业七年(611年)了,所以不能说还有一次朱宽单独出征。

《资治通鉴》卷一八五《唐纪一》"武德元年(618年)四月辛丑"条说萧铣:"又使鲁王张绣徇岭南,隋将张镇周、王仁寿等拒之。"[2]张镇周从流求回来,一直镇守岭南,这也说明陈稜是从岭南出兵。据《资治通鉴》卷一九一《唐纪七》"武德八年(625年)正月丙辰"条,张镇周是舒州(今安庆市)人,也是陈稜同乡,所以张镇周也是陈稜带出的乡兵,陈稜带出的乡兵可能有些驻守岭南。

总之,陈稜从义安郡出兵无可置疑,主要原因是东南沿海社会在隋初的战乱中遭到摧残。当然,具体原因还有其他可能,可能是综合各种因素而成,比如陈稜对隋朝的忠诚、陈稜在岭南驻军的偶然性及义安郡的地理便利等。

---

① [唐]张鷟撰,赵守俨点校:《朝野佥载》,北京:中华书局,1979年,第169～170页。
② [宋]司马光:《资治通鉴》,北京:中华书局,1956年,第5789页。

第二节　流求国在台湾岛南端

　　陈稜在大业六年（610 年）率军征讨流求国（在今台湾岛），关于《隋书》流求国究竟在台湾还是冲绳岛的争论。

　　曹永和对此争论有详细回顾，法国人 D'Hervey de Saint-Denys 在 1874 年的《亚洲学报》（*Journal Asiatique*）发表《关于台湾和中国人所称琉球群岛》一文，最早提出流求是台湾岛和琉球群岛总称，但是隋军到达台湾岛。荷兰学者希勒格（Gustave Schlegel）《古琉球国考证》详考流求是今台湾岛，可惜他所用材料多是早期考察报告，因为资料有限，所以他用台湾各地情况来印证《隋书》，不免失之过粗。[①] 1897 年，德国史学家 Ludwig Riess（1861—1928）《台湾岛史》（*Geschichte der Insel Formosa*）一书出版，他也认为隋军到达台湾岛，他认为流求是琅峤，读音相近。日本学者在这一问题上分为三派：东洋史学家市村瓚次郎、和田清、白鸟库吉、藤田丰八等多持台湾论，日本史学家喜田贞吉、秋山谦藏等多持冲绳论，琉球学者伊波普猷等持折衷论，亦未有定案。[②]

　　币原坦也认为琅峤是流求、琉球，这里是冲绳人的原居地。笔者认为这种说法不能成立，而且此说可能受到政治影响，或者是为日本帝国的南进政策及侵略台湾服务。1871 年（同治十年，明治四年），琉球国宫古岛的船只漂流到台湾，69 人之中，有 54 人被台湾岛的先住民杀害，12 人生还。日本统治者以此为借口，于 1874 年出兵台湾，妄图侵占中国领土。因为在牡丹社遇到先住民的抵抗，史称牡丹社事件。腐朽的清朝政府居然向日本赔款 50 万两白银，而且终止了清朝和琉球的藩属关系。此后日本帝国主义者的野心暴露，清朝加强海军建设，并于次年（光绪元年，1875 年）在台湾岛最南部的琅峤设立恒春县，即今恒春镇。如果琅峤原来就是琉球人的居地，显然有利于日本占领台湾。

　　中国绝大多数学者认为隋军所到的流求国在今台湾岛，但是极少数学者

---

　　① ［荷］希勒格：《中国史乘中未详诸国考证》，冯承钧译：《西域南海史地考证译丛》第 3 卷，北京：商务印书馆，1999 年。

　　② 曹永和：《台湾早期历史研究的回顾与展望》，《台湾早期历史研究续集》，台北：联经出版事业公司，2000 年。

认为是冲绳岛,代表是梁嘉彬,他长篇大论,落笔数万,[①]以至于不少人被其气势吓倒,说隋代的流求还有争议。其实他的论证完全不能成立,他在文章最后居然翻出自己的日记,说他在1934年从中国去日本花了几天,他的兄长梁方仲在1937年去日本花了几天。我们研究历史,必须从历史发展的客观事实出发,不能以今度古。梁氏在尾注中说,有人质问他为何古地图中的日本都是在浙江之东,而琉球都在福州之东,其实这个问题本来很简单,无非和航路有关。但是梁嘉彬居然拿出16世纪以后的欧洲古地图回答,而且洋洋得意,此举让质问者瞠目结舌。他连欧洲古地图和中国古地图大相径庭都不知道,胡乱比较,还批评说日本的古人胡乱画图。

梁文为了论证《流求传》说从建安郡五日即到流求,长篇大论地征引明清册封琉球的使节花了几天时间就到冲绳岛。吴壮达已经指出明清的航海技术比千年之前的隋代进步,所以不可简单类比。[②] 而且我们知道战争和册封使节完全不同,而且隋军出征流求,走的是南路,而非孙吴的北路,所以这是一条从未有过的跨海作战线路。粮食如何补给? 特殊的地理环境如何应对? 各支队伍之间如何协作? 尤其是后者在行军中最为关键,否则一军突进,可能非但没有战果,全军覆没,还会影响后进部队的士气。比如《史记》卷一一五《朝鲜传》记载刘彻派军东征朝鲜,从胶东出发的海军比陆军先到,非但没有攻克,反而因为孤军深入而战败。明清的琉球册封使从福州开船,不在台湾停泊,直接到冲绳岛,所以很快。但是隋军不可能不在澎湖等岛停泊,不可能不注意齐头并进,所以不可能很快到达台湾岛。隋军从义安郡出发,在闽南地区必须准备充足的粮草和跨海的大船,还要进行必要训练,把这些时间包括在内,自然花了一个月。

隋军最后渡海的地方可能是今泉州市,《续高僧传》记,西天竺人拘那罗陀(真谛)从海路到达广州,陈武帝永定二年(558年)七月,经豫章到晋安诸郡,遂欲泛舶,往楞伽修国。道俗虔请结誓留之,遂停南越。至文帝天嘉四年(563年),又泛小舶至梁安郡,更装大舶欲返西国。至三年九月,发自梁安,泛舶西引,飘还广州。十二月中,上南海岸。这一段记载说明福建的晋安(治今福州

---

① 梁嘉彬:《隋书流求传逐句考证》,原载《大陆杂志》第45卷第6期,1972年,又载杜维运等编:《中国史学论文选集》第1辑,台北:幼狮文化事业公司,1989年,第219~329页。又见梁嘉彬:《琉球及东南诸群岛与中国》。

② 吴壮达:《琉球与中国》,上海:正中书局,1948年,第33页。

市)、梁安(治今泉州市)在南朝时期就是重要港口。① 何蛮很可能也是闽南人，因为何是闽南大姓。传说永嘉年间，中原衣冠林、黄、陈、郑、詹、丘、何、胡八姓入闽，这虽然只是传说，却反映这八姓是闽地大族。②

梁嘉彬于不能类比处牵合，于不该漫衍处铺排，他在关键问题上反而推诿再三，比如《流求传》说流求人："编纻为甲，或用熊、豹皮。"又说："有熊、罴、豺、狼。"说明流求一定有很多熊和豹，这只能是台湾岛，台湾岛有黑熊(狗熊)和云豹，"狼"是古人连带误写，因为中国古人往往把这些动物并举。但是冲绳岛没有大型野兽，显然不符合。梁嘉彬居然说琉球、台湾原来都没有熊，所以此条不能作为证据。

《流求传》所说的洞，当然不是山洞，众所周知中国南方称山谷为洞，六朝以来就是如此。但是梁嘉彬居然说都是山洞，他说："琉球各岛处处有洞(穴caves)，大王、小王各有专洞之石灰岩地质。"这是极大的误解。梁文错误很多，他在尾注中说《山海经》卷九明确说毛民国在临海郡东南二千里，其实这不是原文，而是东晋郭璞的注解。

若要否认流求是台湾，必须要说明《流求传》所记之事在台湾没有，但是梁嘉彬在很多问题上都没有说明，他只说琉球群岛也符合，这就是犯了考据之大忌。梁嘉彬的文章没有引用科学的台湾地理、民族、语言考察报告，在关键问题上当然不可能有所进展。最重要的几个地名和人名，他不去解释，似乎也不想去解释。总之，梁嘉彬的流求一文虽然洋洋数万言，但是不能成立。

米庆余先生认为流求在今琉球群岛，他的证据如下：

1．《流求国传》说在建安郡东，则不是从义安郡启程。

2．既然是水行五日，则不是台湾，是琉球群岛。

3．鼀鼊屿是今琉球群岛西南的久米岛(姑米岛)，读音相同。

4．琉球风俗很多与此类似。③

其实这个看法不能成立，因为流求虽然在建安郡东，但是隋军完全可以从义安郡出发，因为义安郡和建安郡接壤。从建安到台湾水行五日完全有可能，水行五日是何蛮、朱宽等人经过到台湾，不是陈稜的大军，所以五日是在《流求传》的开头，表示正常情况，而月余是在《陈稜传》中所说，即大军从义安郡到流求所费时间。二者不可等同，但是都是正确的记载。鼀鼊屿不可能是今久米

---

① 章巽：《真谛传中之梁安郡——今泉州港作为一个国际港口的最早记载》，《章巽文集》，北京：海洋出版社，1986年，第66~72页。

② 朱维幹：《福建史稿》，福州：福建教育出版社，1984年，第64~70页。

③ 米庆余：《〈隋书·流求传〉辨析》，《历史研究》1995年第6期。

岛,因为久米岛到大陆之间隔着台湾和钓鱼列岛,怎么可能在高华屿之后突然出现久米岛呢?难道从义安郡突然就到了高华屿?

前人多认为高华屿是今澎湖列岛最西面的花屿,"花"是"华"的后起俗字,此岛在澎湖列岛最西,位置似乎符合,但是这是一个很小的岛,至今无人居住,没有供船队停泊的港湾。而澎湖岛西面的西屿是个大岛,是明清时期澎湖与大陆来往的必经之地,所以高华屿应是西屿。澎湖列岛最高点在西南面的猫岛(79 米),其次是七美屿(66 米),再次是花屿(51 米)、东屿坪(62 米)、八罩岛(53 米)、虎井屿(60 米)、西屿(60 米)、澎湖岛(52 米)、白沙岛(40 米),[1]海拔60 米以上的地区都是澎湖岛西南的小岛,澎湖列岛三个最大的岛是澎湖、西屿、白沙,三大岛紧邻,其中最高点在西屿,西屿最南面有外暗山(58 米)、龟山(56 米),两山较近,中间鞍部的南北有外垵村、内垵村,外暗山即得名于外垵。"垵"是闽南的常见地名用字,表示山谷,其实和鞍、凹、澳、坳、洼等字都是同源。闽南语的垵读音是 ua,和华的读音 hua 很近,所以高华屿应即高垵屿,指西屿南面的地形。两山突出,远处可见,而且南北有港,所以隋军在此停泊,再向东到澎湖岛。

鼀鼊屿,得名于今澎湖岛的东北角,原名鼀鼊山,今名奎壁山。鼀鼊就是海龟,《台海使槎录》卷三说:

> 鼀鼊,龟属,卵生,状似鳖,四足漫胡,无指抓。大者百余斤,小者数十斤。常从海岸赴山凹,钻孔伏卵。[2]

从描述来看,无疑是海龟,澎湖岛因为这里产海龟得名。南宋周去非(1135—1189)《岭外代答》说:

> 钦海有介属曰鼊,大如车轮,皮里有薄骨十三片。

杨武泉先生引《动物学大词典》认为鼊是绿蠵龟,而鼀鼊是蠵龟。[3] 隋军对澎湖列岛的地形不熟,所以从西屿到澎湖岛东北角花了一天时间,在此停泊,集结渡海。

另外,在今澎湖岛南面的望安乡八罩岛东南端也有龟壁崁尾,不知鼀鼊山是否为八罩岛,从航路来看也有可能。

至于流求和琉球风俗相似的证据再多也不能证明流求就是琉球,因为台湾先住民和琉球群岛先住民的风俗本来就是相似的,所以倭国的使者见到朱

---

① 陈正祥:《台湾地志》,第 1149~1150 页。

② [清]黄叔璥:《台海使槎录》,第 68 页。

③ [宋]周去非撰,杨武泉校注:《岭外代答》,北京:中华书局,1999 年,第 388 页。

宽带回的流求布甲,说这是夷邪久国人所用,邪久就是今天的屋久岛,已经在琉球群岛最北端,靠近九州岛,难道是朱宽到了屋久岛吗?当然不是,无非是因为琉球群岛及台湾等地有交流,所以布甲类似。《流求国传》还说:"风土气候与岭南相类。"难道这能证明流求国在中国岭南吗?当然不能,因为类似的风俗、气候可以跨越很多地区。

米庆余又在专著里提出了新的证据,他说冲绳语的长者和后世记载的按司同源,发音为阿基,即所谓王为欢斯氏,古代冲绳语的首领,发音为卡拉,即可老羊、渴剌兜,鸟了帅应是鸟了帅,即冲绳语的村长,发音为乌拉欧索依。[①]笔者认为,阿基、欢斯读音有别,而且按司是官名,而欢斯是氏名,不应混淆。即使冲绳语的一些词汇和台湾先住民的近似,也不能证明流求是冲绳岛,因为《隋书》的其他记载和冲绳岛不合。

又有人认为琉球(流求)是冲绳岛,提出六点证据:

1. 琉球之名源于地形似虬龙。

2. 如果流求是夷洲,隋代人应该说明,既无说明,则是两地。

3. 台湾海峡两岸语言应该相通,既然只有昆仑人(福建泉州附近的人)通晓其语,那就不是台湾。

4. 台湾古代无王国,而日本使臣说朱宽从流求取回的是布甲是夷邪久国人所用,日本和此国有来往,日本和琉球很近。

5. 从福建向东五日,可到冲绳岛。

6. 阴历四月台湾海峡的风向已经转为西南风或东南风,从潮州到琉球顺风顺水。[②]

其实隋代还没有琉球一名,只有流求,流求和琉球不能混淆,琉球是晚出名词,在隋唐宋元时期,流求和琉求可以等同,但是宋元时期的流求含义开始模糊,从台湾岛扩大到包括今日的琉球群岛。直到明代,才把今日的琉球群岛称为琉球,把台湾岛成为小琉球。所以这位学者把隋代的流求称为琉球,本来就是不对的。流求一定是台湾先住民地名,不可能得名于汉语的虬龙。如果要把流求解释为虬龙,那么美国也可以解释为美丽的国家,这显然是臆说。其实此说虽然早有人提出,但是现在已经无人信奉。所谓昆仑人是福建泉州福建的人之说,笔者从未听说,仅此一见,恐亦是臆说。昆仑人是东南亚的土著,

① 米庆余:《琉球历史研究》,天津:天津人民出版社,1998年,第11~12页。
② 许森安:《隋朝陈棱到的地方究竟是琉球还是台湾》,吕一燃:《中国海疆历史与现状研究》,哈尔滨:黑龙江教育出版社,1995年,第85~89页。

陈稜也不是从金华出发,海峡两岸的语言在隋代也不太可能相通,因为六朝时期的福建沿海已经汉化,连越人都很少。即使有一些侗台语系的越人后裔,他们的语言和南岛语系的台湾先住民的语言也有很大差异。何况,后世的台湾先住民语言都不能相通,所以此说错误太多,不能成立。夷邪久国在今屋久岛,这里的"国"是泛称,不是指此地有王国。《山海经》里的各种国都可以看成部落或聚落,是地理名词,不是指王国。流求也是如此,有酋长的部落都可以称为国。中国古人使用的是阴阳合历,也可称为农历,不是阴历。史书没有说陈稜是农历四月出发,所以四月风向,无从说起。如果陈稜在金华起兵,为何要从潮州出海?此说有太多的问题没有解决,包括上文提到的一些错误,所以不能成立。

最近施存龙提出隋军前两次去的流求是今台湾岛,但是第三次即陈稜去的流求是今冲绳岛,他没有看到杜宝《大业拾遗录》记载的隋军回师时间,就说隋军是在大业六年(610年)正月回航。他也没有引用任何台湾先住民研究的论著,就说台湾先住民社会发展程度不高,但是在没有证据表明隋代的冲绳岛的社会发展程度就很高的情况下,他主观认为冲绳岛的发展程度很高。他说台湾先住民只有标枪,而流求有金属武器。他说台湾先住民都是裸体,而流求人穿衣服。他说流求的动植物都和日本很像,根本不提原文说风土近岭南,也不辨析哪些生物类似日本。总之,施文的通篇论证不合逻辑,违反了学术研究的基本要求,不尊重历史文献,充满了主观臆测,因此必然错误。至于清代以后的人把隋代的流求当成冲绳岛的看法,他也拿来当成证据。殊不知清代人去古已远,清代人掌握的史料和我们的差不多。如果清人之说既非科学研究,根本不能当成证据。因为他关于流求的考证是完全错误的,所以他把高华屿当成钓鱼岛也不能成立,他的文章中没有任何高华屿是钓鱼岛的铁证。[①]

相反,说明流求在今台湾岛的证据很多:

1. 流求土地肥沃,灌溉稻田,说明此地平原广阔,不是狭小多山、土壤贫瘠的琉球诸岛。

2. 流求有熊罴豺狼,有很多巨大的树木,植物、农作物类似江南,更说明这是台湾,而非狭小的琉球群岛。

3.《诸蕃志》流求国说:"土人间以所产黄蜡、土金、牦尾、豹脯,往售于三屿。旁有毗舍耶、谈马颜等国。"下文说毗舍耶人靠近泉州晋江县彭湖(今澎

① 施存龙:《距今一千四百多年前中国航海家发现钓鱼岛》,澳门《文化杂志》中文版,第81期,2011年。

湖),在淳熙年间到泉州水澳、围头等村劫掠。显然毗舍耶人在今台湾,而三屿在今菲律宾,这说明流求是今台湾岛。如果是今琉球群岛,距离菲律宾太远。

施存龙等人的谬论影响不小,国家海洋局编的《中国钓鱼岛地名册》(海洋出版社,2012 年)第 3 页说:"目前所见最早记载钓鱼岛、赤尾屿等地名的史籍,是成书于 1403 年(明永乐元年)的《顺风相送》。"但是第 5 页又说:"高华峰,位于钓鱼岛中部偏西……因曾有文献记载钓鱼岛为高华屿而得名。"[1]作者不知道高华屿出自《隋书》,如果高华屿是钓鱼岛,则最早记载钓鱼岛的史籍就不是《顺风相送》,自相矛盾。何况高华屿根本不是钓鱼岛,《顺风相送》也不是成书于永乐元年。现在没有一位权威学者认可《顺风相送》成书于永乐元年。向达说:"此书很可能成于 16 世纪。"[2]陈佳荣认为《顺风相送》约在万历二十一年(1593 年)成书,[3]张崇根认为《顺风相送》提到帝汶岛的佛郎番,即葡萄牙人,又提到吕宋的佛郎,即西班牙人,所以此书成书于 16 世纪末。[4] 张荣、刘义杰认为《顺风相送》成书于 16 世纪中期,[5]张崇根说:"一些学者和媒体,为了论证钓鱼岛自古就是中国领土,不加分辨地照抄照传,一股风地认定《顺风相送》的成书年代为永乐元年。笔者认为,这不是实事求是的科学态度。"[6]谢必震说现存的《顺风相送》成书于 16 世纪,他说:"《顺风相送》是古代中国人航海的经验集成,一代一代人传抄而来。现藏于鲍德林图书馆的《顺风相送》编成时间应在明万历年间。"[7]高华屿不是钓鱼岛,《顺风相送》也不是成书于永乐年间。钓鱼岛属于中国,但是不能通过歪曲历史来论证,过度歪曲对中国不利。

其实不说《隋书》的记载,我们只是用常识来推断,就可知流求一定是台湾岛,而不可能是冲绳岛,因为:

---

① 国家海洋局:《中国钓鱼岛地名册》,北京:海洋出版社,2012 年。

② 向达校注:《两种海道针经》,第 4 页。

③ 陈佳荣:《〈顺风相送〉作者及完成年代新考》,《跨越海洋——"海上丝绸之路与世界文明进程"国际学术论坛文选(2011·中国·宁波)》,杭州:浙江大学出版社,2012 年。

④ 张崇根:《关于〈两种海道针经〉的著作年代》,中外关系史学会编:《中外关系史论丛》第 1 辑,北京:世界知识出版社,1985 年。

⑤ 张荣、刘义杰:《〈顺风相送〉校勘及编成小考》,《国家航海》第 3 辑,上海:上海古籍出版社,2011 年。

⑥ 张崇根:《也谈〈两种海道针经〉的编成年代及索引补遗》,《国家航海》第 4 辑,上海:上海古籍出版社,2013 年。

⑦ 谢必震:《中琉航海与钓鱼岛问题》,《国家航海》第 6 辑,上海:上海古籍出版社,2014 年。

1. 如果隋军去冲绳岛,必经台湾岛,为何舍此巨大的岛屿不去,而要去一个远方的蕞尔小屿?梁嘉彬理直气壮地说持台湾论者不考察航海历史,其实他自己未必有深入研究。冲绳是一个狭长的岛,南北长约 107 千米,东西宽约 31 千米,隋朝的大军从西到东花不了一天,怎么会极为艰难?

2. 冲绳岛的人口极少,怎么可能抵抗隋军很长时间?隋军即使到达这个小岛,冲绳岛人也应该束手归降。而且隋军俘虏数千人,加上战死的人和不能战争的人,则当时冲绳岛上至少应该有数万人,今日的冲绳岛不过才 100 多万人。在 1500 年前的隋代,冲绳岛怎么可能有数万人?

3. 何蛮是从福建海域看到流求,说明流求一定是台湾岛,而不可能是冲绳岛,否则何蛮怎么能看到?

梁嘉彬等人想当然地认为明清人去冲绳岛,所以隋朝人也一定去冲绳岛。其实洪武年间之所以册封琉球,是因为那时的琉球已经有国家,而台湾岛一直没有国家,明朝必须把琉球群岛纳入朝贡体系。杨广好大喜功,四处征战。这是元代之前中国大陆的王朝唯一出征台湾岛,隋代征流求的基础是六朝南方航海事业的大发展。唐宋国力不差,但是西北抵御戎狄,在南海则专注于已知各国,也少见杨广那样好大喜功的君主,所以未征台湾。

有些人不明白为什么冲绳岛能够较早建国,而台湾先住民一直未能建国,很晚才纳入中国的正式统治,所以他们把隋代的流求误解为冲绳岛。其实琉球群岛很早就进入东亚政局的原因很简单,那就是因为这里更靠近日本。日本靠近朝鲜和中国,所以日本很早有了国家。日本列岛地域较大,地处温带,所以成为东亚重要国家。[①] 日本通过海路直接和中国南方的六朝交往,唐代的日本还有经过琉球群岛到中国的南岛航路,所以琉球群岛很早就比台湾更靠近东亚世界的中心地区。但是台湾岛的东面就是浩瀚的太平洋,其外围没有强国和中国往来需要路过这里,所以台湾岛是传统东亚世界最边缘的地区。台湾岛南面的菲律宾、文莱等地都是宋朝才见于中国史书记载,而且早期的东洋航路未必经过台湾,文莱最早是从三佛齐到广州进贡,并不走台湾,南宋赵汝适《诸蕃志》和《宋史》说得很清楚,又说麻逸(今菲律宾民都洛岛)在渤泥北,最晚回来,说明麻逸也是经过渤泥到三佛齐再到中国广州。[②] 东洋航路在欧

① 气候对于文明史的重要性,参见[美]贾雷德·戴蒙德著,谢延光译:《枪炮、病菌和钢铁:人类社会的命运》,上海:上海译文出版社,2006 年。人类文明多诞生于温带地区,因为这里适宜农耕和交流。而热带地区,即使是平原,或多雨林,不宜农耕和交流,或者是干旱少雨的草原和沙漠,也不宜农耕。

② [宋]赵汝适著,杨博文校释:《诸蕃志校释》,北京:中华书局,2000 年,第 135~141 页。

洲殖民者东来之前也远远不及西洋航路重要,所以台湾岛仍然是比较孤立的。如果我们明白了这一点,就不会把琉球较早建国的问题和隋代的流求位置牵扯在一起了。

有的学者竭力否定流求国在台湾,前引杜正胜之文说隋代流求国复杂的阶层制在台湾的民族调查中找不到旁证。其实下文要说的排湾族有台湾先住民唯一的贵族制社会,所以流求国复杂的阶层制完全有理由存在,流求人就是排湾族。

又有人认为陈稜所伐的流求人是漂流到台湾的突厥人,[1]这个观点虽然新颖,但是过于离奇,错误太多,也不能成立。

第三节 流求人是琅峤的排湾人

有很多学者认为流求是今台湾岛,但是流求在今台湾岛何地,他们也有不同意见。

一、流求在台湾何地的争论

1. 林鹤亭认为隋军到达今台南市安平港,[2]这显然不对,台南一带的情况多数不合《隋书》,详见下文考证。

2. 伊能嘉矩认为:流求的语源是彰化县鹿港镇的先住民地名 Rokauan 或 Rokan,欢斯是巴则海族对家的代表名称 Kaishi,渴剌兜是巴则海族男性常用名 Harato,可老羊是巴则海族祭司语 Karaohu,多拔茶是巴则海族老妇 Taatah,老模是男子姓名 Damori,转为 Ramori,低没檀洞是巴则海语大甲溪 Tomol,葫芦墩东方的观音山,巴则海语其山麓丘地是 Haradan,波罗檀洞是 Paradan,鸟了帅是村落壮丁 Lakelakehal。[3] 笔者认为不对,原因如下:

(1)鹿港的先住民是巴布萨族,原地名是马芝遴社,荷兰人记为 Betgilem、Matsilin、Majilin、Mazilin 等。[4] 鹿港是汉名,始见于康熙三十四(1695 年)的

---

① 葛坤英、周文顺:《陈稜台湾“开山”事迹考》,《中南民族学院学报》1998 年第 1 期。

② 林鹤亭:《隋代陈稜率兵进今安平港泊古“台江”破流求国》,《台湾文物论集》,南投:台湾省文献委员会,1984 年。

③ [日]伊能嘉矩著、“国史馆”台湾文献馆编译:《台湾文化志》上卷,第 12~15 页。

④ 江树生译注:《热兰遮城日志》,第 84 页。

《台湾府志》，称为鹿仔港，乾隆四十八年（1783年）福州将军永德奏设正口时称鹿港，[①]不知郭引地名的根据。

（2）大甲溪是Tomol，但是低没檀洞只能是一个聚落，不太可能与大甲溪同名。

（3）如果隋军从鹿港登陆，先接触到巴布萨族，并非巴则海族。隋军要经过大肚溪流域，向北到达大甲溪流域，这一路不可能没有阻力，但是没有隋军在低没檀洞之前遇到战争的记载。

（4）鹿港原临海，彰化县和台中盆地多平原，而流求"土多山洞"，显然不合史实。

（5）如果隋军要从鹿港一带进入多山洞之地，则要进入台湾语言最为多样的南投县，隋军不可能没有发现这里的民族多样，但是没有这种记载，而且巴布萨族也不可能符合其他多条记载。

（6）可老羊和Karaohu、多拔荼和Taatah、老模和Damori、鸟了和Lakelakehal，读音都不能完全对应，而且老妇不可能成为贵族名号。

因为这些名词不能对应，地形不合，民族情况不合，所以此说不确，而且从下文笔者的新证据来看，巴则海族不符合《隋书》诸多记载。

3. 前引徐晓望先生之文认为流求是北台湾，龟鼊屿在今台湾岛西部海岸，理由是宋李复《潏水集》卷五《与乔叔彦通判》说：

> 某尝见张丞相士逊知邵武县日编集《闽中异事》云：泉州东至大海一百三十里，自海岸乘舟，无狂风巨浪，二日至高华屿，屿上之民作鬻腊鲮鳢者千计。又二日至龟鼊屿，龟鼊形如玳瑁。又一日至流求国，其国别置馆于海隅，以待中华之客。每秋天无云，海波澄静，登高极望，有三数点如覆釜。问者老云是海北诸夷国，不传其名。
>
> 流求国，《隋史》书之不详。今近相传所说，如此去泉州不甚远，必有海商往来，可寻之，访其国事与其风俗、礼乐、山川、草木、禽兽、耕织、器用等事，并其旁之国，亦可详究之。或得之，望录示。
>
> 闽有八州，南乃瓯越，北乃禹贡扬州之地。山川奇秀，灵迹异事，彼所传者必多。使轺按部历览可见，因风望详书，以付北翼，深所望将以补地志之阙也，某又启。

他认为既然北望见小岛，有可能是琉球群岛南部的与那国岛，所以流求在今台湾岛东北部。其实此条记载，方豪先生《台湾早期史纲》早有揭示。流求

---

① 黄秀政：《清代鹿港的移垦与社会发展》，黄秀政等：《台湾史志论丛》，台北：五南图书出版有限公司，2000年，第3页。

在北台湾之说不确,因为:

(1)既然从泉州到澎湖岛要四天,那么从澎湖岛到台湾岛东北角不可能只有一天,至少要五六天。

(2)《闽中异事》既然是张士逊在邵武编撰,而非泉州,则其可信度大有疑问。从泉州到流求航程,居然全同《隋书》,是巧合还是张氏照抄古书?

(3)这里的高华屿可能还是澎湖岛西部的西屿,但是西屿也远不及澎湖岛大,而且西屿多山,澎湖岛低平,制作鱼干的人不可能舍澎湖大岛不住。但是此处没说澎湖岛的居民情况,或有缺漏。

(4)台湾岛东北部的岛屿是属于中国的花瓶屿、棉花屿和彭佳屿,前二岛距离台湾岛最近距离分别是 31 千米、43 千米,彭佳屿距基隆港 55 千米,再往东北是中国的钓鱼群岛,原来都是无人岛,不可能是夷国。而与那国岛在台湾岛东部,不是北部,流求当然不可能在台湾东部,因为宋代汉人难以至此。

(5)现在所有的资料都没有发现古代台湾先住民为了贸易而在海边造房接待外地人,所以这里的别馆之说也可怀疑。

(6)即使北宋泉州人到达台湾北部,也知晓其北的琉球群岛为海北夷国,仍然不能证明隋代的流求就在台湾北部。因为宋代人可能沿用隋唐地名,从泉州渔民到张士逊在邵武编书,中间不知有多少周折,也有张氏取典雅化的可能。

(7)台湾岛西部海域没有显著的岛屿,所以䲄䲧屿不可能在台湾岛西部海域,也不可能是指台湾岛。因为航海者很容易发现台湾岛是个大岛,不可能称之为屿。

总之,《澹水集》这则史料只能证明北宋时期有泉州人开发澎湖渔业,很可能到达台湾岛,但是原况不详,更不能证明隋代流求方位。

Ludwig Riess 的《台湾岛史》提出流求人就是台湾南部的琅峤人,可惜没有多少佐证。[1] 其实琉球群岛原来不叫琉球,是洪武五年(1372 年)来到冲绳岛的明使杨载把中国古书里的流求(琉求、琉球)一名强加给琉球群岛,又把原来称琉球的台湾岛改称为小琉球。[2] 所以之前认为流求来自琅峤的学者只有读音一个证据,当然难以凭信。

张崇根认为隋军接触不止一族,所记情形,有的与排湾族相同,有的不同,

---

① 〔德〕Ludwig Riess 著,周学普译:《台湾岛史》,《台湾经济史三集》,台北:台湾银行,1956 年,第 3~6 页。

② 陈宗仁:《明朝文献中"鸡笼"与"淡水"地名的出现及其背景》,刘石吉、王仪君、林庆勋主编:《海洋文化论集》,高雄:中山大学人文社会科学研究中心,2010 年。

他列举的相同之处有排湾族的贵族制,筏湾部落的将相称为 Kalaiyan,他认为即可老羊。[1] 此说合理,但是还不足以确证隋军接触到的就是排湾族。

二、流求新考

要研究隋代流求位置,必须从《隋书》的长篇记载出发。本文论证隋军了解的流求其实是今天的屏东县,隋军征讨的部落其实是今天的排湾族。笔者提出这个论点,有语音、地形、气候、航路、地名、制度、官名、战争、服饰、宗教、纹手、婚姻、生育、丧葬、酿酒、饮具、歌舞 17 个方面的坚实证据。

1. 光绪元年(1875 年)在恒春半岛设恒春县,前身是琅峤社,琅峤在荷兰 17 世纪地图中写作 lonckquiou、lonkion 或 lonquon,[2]非常接近流求的古音。非常有趣的是,直到今天,福州闽江口的琅岐岛仍然读为 Làu-giè-dō,也即刘岐岛,古代记载就是刘崎,淳熙《三山志》卷十九详细记载了闽安镇海口的刘崎巡检。[3] 刘崎因为刘姓得名,刘是琅岐岛大姓。因为福州话刘、琅音近,所以写成琅岐。今天的福州话的刘、琅仍然接近,隋代的闽语可能也有这种特点。既然刘读为 lau,则求的闽语古音应是 kiau,则流求读音很接近琅峤,所以隋人把琅峤写成了流求。

明代台湾岛已经不称流求,但是在恒春半岛西部的小琉球岛还被民间海商叫作琉球仔,见《指南正法》,[4]可能就是相对于南台湾叫琉球而名。

琅峤的语源有两说,一是源自恒春半岛排湾语的蝴蝶兰,[5]二是源自今屏东万峦乡万金、赤山一带西拉雅族马卡道人语言的 lalukjau,指水,似可理解为我群的水道。[6]

今天的屏东平原东部原来是排湾人的狩猎区,这里是潮州断层崖西部的隘寮溪冲积扇,原是一片荒滩,沼泽密布,瘴疠肆虐,没有古文化遗址,早先几乎是无人区。道光年间凤山八社的部分平埔族南迁恒春,使得今日恒春半岛

---

① 张崇根:《台湾四百年前史》,北京:九州出版社,2005 年,第 318～323 页。
② 曹永和:《欧洲古地图上之台湾》,《台湾早期历史研究》,第 345、358、361 页。
③ [宋]梁克家:《三山志》,第 157 页。
④ 向达整理:《两种海道针经》,北京:中华书局,2000 年,第 138 页。
⑤ [日]安倍明义:《台湾地名》,台北:武陵出版有限公司,1987 年,第 226 页。
⑥ 郑全玄:《台湾地名辞书》卷四《屏东县》第六章"恒春镇",南投:台湾省文献委员会,2001 年,第 179 页。

西南部成为平埔族居住区。① 何蛮或者更早的闽南航海者首先到达的应是今屏东平原,在此听到流求之名,则流求之名很可能源自西拉雅族。但是此处原来人口稀少,所以隋军远征向东进入排湾族居地。

1636 年 4 月,为荷兰人服务的中国人 Lampack 从琅峤回到新港社,他报告说琅峤人是台湾岛上最文明的人,穿着得体,在台湾岛东部贸易的中国人常常在遇到危险时需要他们的保护。当时的琅峤酋长管理 16 个村落,这在台湾岛上很罕见,以至于被荷兰人称为君主,1636 年 12 月 14 日琅峤君主来到荷兰人殖民地,缔结贸易合约,荷兰人称琅峤为省。20 日,东部山区的 7 个村庄表示归顺荷兰人,②应是排湾族。台湾岛南部地处中国和菲律宾的商道,所以可能因此发展较快。他们没有攻击荷兰人,开始就与荷兰人和平相处。可能正是因为琅峤先住民进步而且友善,所以隋代或稍早的汉族与他们有深入交流。有学者认为元代汪大渊《岛夷志略》的流求不是台湾,证据是台湾先住民西拉雅人不穿衣,而此书说流求人穿花布衫,③其实这是混淆台湾先住民各族,琅峤等地的很多民族早就穿衣。

张崇根提出流求的语源是阿美族语言河中岛 Lukut,出处是秀姑峦溪口有一个河中岛 Lukut。此 Lukut 是一个专名,不是通名。他的另一个证据是鹿耳门又名鹿口(Lou-Keou),但是此名仅见一次,鹿耳门是因为这里有一块巨大的沙洲形似鹿耳。

2. 否定流求在今台湾的学者,有一条重要的证据,是《流求传》说流求"土多山洞",很多人受到后来台湾开辟史的影响,总以为隋军到达的也是台南市附近,而台湾岛西部沿海都是平原,台湾岛的山区都集中在中东部,这当然不符合隋人记载。其实隋军到达的是今台湾岛最南部的屏东县,这里正是山区,而且山很高大。排湾族是一个山地民族,而且崇拜高山。

3.《流求传》说:"土宜稻、梁、𬂩、黍、麻、豆、赤豆、胡豆、黑豆等,木有枫、栝、樟、松、楩、楠、杉、梓、竹、藤、果、药,同于江表,风土气候与岭南相类。"风土气候类似岭南,则应该在南台湾。

4. 陈稜在大业六年(610 年)出兵,而《太平御览》卷八二〇引杜宝《大业拾

① 简炯仁:《再论屏东平原平埔族群分类问题》,《屏东平原平埔族之研究》,台北:稻乡出版社,2006 年。

② 江树生译注:《热兰遮城日志》,台南:台南"市政府",1999 年,第 231、277~278 页。

③ 周婉窈:《山在瑶波碧浪中——总论明人的台湾认识》,《台大历史学报》第 40 期,2007 年。周婉窈:《明清文献中'台湾非明版图'例证》,《郑钦仁教授荣退纪念论文集》,台北:稻乡出版社,1999 年,第 267~293 页。

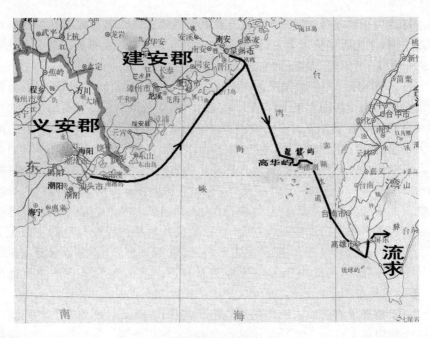

隋军征流求路线图

遗录》说大业七年(611年)十二月朱宽征留仇国还,则隋军很可能在大业六年(610年)冬季出兵,此时盛行北风,所以隋军从澎湖岛顺风向东南,于是到了屏东平原。

《流求传》说:"流求国,居海岛之中,当建安郡东,水行五日而至。"又说从鼊鼊屿(在今澎湖列岛)到恒春半岛花一天时间,完全有可能。据《元史·瑠求传》,元军从澎湖到高雄市一带,只花了半天不到,笔者另有专文。稍早到达恒春的汉人把这个岛称为流求,但是隋军到达的不是恒春半岛,而是其北部的屏东平原。

5.《流求传》说流求王:"所居曰波罗檀洞,堑栅三重,环以流水,树棘为藩。"《陈稜传》说:"(陈)稜率众登岸,遣镇周为先锋。其主欢斯渴剌兜遣兵拒战,镇周频击破之。稜进至低没檀洞,其小王欢斯老模率兵拒战,稜击败之,斩老模。其日雾雨晦冥,将士皆惧,稜刑白马以祭海神。既而开霁,分为五军,趣其都邑。"

排湾族分为两大部落,北面的 Ravar 部落,起源于屏东县三地门乡隘寮北溪上游的上排湾社(Paiwan),南面的 Vutsulj 部落,起源于屏东县玛家乡隘寮南溪上游的下排湾社(Su-paiwan),下排湾又是从上排湾迁出的。上、下排湾的下游都是隘寮溪,其出山的峡口即三地门村,这里的门不是汉语。上排湾最古老的聚落是大社，自称 Palilayan，下排湾最古老的聚落是 Padain。三地门的原名是 Timor，是从下排湾迁出的，即小王所守的低没檀洞，Timor 音译为低没。下排湾的西北面还有一个从其分出的小村叫白露村（Parol），又名Pailus，①是其门户，这就是隋军到达的波罗檀洞，Parol 音译为波罗。因为进入三地门后，就进入深山，所以隋军很害怕，陈稜在此杀白马激励士气。

隘寮南溪上游是北太武山，太武山在排湾族名字为 Kavulungan，ka 是发端的意思，vulungan 是大拇指，合为众山之祖之义，这是排湾族的圣山。② Palilayan、Vulungan、Pailus 等词接近，可能是同源地名。排湾族可能得名于其圣山，北太武山高达 3092 米，与玉山（3952 米）、雪山（3886 米）、南湖大山（3825 米）、秀姑峦山（3740 米）合称为台湾五岳，五岳不是台湾最高的五座山，太武山之所以入选，正是因为这是南台湾最高山，而且其东西两侧悬崖千仞，形如尖锥。

三地门是山口，所以汉译为低没洞，其实也有地势较低，淹没在群山之中的意思。波罗是佛经常见用语，所以排湾社被译为波罗檀洞。隋军其实只到达白鹭村，没有到达下排湾村。

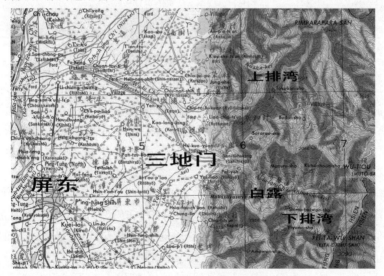

低没檀洞（三地门）、波罗檀洞（白露）地图

① 石磊：《筏湾：一个排湾族部落的民族学田野调查报告》，台北："中研院"民族学研究所，1971 年，第 42 页。

② 童春发：《台湾先住民史·排湾族史篇》，南投：台湾省文献委员会，2001 年，第 7、30、71～76 页。

隋军在台湾岛路线示意图

　　6.《流求传》说:"王所居舍,其大一十六间,雕刻禽兽……国有四五帅,统诸洞,洞有小王……犯罪皆断于鸟了帅,不伏,则上请于王,王令臣下共议定之……偶得异味,先进尊者。凡有宴会,执酒者必待呼名而后饮。上王酒者,亦呼王名。"流求国有部落之间的支配关系,而且大王居住在豪华的房子里,还有政治权力。

　　排湾族有台湾先住民中唯一的贵族制社会,阶级世袭,贵族不和平民通婚,部落之间有从属关系。排湾各社可以结成攻守同盟,还可以在外建立分封地,类似西周时期的封建社会,这个分封地的二级头人,可能是其本社的大宗头人,也可能是外社头人的宗亲派遣至此。受封的从属头人对宗主头人有臣属、朝贡、服役、护卫关系,宗主头人要保护从属头人,吊唁死亡从属头人,确立新的继承人。排湾人还有部落头人会议、平民会议、军事会议、祭典会议、公审会议。公审由双方头人及长老任审判长,大事由头人决定,[①]所以《流求传》说王和臣下共议。流求大王和小王都是欢斯氏,小王应是大王派遣到低没檀洞

---

　　①　达西乌拉湾·毕马(田哲益):《台湾的先住民——排湾族》,台北:台原出版社,2002年,第42~58页。

的领主。《台海使槎录》卷七说南路凤山县傀儡番（即北部排湾族）："大社辖十余社，或数社不一，共五十四社……土官彼此结姻，不与众番婚娶。"[①]又提到社有土官、副土官、公廨，应即头目、各种领袖和长老会议。

7.《流求传》说："其王姓欢斯氏，名渴剌兜，不知其由来有国代数也。彼土人呼之为可老羊，妻曰多拔荼。"《陈稜传》说："渴剌兜率众数千逆拒，稜遣镇周又先锋击走之。稜乘胜逐北，至其栅，渴剌兜背栅而阵。稜尽锐击之，从辰至未，苦斗不息。渴剌兜自以军疲，引入栅。稜遂填堑，攻破其栅，斩渴剌兜，获其子岛槌，虏男女数千而归。"

可老羊，就是下排湾社的贵族管家和部落将相的称呼 Kalaingan，可老羊的中古音是 kha lau iang，完全可以对应。此村五大贵族各有管家，部落将相又是五大管家的总管。

下排湾村的最大贵族是 Taogado 氏，即多拔荼的语源，多拔荼的中古音是 ta buat duo，首尾相合，只有拔字是唇音，与 ga 稍远。多拔荼是氏族名，可老羊是官名。部落将相负责内外事务，包括打仗，[②]所以抵抗隋军的就是下排湾的一位 Kalaingan，他的氏族是欢斯，其妻出自 Taogado 氏。不过笔者没有找到欢斯氏的记载，可能此族在战争中灭亡。虽然排湾族采用的袭名制，即选用祖父辈的名字，但是我们也不能肯定渴剌兜和老模就是姓名表里的哪一个。

8.《流求传》说："往往有村，村有鸟了帅，并以善战者为之，自相树立，理一村之事。"

鸟了的上古音是 tyu lyo，音近都老 ta lu，《隋书》卷三一《地理志下》说岭南："有鼓者号为都老，群情推服。本之旧事，尉陀于汉，自称蛮夷大酋长、老夫臣，故俚人犹呼其所尊为倒老也。言讹，故又称都老云。"所谓都老来自赵佗无疑是汉化后的附会，都老是越语（侗台语系）的头目。《台海使槎录》卷七说北部排湾族："酒酣，各矜豪勇，以杀人头多者为雄长，故杀人之案，岁不绝书。"

《太平寰宇记》卷一〇二泉州风俗说：

> 白水郎，即此州之夷户，亦曰游艇子……唐武德八年，都督王义童遣使招抚，得其首领周造、麦细陵等，并授骑都尉，令相统摄，不为寇盗。贞观十年，始输半课。其居止常在船上，兼结庐海畔，随时移徙。船头尾尖高，当中平阔，冲波逆浪，都无畏惧，名曰了鸟船。

这种大船只有南台湾有，至今兰屿的阿美族还有这种大船，头尾尖高，完

---

① ［清］黄叔璥：《台海使槎录》，第 154 页。

② 石磊：《筏湾：一个排湾族部落的民族学田野调查报告》，第 29～33 页。

全符合。当然隋军到达的流求不可能是兰屿,因为兰屿是台湾岛东南的一个孤岛。王义童招抚白水郎时,距离隋征流求只有 15 年。我已经论证了鸟船是鸟了之误,就是《越绝书》卷三记载的越语"船"字汉译须虑,也即舳舻。[1] 则鸟了帅也即船队军官,说明原来排湾族接近海岸,善于航海。

9.《流求传》说:"其男子用鸟羽为冠,装以珠贝,饰以赤毛,形制不同。妇人以罗纹白布为帽,其形正方。织斗镂皮并杂色纻及杂毛以为衣,制裁不一。缀毛垂螺为饰,杂色相间,下垂小贝,其声如佩,缀珰施钏,悬珠于颈。"

这里男子指的其实是贵族,排湾族贵族的头上有雄鹰羽毛,衣服还有珠、贝、兽牙、金属装饰。排湾族贵族有三样证明其身份的传家宝:琉璃珠、陶壶和青铜刀。琉璃珠非常稀少,据研究很可能是通过海路贸易所得。排湾女装以棉布为主,只有贵族可以使用贝串。之所以形制不一,因为排湾服饰追求自我特性,所以各不相同,争奇斗艳。有些样式和花纹是贵族特有的,平民不许穿着。

排湾族的服饰是先住民中最为华丽的,同样在山区,泰雅族、布农族的服饰就要简单很多,不过这两大族西部是平原,所以汉族不可能很快接触。只有南台湾的排湾族是分布在台湾岛东西两岸之间,这是汉族在台湾海峡可以接触到的唯一先住民。

10.《流求传》说:"俗事山海之神,祭以酒肴,斗战杀人,便将所杀人祭其神。或依茂树起小屋,或悬髑髅于树上,以箭射之,或累石系幡以为神主。王之所居,壁下多聚髑髅以为佳。人间门户上必安兽头骨角。"排湾族也有猎头归来的凯旋祭(malinatsap),目的是让敌人的灵魂来到。

11.《流求传》说:"妇人以墨黥手,为虫蛇之文。"

台湾先住民文身主要见于排湾族,及近邻的部分鲁凯、卑南二族。而排湾族的纹手仅限于贵族女性,纹在手背炫耀身份,所谓虫蛇纹样,其实是排湾人崇拜的百步蛇。文身仅限于男性,必须由头目特批。[2]《台海使槎录》卷七称北部排湾族:"土官、副土官、公廨至娶妻后,即于肩背、胸膛、手臂、两掖以针刺花,用黑烟文之。正土官刺人形,副土官、公廨只刺墨花而已。女土官肩、臂、手掌亦刺墨花,以为尊卑之别。"这里也说只有贵族女性才在手掌刺花,其实是手背。

12.《流求传》说:"嫁娶以酒肴珠贝为娉,或男女相悦,便相匹偶。"

---

① 周运中:《中国南洋古代交通史》,第 40 页。

② 达西乌拉湾·毕马(田哲益):《台湾的先住民——排湾族》,第 239～242 页。

排湾族的婚姻程序非常烦琐,有定情、求婚、订婚、礼聘、跳舞祈福或造桥修路、贵族婚礼荡秋千、成婚多个步骤。贵族的聘礼要讲究很多,上排湾的聘礼包括猪肉、木材、米糕、头饰、珠子、刀枪、佩带、头带、虎皮、衣服、项链、手环、斗笠、土地、铁锅等,[①]所以这里的酒肴珠贝指的也是贵族。

13.《流求传》说:"妇人产乳,必食子衣,产后以火自炙,令汗出,五日便平复。"排湾妇女生产之后不多休息,时间不定。[②]

14.《流求传》说:"其死者气将绝,举至庭,亲宾哭泣相吊。浴其尸,以布帛缠之,裹以苇草,亲土而殡,上不起坟。子为父者,数月不食肉。南境风俗少异,人有死者,邑里共食之。"

排湾人死后用布或毛毯包裹,是台湾唯一吊客也用丧服的先住民,贵族死后村民不能饮酒唱歌。[③]《台海使槎录》卷七称北部排湾族:"本社有丧,通社男女为服二十余日,亲属六月。土官死,则本社及所属各社老幼亦服六月。其服,身首缠披乌布,通社不饮酒、不歌唱。父母之服,长男、长女身披乌布,头荷斗笠,谓不敢见天也。服满,射鹿饮酒,除乌布,谓之撤服。"

15.《流求传》说:"以木槽中暴海水为盐,木汁为酢,酿米麦为酒,其味甚薄。食皆用手。"

这里说的薄酒可能是排湾、鲁凯族的糯米糕酒,三五日酿好,排湾族另有三月酿成的小米酒。[④]《台海使槎录》卷七称北部排湾族:"酒以黍米合青草花同舂,草叶包煮,四五日外,清水漉之,贮瓮一二日即有酒味。聚饮以木椀盛酒,土官先酌,次及副土官、公廨、众番相继而饮。"

16.《流求传》说:"衔杯共饮,颇同突厥。"其实这种连杯共饮的习俗在台湾排湾族确实有,而且排湾族还有独特的双连杯或三连杯,两个人或三个人共举饮酒。多用于宴会或礼仪节祭,木雕相当讲究。[⑤]

17.《流求传》说:"歌呼蹋蹄,一人唱,从皆和,音颇哀怨。扶女子上膊,摇手而舞。"排湾族的歌唱有独唱、领唱与回应及合唱多种形式,以领唱与和腔的唱法最为普遍,即所谓一人唱,从皆和。排湾族的舞蹈有求婚舞、婚宴舞、酒宴

① 德玛拉拉德-贵(王贵):《排湾—拉瓦尔亚部落贵族之探源》,台北:稻乡出版社2002年,第158～159页。
② 达西乌拉湾·毕马(田哲益):《台湾的先住民——排湾族》,第217页。
③ 达西乌拉湾·毕马(田哲益):《台湾的先住民——排湾族》,第222～226页。
④ 达西乌拉湾·毕马(田哲益):《台湾的先住民——排湾族》,第162页。
⑤ 陈奇禄:《台湾排湾群诸族木雕标本图样》,台北:台湾大学,1961年。转引自徐雨村编著:《台湾南岛民族的社会与文化》,台东:台湾史前文化博物馆,2006年,第32页。

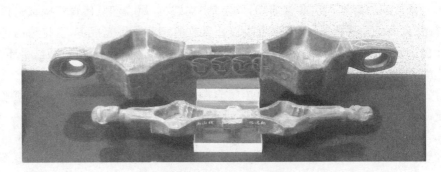

排湾族的双连杯(周运中摄)

舞、勇士舞多种,此处所说不知是哪一种。

以上十七条,铁证如山,流求无疑是指南台湾的排湾族地区。隋代之后的唐、宋、元三朝虽然有台湾岛的记载,只有宋代和元代比较清晰,都是指今天台湾南部。因为宋元时期南台湾是中国人和菲律宾往来要道,所以可能因为这个原因,流求的名字一直被沿用。

孙吴出征夷洲俘虏的几千人下落不明,但是隋军俘虏的台湾先住民在史籍中或有线索。徐晓望先生引明代何乔远《闽书》卷六说福清县福庐山:"又三十里,为化南、化北二里,隋时掠琉球五千户居此。"《三山志》卷三记载福清县东南五十里是崇德乡,下有归化南里和北里。徐先生认为《隋书·地理志》记载隋代建安郡福建地区只有12420户,所以台湾迁来的几千户影响很大。[①]其实《隋书》说隋朝俘虏了数千流求人,而非几千户。即使有数千流求人居住在福建,也不会对当时的福建产生很大影响。因为在隋代的福建沿海还有很多风俗近似流求人的白水郎,他们风俗相近,应该融合较快,并且应该在唐宋之际趋于汉化。隋代的福建当然远远不止12420户,内陆山区和海上岛屿有很多人口不能为官府控制,到了唐代中后期,还在福建不断开山洞、设新县。所以,我们不能说隋军俘虏的这几千人对福建产生了巨大影响。

隋朝东征流求的影响主要在于以下几点:

第一,孙吴南征流求已经过去380年,隋朝再征流求,恢复了大陆王朝和台湾岛的联系。

第二,孙吴把台湾岛称为夷洲,这是一个泛称,凡是外族居住的岛都可以称为夷洲,隋朝的台湾岛有了专名流求,而且沿用了1000年。虽然明初把流求一名错误地移到了冲绳岛,但是台湾还称为小琉球。

① 徐晓望:《早期台湾海峡史研究》,第14页。

第三,孙吴出征夷洲的记载在正史记载很少,幸而《临海志》有一段佚文,而《隋书》记载的流求资料极为详细,并且一直影响到明清时期。明代人错误地把冲绳岛称为琉球,还不断地用《隋书》的流求资料去检视冲绳岛。

孙吴出征夷洲之前,有陆逊和全琮规劝孙权不要出兵,孙权不听,果然得不偿失。但是隋代没有类似记载,原因可能是杨广刚愎自用,没人敢于规劝。也有可能是因为隋朝和孙吴不同,隋朝是一个统一王朝,而孙吴是首次在南方立国的王朝,面临曹魏巨大的军事压力,所以孙吴在夷洲的损失相对更大。

唐朝取代隋朝,和隋朝一样,继续东征高丽,北伐突厥,西征高原,但是唐朝人没有再出兵流求。隋人没有在台湾发现重要资源,这可能是唐朝没有出兵流求的原因。

第四章

唐宋时期流求

唐宋时期的台湾情形比较类似,可以合并为一个时代。此前有隋代出征台湾,此后有元代出征台湾,而唐宋时期的中国大陆王朝没有在台湾用兵。唐宋时期的台湾史料较少,而且多数来自民间文献。

唐朝的台湾史料不能和宋代相比,所以本章的主体是宋代。宋代的史料又集中在南宋。南宋和六朝类似,背海立国,对抗北朝。但是南宋和六朝又有不同,六朝的民间海外贸易远不及南宋繁盛。经过唐宋之际的南方大开发,六朝时期在南方地理格局中只居边缘地位的东南沿海丘陵地区已经崛起。东南沿海地区首次出现了人口压力,所以澎湖列岛在南宋时期成为闽南人新的移居地。

此时的另一个重要变化是,来自台湾岛的先住民毗舍耶人,首次侵扰大陆沿海地区。这背后实际反映了大陆和台湾的交往密切,正是东南沿海的富庶引来了邻居的垂涎。

在宋末元初,从闽南出发,经由台湾到菲律宾和加里曼丹岛的东洋航路首次开通,或者说此条航路在这时才真正地兴旺发达。而这在官方文献中居然没有任何记载,完全是民间商人行为。明代由民间商人主导台湾的历史大趋势,在宋元时期已经显露端倪。

因此唐宋时期的台湾史料虽然不多,但不能说此时的台湾历史不重要,不能说此时的台湾历史没有大的变化。特别是东洋航路的重大变化,不仅对台湾历史有重要意义,对于东亚大陆和东南亚的交往史也有重要意义。台湾位居日本、冲绳诸岛和东南亚之间,不仅是亚洲东部岛链的中间,也是这个岛链最靠近大陆的地方。直到唐宋时期,亚洲东部的岛链内部诸岛以及岛链和大陆之间才紧密地联系起来。

第一节 唐代台湾史料辨析

南宋的浙江金华人王象之（1163—1230）编撰有著名地理总志《舆地纪胜》，卷一三〇"泉州澎湖屿"条下引了唐代诗人施肩吾的《岛夷行》一诗，后世很多学者认为此诗原来不是专记澎湖，被后人附会到澎湖列岛。[①] 本书对此说仍然存疑，因为研究中国历史地理学的学者都清楚，王象之的《舆地纪胜》和此前类似著作祝穆《方舆胜览》还有不同，王象之在著作中多有考证，所以他把《岛夷行》系于澎湖之下或有所本。不过梁嘉彬认为此诗其实写的是鄱阳湖，而被误认为澎湖，遭到徐复观、毛一波等学者反驳。[②] 笔者认为梁嘉彬此说再次大谬，《岛夷行》即使不是描写澎湖，也一定是描写中国华南沿海，不可能是鄱阳湖。《岛夷行》原文是：

> 腥臊海边多鬼市，岛夷居处无乡里。
>
> 黑皮年少学采珠，手把生犀照咸水。

这里既然明确说到海边和咸水，一定是东南沿海。又说到岛夷和黑皮少年，显然是东南沿海的疍民。鬼市是临时的市场，因为这些疍民没有固定的聚落，在水上漂移。也有人认为施肩吾有诗《赠临平湖主人》，临平湖就是澎湖。[③] 其实临平湖在今杭州市余杭区临平镇，首见于《三国志》卷四八，和澎湖无关。

连横《台湾通史》卷一《开辟纪》说隋朝仁寿三年（603 年），商人钦良晖回日本，与日本僧人圆珍（814—891）同船，为北风吹到琉球，见岸上数十人，各执刀戈，继而顺风回到福建，连横先生认为这是华人发现台湾之始，早于陈稜出征台湾岛四年。其实这是连先生误解，钦良晖与圆珍都是唐朝人。这里的仁

115

---

① 苏同炳：《施肩吾及其岛夷行诗新考》，苏同炳：《台湾史研究集》，台北："国立"编译馆，1990 年。

② 梁嘉彬：《论隋唐时期之"澎湖"》，《台湾文物》第 2 卷第 2 期，1953 年；徐复观：《与梁嘉彬先生商讨唐施肩吾的一首诗的解释问题》，《民主评论》第 10 卷第 16 期，1959 年；梁嘉彬：《唐施肩吾事迹及其"岛夷行"诗考证》，《大陆杂志》第 19 卷第 9 期，1959 年；梁嘉彬：《梁嘉彬就唐施肩吾诗的解释与治学态度并方法答徐复观先生》，《台湾风物》第 9 卷第 5—6 期，1959 年；徐复观：《与梁嘉彬先生的再商讨》，《民主评论》第 10 卷第 23 期，1959 年；毛一波：《与梁徐两教授论岛夷行》，《民主评论》第 11 卷第 2 期，1960 年。

③ 周文顺：《台陆关系通史》，第 83 页。

寿三年是日本文德"天皇"仁寿三年,即唐宣宗李忱大中七年(853年),圆珍随唐商人华。圆珍晚年朋友三善清行的《圆珍传》说:

> 至仁寿二年闰八月,值唐国商人钦良晖交关船来。三年七月十六日,上船到值嘉岛,停泊鸣浦。八月初九日,放船入海。十三日申时,望见高山,缘北风致。十四日辰头,飘到彼山脚,所谓琉球国吃人之地。四方无风,莫知所趣。忽遇巽风,指乾维行。申刻见小山,子夜至脚下。十五日午时,遂获着岸,而未知何国界。便问所在,知此大唐国岭南道福州连江县界,于时国号大中七年矣。合船跃喜,如死得苏。①

圆珍从值嘉岛(五岛列岛)出发,顺北风,四五天到琉球国,有高山,无疑是今台湾岛。忽遇南风(巽风),船向西北方(乾维)行,又过一天就到了福州连江县,这说明圆珍到达的是台湾岛北部。前夜停泊的小山很可能在连江县的马祖列岛,又过半日抵岸。

不过圆珍的记载也不是唐朝最早的台湾史料,我们都熟知唐代鉴真和尚(688—763)六次东渡日本的壮举,其实鉴真也到过台湾。

《唐大和上东征传》记载唐玄宗李隆基天宝七载(748年)十月十六日,鉴真第五次东渡,一行人从舟山群岛外海的项岸山(今洋鞍岛)出洋后,三日过蛇海,三日过飞鱼海,一日经飞鸟海,其后二日无物,又过了四天到了一块不知名陆地:

> 引身直至泊舟浦……是时,冬十一月,华蕊开敷,树实竹笋,不辨于夏。凡在海中经十四日,方得着岸。遣人求浦,乃有四经纪人便引道而去。四人口云:"和尚大果报,遇于弟子。不然合死。此间人物吃人,火急去来!"便引舟去。入浦。晚,见一人被发带刀,诸人大怖,与食便去。②

鉴真一行离开这里,三日后到达振州(今三亚市崖州区),笔者已经论证鉴真此前到达这块无名陆地很可能是台湾岛,冬季如夏,居民食人。③ 需要补充的是这里的蛇不是海蛇,而是蛇鳗,是一种细长如蛇的鳗鱼,飞鱼也多见于台湾海面。

从十一月的洋流来看,鉴真一行是漂流到了台湾的东南部。因为冬季有东海沿岸流沿海岸向南,经过台湾海峡。而此时的台湾岛东部海域是台湾暖流,从南往北流。所以鉴真之船,顺东海沿岸流,经过台湾海峡,而不太可能逆台湾暖流向南。而且过了台湾之后,东海沿岸流变成了南海东北季风漂流,向

---

① 白化文、李鼎霞校注:《行历抄校注》,石家庄:花山文艺出版社,2004年,第125页。

② [日]元开著,汪向荣校注:《唐大和上东征传》,北京:中华书局,2000年。

③ 周运中:《鉴真东渡行程新考》,时平主编:《中国民间海神信仰与祭海文化研究》,北京:海洋出版社,2011年。

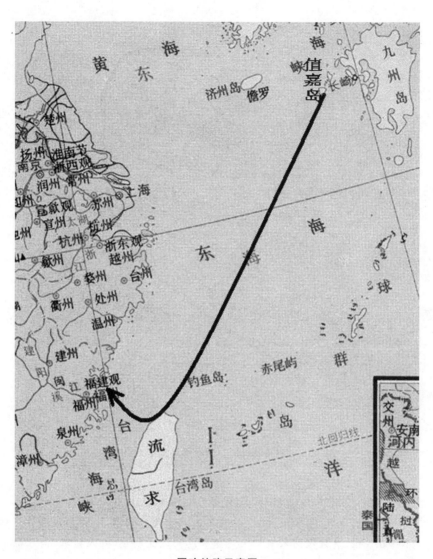

圆珍航路示意图

西南流,正是到海南岛。而此时的台湾的南部海域是北赤道暖流的支流,从东往西流,所以鉴真之船不太可能逆流到菲律宾的吕宋岛。

唐代的台湾史料还不止这些。唐末刘恂《岭表录异》卷上说:

> 陵州刺史周遇,不茹荤血。尝语恂云:顷年自青社之海归闽,遭恶风,飘五日夜,不知行几千里也。凡历六国:

> 第一狗国,同船有新罗客云是狗国,迨巡,果见如人裸形,抱狗而出。见船惊走。

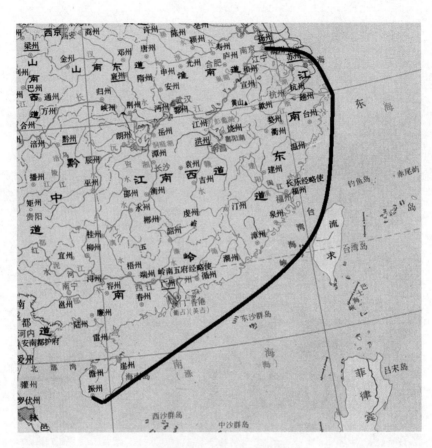

鉴真第五次东渡漂流示意图

又经毛人国,形小,皆被发而身有毛蔽如狁。

又到野叉国,船抵暗石而损,遂搬人物上岸。伺潮落,阁船而修之。初,不知在此国,有数人同入深林采野蔬。忽为野叉所逐,一人被擒,余人惊走,回顾见数辈野叉同食所得之人。同舟者惊愕无计,顷刻有百余野叉皆赤发裸形,呀口怒目而至。有执木枪者,有雌而挟子者,篙工贾客,五十余人,遂齐将弓弩枪剑以敌之。果射倒二野叉,即异拽朋啸而遁。既去,遂伐木下寨,以防再来。野叉畏弩,亦不复至。驻两日,修船方毕,随风而逝。

又经大人国,其人悉长大而野,见船上鼓噪,即惊走不出。

又经流虬国,其国人么么,一概皆服麻布而有礼,竟将食物求易钉铁。新罗客亦半译其语,遣客速过,言此国遇华人飘泛至者,虑有灾祸。

既而又行径小人国,其人悉裸形,小如五六岁儿,船人食尽,遂相率寻其巢穴。俄顷，果见，采得三四十枚以归，分而充食。[1]

后行两日，遇一岛，而取水。忽有群山羊，见人但耸视，都不惊避，既肥且伟。初疑岛上有人牧养，而绝无人踪。捕之，仅获百口食之。[1]

青社即青州，在今山东，狗国靠近韩国，可能在今济州岛，《三国志·东夷传》说："又有州胡在马韩之西海中大岛上，其人差短小，言语不与韩同，皆髡头如鲜卑，但衣韦，好养牛及猪。其衣有上无下，略如裸势。乘船往来，市买韩中。"这是济州岛的最早记载，人形短小接近倭人，但是受到鲜卑文化和影响，狗国或在济州岛。

毛人即日本先住民阿伊努人（虾夷），这是世界上体毛最发达的民族，多被日本人同化，残部被排挤到北海道。此处毛人国在今琉球群岛，所以矮小，《山海经·海外东经》说东南的毛民国："为人身生毛。"郭璞注："今去临海郡东南二千里，有毛民在大海洲岛上，为人短小而体尽有毛如猪。能穴居，无衣服。晋永嘉四年，吴郡司盐都尉戴逢在海边得一船，上有男女四人，状皆如此。言语不通，送诣丞相府，未至道死，唯一人在。上赐之妇，生子出入市井，渐晓人语，自说其是毛民也。"临海东南二千里，则在今琉球群岛。

野叉国、大人国、流虬应在今台湾，野叉即夜叉，因为食人得名，即鉴真所遇之人。有人认为是泰雅族(Taiyal)，待考。[2] 流虬即流求，不是今琉球群岛，今琉球群岛是明初才改名琉球。又二日到澎湖，则在今嘉义到台南一带，此地的先住民历史上接触汉人较多，所以喜好贸易。

小人国在今台湾岛，对应《三国志·东夷传》日本南部的侏儒国。可能是小黑人，或是南岛民族。

到福建之前的最后一岛是今澎湖列岛，这里有羊群，而且羊很大，但是没有人烟。元末汪大渊《岛夷志略》"彭湖"说："山羊之孳生数万为群，家以烙毛刻角为记，昼夜不收，各遂其生育。"[3]清代杜臻《澎湖台湾纪略》说澎湖："羊特肥大。"[4]而《闽海赠言》所录明末陈第的《东番记》说台湾："畜有猫，有狗，有豕，有鸡，无马、驴、牛、羊、鹅、鸭。"[5]明末人《澎湖图说》描述：

① ［唐］刘恂撰，鲁迅校勘：《岭表录异》，广州：广东人民出版社，1983年，第12～13页。

② 盛清沂主编：《台湾省开辟资料汇编》，第61页。

③ ［元］汪大渊著，苏继庼校释：《岛夷志略》，北京：中华书局，1981年，第13页。

④ ［清］杜臻：《澎湖台湾纪略》，《台湾历史文献丛刊》第18册，南投：台湾省文献委员会，1993年，第2页。

⑤ 方豪：《台湾早期史纲》，第140页。

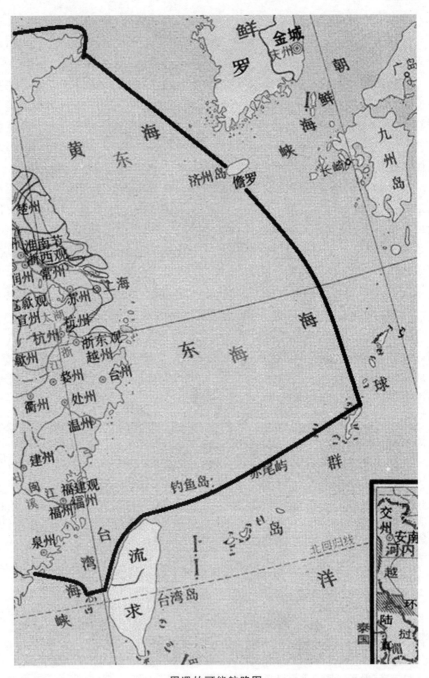

周遇的可能航路图

正说台湾古史

120

一望苍莽,所谓中墩、太武等山,不过如行川原,其地热多寒少,风多雨少,石多泥少,且下尽斥卤,水源咸涩。每夏秋之交,飞沙扬溜,豕犴葺而蛇斗拱。寘嘉禾美稻之所不蕃,惟平芜芊芊,牧畜或可耳。①

澎湖多风少雨,所以适宜畜牧,羊群很多,野外放养,体型肥大,完全符合周遇经过的第六岛。此地既是台湾、福建的一岛,应即澎湖岛。唐代的澎湖岛就有野羊群,可能是先前汉族移民家羊的野化,也可能只是因为周遇一行没有看到羊主。

唐代典籍中的台湾史料至少有四则,而且涉及东亚多个地区之间的长距离航海活动,说明这时的台湾出现在东亚视野中的次数迅速增多。

第二节　台湾与冲绳出土唐宋货币与瓷器

唐代福建在全国的文化地位不高,留下的地方文献绝少,所以唐代大量福建商人去台湾与琉球贸易没有被史书记载。但是唐代中后期的福建发展已很迅速,所以此时福建向东航路已经开始繁荣。1958 年福州出土元和八年(813年)《球场山亭记》碑铭说:"迩海夷日窟,风俗时不恒。"说明福州已有很多海外商人,薛能《送福建李大夫》诗云:"秋来海有幽都雁,船到城添外国人。行过小藩应大笑,只知夸近不知贫。"此时薛能是徐州刺史,靠近都城,但是比福建贫穷。唐末周朴《福州神光寺塔》诗云:"海水旋流倭国野,天文方戴福州城。"东海西部的沿岸流向南,东海东部的黑潮向北,所以说是旋流,又说到航海天文,说明福建人航海技术高超。崔致远约在中和年间(881—885 年)说福建:"万国之梯航竞集。"②

据陈信雄调查,澎湖列岛发现宋元瓷器 10000 多件,85％来自福建,12％来自浙江,虽然不见于台湾,但是在日本、韩国、东南亚多见,说明不是澎湖本地消费品,只是船只经过澎湖。③ 谢明良认为台湾海域发现的越窑瓷器涉及晚唐、五代和北宋初年多个时段,不限于澎湖,也见于台湾岛西部嘉义县布袋

---

①　[明]陈仁锡:《皇明世法录》卷七五,《四库禁毁书丛刊》编委会:《四库禁毁书丛刊》史部第 16 册,北京:北京出版社,1997 年,第 222 页。

②　[新罗]崔致远:《桂苑笔耕集》,北京:中华书局,2007 年,第 115 页。

③　陈信雄:《宋元海外发展史研究》,台南:甲乙出版社,1992 年,第 136 页。

镇、东石镇海域,①说明大陆和台湾的瓷器贸易可能涉及台湾岛先住民,而且不晚于唐代。澎湖与台湾一水之隔,如果大陆的商船能到澎湖,必然能到台湾岛。而且考古发现具有偶然性与时限性,新的发现证明陈信雄的说法错误,唐宋时期的瓷器已经销往台湾岛。唐代东南的海南、阳江、广州、泉州、福州、台州、宁波、扬州等地都是重要的国际港口,不仅来自西亚的阿拉伯、波斯商人路过东海,日本、新罗商人也可能因为暴风路过台湾海峡,所以此时台湾与大陆有贸易实属正常。

据日本学者高宫广卫统计,今琉球群岛发现唐代开元通宝的遗址多达 30多处,其中不少遗址年代较晚,因此王仲殊先生选取其中 12 世纪之前的遗址统计,有 13 处遗址出土 81 枚开元通宝。其中奄美大岛出土 1 枚,德之岛出土 4 枚,冲绳岛出土 13 枚,久米岛出土 14 枚,八重山群岛的石垣岛出土 33 枚,西表岛出土 1 枚。可以看出,最靠近台湾的八重山群岛出土最多,超过面积最大的冲绳岛,更远远超过北部诸岛。冲绳岛出土的开元通宝,还不如其西南的久米岛多。九州岛中南部没有出土开元通宝,而澎湖岛与台湾十三行遗址出土了多枚开元通宝,所以今琉球群岛的这些唐代货币无疑来自福建与台湾这条航路。

唐代还允许各地铸钱,福州所铸钱的背面加有"福"字,靠近台湾的西表岛出土的 1 枚开元通宝,背面恰有"福"字,证明琉球群岛的唐代货币确实从福建输出,很可能是海商贸易出售。

西表岛还出土了两件唐代后期的长沙窑瓷钵,长沙窑产品多通过扬州一带外销,日本多见于北九州与本州岛。长沙窑如果向南洋销售,也要经过台湾海峡,此物出自靠近台湾的西表岛,无疑是经过台湾售出。因为这些货币与瓷器在最靠近台湾的地方出现,所以王仲殊提出隋唐时期的流求不仅包括台湾,还包括琉球群岛。② 此说有一定道理,琉球群岛的本土文化原来是南岛文化,本书第四章第四节还有论证。

唐代货币与瓷器出现在琉球群岛南北,说明存在一条从福建经过台湾北部到琉球的商路。考古发现改变了史料留给我们的刻板印象,如果我们只看唐代人记载的台湾,以为那时的台湾真的因为食人生番而与世隔绝。其实唐代近 300 年的时间内,台湾社会也在改变。僧人无意漂流经过台湾遇到的食

---

① 谢明良:《台湾海域发现的越窑系青瓷及相关问题》,《台湾史研究》第 12 卷第 1 期,2005 年,第 115~163 页。

② 王仲殊:《论开元通宝对古代日本货币制度的影响——兼论开元通宝传入琉球列岛的经路》,《王仲殊文集》第 3 卷,第 270~288 页。

人土著,不过是局限在台湾某些地方,不能代表所有台湾先住民。众所周知,台湾最北部的凯达格兰族原来善于经商,因为淡水河口为海船提供淡水,台北的北部与基隆一带出产硫黄、黄金,吸引外商与土著贸易。这一带又是福建与琉球的必经之路,所以台湾最北部的先住民可能很早就擅长贸易,只不过唐人没有记载或记载的史书失传了。

近年在澎湖马公港出水的一件福建涩圈青瓷碗,器内涩圈处墨书"陈纲司号"四字,碗底圈足内墨书"陈纲头"三字。宋代船主称为纲首,北宋朱彧《萍洲可谈》说:"甲令海舶大者数百人,小者百余人,以巨商为纲首、副纲首、杂事。"这件瓷碗属于一艘陈姓商人的海船,时代是宋元。[①]

台湾的水下考古队在澎湖岛北部的白沙岛海域发现很多青瓷,分布在1000米范围内,很可能是沉船遗址,但是未发现船体。学者认为很可能是浙江上林湖越窑青瓷,时间是北宋。[②]

琉球群岛北部的奄美大岛仓木崎海底发现了大量南宋中期的中国陶瓷,应是一处沉船遗址。发现的陶瓷中,浙江龙泉窑占3/4,福建瓷器占1/4。而且类似的瓷器在台湾北部的大垄坑遗址出土,所以金沢阳、森达也等日本学者认为宋代福建商人有经过台湾、琉球到九州的航线。[③]

在今琉球群岛发现的两种中国瓷器在北九州没有发现,日本学者田中克子认为这两种瓷器是13—15世纪福建北部烧造,说明福建与琉球有直接贸易。木下尚子《13—14世纪的琉球与中国》课题,发现在今琉球群岛有大量南宋时期闽清义窑瓷片,说明福建与琉球贸易繁荣。[④] 宋代福建与琉球繁荣的贸易其实是唐代福建与琉球贸易的发展。

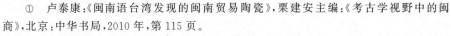

①　卢泰康:《闽南语台湾发现的闽南贸易陶瓷》,栗建安主编:《考古学视野中的闽商》,北京:中华书局,2010年,第115页。

②　臧振华:《近年来台湾水下考古的发现》,焦天龙总编:《明代海洋贸易、航海术和水下考古研究新进展:香港海事博物馆国际会议论文集》,香港:中华书局,2015年,第245页。

③　[日]森达也:《从出土陶瓷来看宋元时期福建和日本的贸易路线》,栗建安主编:《考古学视野中的闽商》,北京:中华书局,2010年,第177~179页。

④　谢必震:《中琉航海与钓鱼岛问题》,《国家航海》第6辑。

第三节　王闽与台湾的贸易

五代十国时期,南方各地发展迅速,其中又以王闽最为显著。为了招徕中外海舶,王审知(862—925)整修了闽江口的甘棠港。①《唐会要》卷一〇〇《归降官位》说:"(昭宗李晔)天祐元年(904年)六月,授福建道[三]佛齐国人朝进奉使、都番长蒲诃粟宁远将军。"天祐三年(906年)于兢《恩赐琅琊郡王德政碑》:"佛齐诸国,虽同临照,靡袭冠裳,舟车罕通,琛赆罔献。□者亦逾沧海,来集鸿胪。此乃公示以中孚,致其内附,虽云异俗,亦慕华风。宛土龙媒,宁独称于往史,条支雀卵,谅可继于前闻。"1981年在福州王审知墓发现来自西亚的玻璃器,1965年在福州王延钧妻刘华墓发现波斯孔雀蓝釉陶瓶。② 王闽开通了从福州直达登州的航路,贸易范围至少是东到新罗,南到三佛齐等地。南唐吞并王闽西部后,漳泉两州割据自保,建设刺桐城,奠定了泉州为宋元中国第一大港的基础。

南方诸国以闽、粤二国海洋性最强,闽人自然极有可能到达台湾。前引李复《潏水集》说张士逊(964—1049)知邵武县听说泉州人到流求,高华屿上制作鱼干的汉人很多。笔者在上文论证高华屿即今西屿,得名于西屿南端的高山鞍部地形,而今天澎湖列岛发现最早的中古时期的遗址正是在西屿内垵村,时间在唐末到宋代,③这里可能就是唐宋时期汉人在澎湖的最早聚落。

莆田人蔡襄(1012—1067)《荔枝谱》说:"水浮陆转,以入京师,外至北戎、西夏,其东南舟行新罗、日本、流求、大食之属,莫不爱好,重利以酬之。故商人贩益广,而乡人种益多,一岁之出,不知几千万亿。"这是大陆向台湾贸易的首次记载,北宋初年记录的航路可能有王闽时期基础。

《十国春秋》卷九一《闽康宗本纪》说王昶通文三年(938年)王闽向后晋进贡的物品有金银器、真珠、犀角、象牙、大茶、香药、五色桐皮扇、海蛤、麖韇、细

---

① 此港所在还有争论,本人另文论证在今闽江口。

② 福建省博物馆:《唐末五代闽王王审知夫妇墓清理简报》,《文物》1991年第5期;福建省博物馆:《五代闽国刘华墓发掘报告》,《文物》1975年第1期;陈存洗:《福州刘华墓出土的孔雀蓝釉陶瓶的来源问题》,《海交史研究》1985年第2期。

③ 黄士强、臧振华、陈仲玉、刘益昌:《台闽地区考古遗址普查研究计划第一期研究报告》,台北:中国民族学会,1993年,第378页。

蕉、药、木瓜等,①麔是一种鹿,鞾即后世的"靴"字。次卷《景宗本纪》说王曦永隆三年(941年)向进贡的物品又有海蛤、鞾、扇等物,鞾应该也是鹿皮靴。这些都是中原没有的福建特产,鹿靴一定也是中原罕见物品。鹿是中国常见动物,但是鹿靴在中国史书中非常少见。众所周知,早期台湾岛最多的经济动物就是鹿,因为台湾没有虎、狼等食肉动物,所以鹿特别多,但是又没有牛、羊。所以先住民食鹿肉,穿鹿皮衣,鹿皮是元、明、清台湾主要输出商品。先住民有鹿皮靴,乾隆三十九年(1774年)《续修台湾府志》卷一四《番社风俗二》说屏东排湾族:"捕鹿射猎,以鹿皮为袴啊、为履。"又说彰化县水沙连二十五社:"捕鹿时,以鹿皮搭身,皮帽、皮鞋,驰逐荆棘中。"②所以王闽的特产鹿皮靴可能是从台湾输入的,元末《岛夷志略》所说台湾商品有沙金、黄豆、黍子、硫黄、黄蜡、鹿、豹、麂皮(详下),产于台湾东北部的沙金、硫黄此时还未被大陆人熟知,黄豆、黍米不算珍贵,但是鹿皮制品是台湾最常见的商品,而大陆少见,所以鹿皮靴可能是最早输入大陆的台湾商品。

《资治通鉴》卷二五九说:"王潮以从弟彦复为都统,弟审知为都监,将兵攻福州。民自请输米饷军,平湖洞及滨海蛮夷皆以兵船助之。"王审知攻下福州得到滨海蛮夷的海军帮助,还有内陆的平湖洞,胡三省注:"平湖洞在泉州莆田县界外。《九域志》曰:今兴化大飞山,地本平湖数顷,一夕风雨暴至,旦见此山耸峙。一名大飞。"大飞山在今仙游县,而平湖地名与澎湖岛原名平湖相同,可能是福建东部沿海移民命名。这些滨海蛮夷就是擅长航海的越人,他们可能在王闽时期汉化。

第四节　毗舍耶、谈马颜和白蒲延

宋代已有很多大陆人东渡台湾,乾隆三十七年(1772年)任台湾海防同知的朱景英在《海东札记》说:"台地多用宋钱,如太平、元祐、天禧、至道等年号钱,钱质小薄,千钱贯之,长不盈尺,重不逾二斤,相传初辟时,土中有掘出钱千百瓮者。或云来自东粤海舶,余往北路,家僮于笨港口海泥中得钱数百,肉号深翠,古色好玩,乃知从前互市,未必不取道此间。"不过我们不知这些宋钱是宋人到海外经商,还是躲避金元战乱才带到台湾。南宋末帝航海到海南、广东,又有很多人南逃占城等地,宋代航海事业非常发达,所以宋末有大陆人逃

①　[清]吴任臣:《十国春秋》,北京:中华书局,1983年,第1331页。
②　[清]黄佾:《续修台湾府志》,《台湾文献史料丛刊》第5册,第523、543页。

奔台湾实属正常。

德化县《苏氏族谱》七世祖苏钦绍兴三年(1160年)撰序说:"分于仙游南门、兴化涵头、泉州、晋江、同安、南安塔口、永春、龙溪、台湾,散居各处。"有学者既指出此处台湾很可能是后人修谱时擅改,又认为宋代苏氏有人迁居台湾。① 笔者认为此处的台湾是大陆同名地名,不可能是今日台湾。南宋时期台湾先住民侵扰澎湖和福建沿海,导致福建各地人都视台湾为畏途,因此这时的福建人不可能大规模地迁居台湾。闽台地区的同名地名很多,在缺乏证据的情况下,不能简单等同。

关于南宋毗舍耶人的传统史料,来自周必大、楼钥、真德秀、赵汝适、林光朝五人的记载,

周必大(1126—1204)的《敷文阁学士宣奉大夫赠特进汪公大猷神道碑》说:

> (乾道七年,1171年)四月起知泉州,海中大洲号平湖,邦人就植粟麦麻,有毗舍耶蛮,扬帆奄至,肌体漆黑,语言不通,种植皆为所获,调兵逐捕,则入水持其舟而已,俘民为乡导,劫掠近城赤屿洲。于是春夏遣戍,秋暮始归,劳费不赀。公即其地造屋二百区,留屯水军,蛮不复来。②

楼钥《汪大猷行状》说:

> 郡实滨海,中有沙洲数万亩,号平湖。忽为岛夷号毗舍邪者掩至,尽刈所种。他日又登岸杀略,禽四百余人,歼其渠魁,余分配诸郡。初则每遇南风,遣戍为备,更迭劳扰,公即其地造屋二百间,遣将分屯,军民分屯,军民皆以为便,不敢犯境。后左翼军狃于盗赏,忽又报侵犯,径捕至庭,自以为功。公曰:"毗舍邪面目如漆,黥涅不辨,此其人服饰俱不类,何耶?"察之,乃真腊大商,四舟俱行,其二已到,余二舟以疑似被诬。③

澎湖岛地势较平,中有内港,所以得名平湖,《指南正法》的《东洋山形水势》说澎湖岛:"山无尖峰,屿多。"南宋初年的澎湖已经为福建人垦殖,种植粟、麦、麻等多种作物。但是有岛夷毗舍耶(毗舍邪)人到澎湖劫掠,毗舍邪人全身黑色,赤身裸体。南宋官府因而在澎湖驻军,并修筑房屋两百间。说明驻军人数很多,而且澎湖的居民应该很多,所以才需要如此多的驻军,也才能为驻军提供必要后勤供应。

---

① 庄为玑、王连茂:《闽台关系族谱资料选编》,福州:福建人民出版社,1984年,第2页。

② [宋]周必大:《文忠集》卷六七,《影印文渊阁四库全书》第1147册,台北:商务印书馆,1986年,第711页。

③ [宋]楼钥:《攻媿集》卷八八,《影印文渊阁四库全书》第1153册,第363页。

真德秀(1178—1235)戊寅年(嘉定十一年,1218年)十一月《申枢密院措置沿海事宜状》说:

> 永宁寨地名水澳,去法石七十里。初,乾道间毗舍耶国入寇,杀害居民,遂置寨于此。其地阔临大海,直望东洋,一日一夜可至彭湖。彭湖之人,遇夜不敢举烟,以为流求国望见必来作过,以此言之置寨,诚得其地。①

宝庆元年(1225年)赵汝适《诸蕃志》的《毗舍耶》说:

> 毗舍耶,语言不通,商贩不及,袒裸盱睢,殆畜类也。泉有海岛曰彭湖,隶晋江县,与其国密迩,烟火相望,时至寇掠。其来不测,多罹生啖之害,居民苦之。淳熙间,国之酋豪,常率数百辈,猝至泉之水澳、围头等村,恣行凶暴,戕人无数,淫其妇女,已而杀之。喜铁器及匙箸,人闭户则免,但刓其门圈而去。掷以匙箸,则俯拾之,可缓数步。官军擒捕,见铁骑,则竞刓其甲,骈首就戮,而不知悔临。敌用标枪系绳十余丈为操纵,盖爱其铁,不忍弃也。不驾舟楫,惟以竹筏从事,可折迭如屏风,急则群异之,泅水而遁。②

宋代福建人已经在澎湖列岛大片种田,也有村落,归属晋江县管辖。但是台湾学者周婉窈为了宣扬台湾在清代之前不属中国的谬论,居然说宋人只是在澎湖捕鱼,③无视史料原文,极为错误。从泉州的永宁一天就到澎湖,所以毗舍耶人又从澎湖劫掠泉州水澳、围头等地,官府又在水澳设置永宁寨。这是中国大陆第一个直接涉及台湾的海防要塞,说明那时的两岸关系已很密切。

黄宽重先生发现了一则新史料。明代杨士奇、黄淮所编《历代名臣奏议》收有宋孝宗时林光朝《论对劄子》说:

> 往时海外有一种落,俗呼为毗舍耶,忽然至泉州之平湖,此尚在一绝岛,续又至北镇,去州治无二十里之远。其视兵刃,一无所畏。啖食生人,乃如刍豢。每得尺铁,争先收拾。所过之处,刀斧钩凿为之一空。及散走岭外,杀人为粮,挟身而行,出没水中,犹履平地。潮、惠一带,莫不戒严。

① [宋]真德秀:《西山先生真文忠公文集》卷八,《影印文渊阁四库全书》第1174册,第129页。

② [宋]赵汝适著,杨博文校释:《诸蕃志校释》,北京:中华书局,2000年,第149页。

③ 周婉窈:《明清文献中'台湾非明版图'例证》,《郑钦仁教授荣退纪念论文集》,台北:稻乡出版社,1999年,第267~293页。

此曹叵测也,初不知所托在何等处,尚能为吾民之害。①

此处说到毗舍耶人不仅侵扰澎湖与泉州的北镇,还远到广东的潮州、惠州,应该也涉及漳州。

杨博文先生又引用叶适《水心文集》卷二四《周镇伯墓志铭》说:

> 白蒲延大掠流鹅湾,同巡检轻战而溃,君代尉驰往。三日中生缚其首二,剿贼无遗。

周镇伯此时任漳浦县主簿,卒于淳熙十三年(1186 年)。他认为白蒲延即菲律宾的巴布延群岛人,亦即毗舍耶人。②

南宋梁克家《三山志》卷六《海道》说:

> 东:南匿、草屿、塘屿。昭灵庙下,光风霁日,穷目力而东,有碧拳然,乃琉求国也。每风暴作,钓船多为所漂,一日夜至其界。其水东流而不返,莎蔓错织,不容转柁,漂者必至而后已。其国人得之,以藤串其踵,令作山间。盖其国刳木为盂,乃能周旋莎蔓间。今海中大姨山,夜忌举火,虑其国望之而至也。③

在南匿(南日岛)、草屿、塘屿一带海域东望,看到琉求国,无疑是台湾岛。台湾岛西部多平原,沿海有很多水草密布的沼泽,即所谓莎蔓。大姨山不见于今日地图,可能是"大麦山"之形讹,今南日岛之东有大麦屿,其东即台湾海峡。骚扰南日岛的台湾先住民很可能也是毗舍耶人或谈马颜人,因为这两支先住民很擅长航海。

二、毗舍耶的争论

很多学者从读音推测,认为毗舍耶人是来自菲律宾中部米沙鄢群岛的米沙鄢人(Visayan),也有学者提出毗舍耶人是迁居到台湾西南的菲律宾人,④郭廷以认为是台湾东南部阿眉族(Ami)的一支,自称为 Panchia,⑤朱瑞熙提出高山族可以分为多个部落,毗舍耶人是台湾西南高山族的一个部落,不一定

---

① 黄宽重:《南宋'流球'与'毗舍耶'的新文献》,《南宋军政与文献探索》,台北:新文丰出版公司,1990 年,第 309～321 页。

② [宋]赵汝适著,杨博文校释:《诸蕃志校释》,第 150 页。

③ [宋]梁克家:《三山志》,影印万历四十一年(1613 年)刻本,北京:方志出版社,2004 年,第 45～46 页。

④ 李震明:《台湾史》,北京:中华书局,1948 年,第 11～12 页。

⑤ 郭廷以:《台湾史事概说》,台北:正中书局,1975 年,第 6 页。

是从菲律宾迁来。[1] 此说非常合理,毗舍耶人应在台湾西南部。阿眉族在台湾东南部,Panchia 的读音也有点远,或许是同源族群,读音接近。

笔者对米沙鄢说质疑如下:

1. 巴布延群岛固然在菲律宾北部,而米沙鄢人在菲律宾中部,居然劫掠到福建沿海,中间距离太远。

2. 菲律宾人有大船漂洋过海,不可能只有竹筏,但是毗舍耶人只有竹筏,说明距离福建不会太远。

3.《诸蕃志》的《流求国》多抄自《隋书》,但是最后一段是新加材料,说道:"厥土沃,壤先用火烧,然后引水灌注,持锸仅数寸而垦之。无他奇货,尤好剽掠,故商贾不通。土人间以所产黄蜡、土金、牦尾、豹脯,往售于三屿。旁有毗舍耶、谈马颜等国。""三屿"条说:"三屿乃麻逸之属,曰加麻延、巴姥酉、巴吉弄等,各有种落,散居岛屿,舶舟至则出而贸易,总谓之三屿,其风俗大略与麻逸同。""麻逸国"条说:"麻逸国在渤泥之北……故贩麻逸舶回最晚,三屿、白蒲延、蒲里噜、里银、东流新、里汉等皆其属也。"

麻逸、三屿在今菲律宾,已成定论,素无疑义,本处不再赘考。宋代商人既然往来于流求、三屿,当然不会把米沙鄢群岛和流求(台湾)说成近邻。麻逸即今民都洛岛(Mindoro),宋朝人认为这里已经很远,米沙鄢群岛还在其南,不可能把米沙鄢混同于毗舍耶,所以毗舍耶不可能在菲律宾。前人引用夏德、柔克义、藤田丰八之说,认为谈马颜是台湾南部的 Botol Tobago 岛,即今兰屿(红头屿),[2]其实也不对,李长傅就指出此名是早期欧洲人命名的烟草岛,不可能对应谈马颜。[3] 李献璋以为谈马颜是台湾岛最南部的沙马崎头(鹅銮鼻),[4]此说不确,崎头是汉语地名,沙马、谈马颜读音不能对应。

《诸蕃志》是赵汝适在泉州任福建市舶使时所作,应属最可信的著作,但是此书既有流求,又有毗舍耶,似乎是重复。日本学者金关丈夫提出了一种推测,他说现在的《诸蕃志》不是南宋《诸蕃志》原本,而宋代的原本保留在《宋史》中,在《宋史》中,流求、毗舍耶为一条,彭湖记在开头。明初,现在冲绳岛的琉球开始向中国朝贡,引发了《永乐大典》编纂者的误解,于是把毗舍耶另立一章

① 朱瑞熙:《两宋时期的台湾——与张崇根同志商榷》,《疁城集》,上海:华东师范大学出版社,2001 年,第 384~391 页。

② 韩振华:《诸蕃志注补》,香港:香港大学亚洲研究中心,2000 年,第 283、286 页。

③ [清]陈伦炯著,李长傅校注,陈代光整理:《海国闻见录》,郑州:中州古籍出版社,1985 年,第 46 页。

④ 李献璋:《宋・元の中国人に知られた彭湖と臺灣》,《媽祖信仰の研究》,东京:泰山文物社,1979 年,第 650~664 页。

在流求国之后,把"流求"条的澎湖记载移到了毗舍耶条目开头。后世从《永乐大典》卷四二六二"蕃"字条下辑录了《诸蕃志》,才是现在的版本。曹永和认为此说颇为合理,[①]笔者认为金关丈夫的推论不一定成立,有以下三个原因:

1. 因为古人辑书要尊重原本,不太可能改动条目,而且现在的《诸蕃志》澎湖记载不在"毗舍耶"条的开头,而在第二句。第一句记载了毗舍耶的语言、交通、习俗,非常重要。

2.《诸蕃志》流求国固然多抄《隋书》,但是这不合《诸蕃志》全书的体例,因为此书不像《异域志》有很多抄录前代书籍的内容。

3.《宋史》的现象也不一定需要如此解释,因为《宋史》编撰于元代,而元初就曾经出兵台湾南部,这是隋朝之后的首次出兵,和隋朝出兵已经相距682年,所以元代人的认识非常重要。他们很可能知晓流求、毗舍耶都在台湾南部,所以把二者记在一起,并置于彭湖之后。

其实赵汝适的失误如果就这一地来说似乎难以理解,但是我们如果将此书与南宋另一部类似著作周去非的《岭外代答》对比,就不难理解了。据杨武泉先生考证,周去非的生卒年,大约是绍兴五年(1135年)至淳熙十六年(1189年),而赵汝适的生卒年,据1983年浙江临海县出土的赵汝适本人的墓志铭,可以确定他的生卒年是乾道六年(1170年)至绍定四年(1231年)。赵汝适是周去非的晚辈,所以《诸蕃志》一定受到了《岭外代答》的影响。《岭外代答》卷二、卷三《外国门》记载海外诸国。卷二《海外诸蕃国》说:

> 诸蕃国大抵海为限界,各因方隅而立国,国有物宜,各从都会以阜通。正南诸国,三佛齐其都会也。东南诸国,阇婆其都会也。西南诸国,浩乎不可穷。近则占城、真腊,为窣里诸国之都会,远则大秦,为西天竺诸国之都会。又其远,则麻离拔国为大食诸国之都会。又其外,则木兰皮国为极西诸国之都会。

这里说的大秦是西天竺都会,肯定不是罗马,因为根据卷三的"大秦国"条记载,此大秦在大食和天竺之间。这个在西印度的大秦,前人解释很多,有巴格达、南印度(Daksinapatha)、加兹尼(Ghazni)多说,参见杨武泉的校注本。总之,和罗马没有任何关系。因为大秦是西方大国,所以《诸蕃志》也有大秦,可是我们翻开《诸蕃志》,看到此书的大秦居然全是抄录汉唐时期古籍的大秦,也即罗马,和《岭外代答》的大秦毫无关系。可是《诸蕃志》的大秦,前一条是天

---

① 曹永和:《台湾早期历史研究的回顾与展望》,《台湾早期历史研究续集》,台北:联经出版事业公司,2000年。

竺，后一条是麻嘉(今麦加，Mecca)，还是《岭外代答》的大秦国位置。可见，赵汝适看到《岭外代答》的大秦国，他知晓此地是西方大国，又不信周去非的说法，于是从久远的古书里找到了另一个大秦国，张冠李戴。这在古代也很正常，因为儒家好古成癖，赵汝适是皇室贵族，官职远比周去非高，所以他受到正统思想的影响更深。他笃信古书，既不能遗漏汉唐古籍，又要兼顾周去非的记载，所以他把大秦国的条目用汉唐古书来填充。

《诸蕃志》的流求国也可以做同样解释，于是我们看到《诸蕃志》的流求国基本都是抄录《隋书》。不过赵汝适毕竟在泉州，所以多少知晓一些台湾的近闻，所以他把《隋书》流求在建安郡东五日改为泉州之东五日，结尾加上两句新资料，一句是特产，一句是邻国。流求的邻国正是三屿、毗舍耶、谈马颜，如此则《诸蕃志》没有任何问题。但是他毕竟崇拜古人，所以流求国仍在毗舍耶之前，其实对于南宋的泉州来说，毗舍耶人的影响更大。因为流求国内容抄录《隋书》，所以自然不可能出现澎湖，隋唐时期还没有这个名字，这是宋代出现的地名。所以澎湖自然出现在毗舍耶条目之中，这是南宋时期的新知。所以金关丈夫的推测是不合理的，他没有关注《诸蕃志》、《岭外代答》的全局，自然不可能发现其中奥秘。

有学者也认为毗舍耶不在菲律宾，而是日本《大百科事典》记载的基隆地区 Vasai 族。[①] 其实 Vasai 即巴赛族(Basay)，读音固然接近，但是南岛语系扩散很广，相同或接近的地名、族名太多。而且此说仅有语音孤证，其他都不符合。巴赛族在台湾最北部的基隆附近，当然不可能经常劫掠泉州。巴赛族文化发达，而毗舍耶人赤身黑体，野蛮好战。在西班牙人到来时，巴赛人就是高超的工匠和商人，而且与周围民族非常和睦，前揭刘益昌之文引 1632 年西班牙的 Esquivel 神父报告说：

> 他们以捕鱼、狩猎、晒盐，制造弓箭、房舍、衣服以及耕种土地的铁器为生，他们简直是其他社民的手足，后者不会制造这样的器物。因此所有的社民都对他们很友善，他们也到各村社去购买稻米与玉米作为食物，自己则不从事这方面的耕种。因此，他们比起其他留在他们自己村社里播种田园上的小农，或在邻近旷野捕猎的天真无邪社民，来得聪明多闻。

又引 1634 年住在基隆的日本人喜左卫门说：

> (噶玛兰)居民(从金包里人)取得盐渍、鱼、印花布、酱油以及铜制手

① 张崇根：《台湾毗舍邪人为高山族先民的一支》，原载《中央民族学院学报》1979 年第 4 期，又载《台湾少数民族研究论丛》第 1 卷，北京：民族出版社，2006 年。

环,这些是鸡笼的汉人卖给金包里人,金包里人用船沿着海岸到当地与他们交易,因为无陆路交通可到他们那里。

金包里是巴赛族三大社群之一,这里是硫黄产地,所以金包里人可以交换很多汉人商品,然后再从海路转卖到宜兰平原。

三、毗舍耶人与谈马颜人都在台湾南部

《诸蕃志》说毗舍耶在流求旁边,一定就在台湾南部,其实谈马颜的闽南语读音是 tam be gan ,合为 Tambegan,即台南市新化区的先住民大目降人,17世纪荷兰人写为 Thomolokang、Tibolegan 或 Tifalukan,读音吻合,所以谈马颜即大目降人。大目降是靠近台南沿海的一个社,所以谈马颜代表台湾西南的西拉雅族。

则其近旁的毗舍耶应在台南市以南,这里有放索人,17世纪的荷兰人写作 Pangsoa,现代闽南语的毗舍耶是 pi sia ia,可以对应。成书于明末的《指南正法》的《东洋山形水势》说:

> 澎湖暗澳有妈祖宫,山无尖峰,屿多。乙辰五更取蚊港,蚊港亦叫台湾,系是北港。身上去淡水,上是圭龙头。下打狗子,西北有湾,看石佛不可抛船,东南边亦湾,东去有淡水,亦名放索番子。远看沙湾样,近港坤身,有树木。琉球仔生开津屿,有椰树,有番住,及郎娇大山。[1]

打狗(高雄打鼓山)东部的淡水即今高屏溪,原名下淡水溪,相对于台湾北部的淡水而言。下淡水溪河口开阔,远看像是港湾。放索人就在屏东平原,因此劫掠澎湖和福建沿海是很便利的。他们和台南市附近的西拉雅人不同,李国铭依据荷兰人的记载,从语言、政治制度、聚落形态、屋舍样式、经济活动、婚姻、人口构成、生育、服饰九个方面证明西拉雅族和 Pangsoa 的不同。Pangsoa 人以捕鱼为生,不捕鹿,儿童特别多,不堕胎,终年赤裸。[2] Pangsoa 人赤裸,符合宋代记载的毗舍耶人特点。Pangsoa 人的海洋特性强,人口压力大,所以很容易到海外劫掠。《热兰遮城日志》1636 年 4 月 8—11 日记载 Pangsoa 人说:

> 这放索仔的人民,身体高大强健,结实苗壮且坚强有力,身体很美观,但大部分都裸体走路,毫不羞耻。在他们的耳垂有个大孔,大到我们

---

① 向达整理:《两种海道针经》,北京:中华书局,2000 年,第 138 页。

② 李国铭:《屏东平埔族群分类再议》,潘英海、詹素娟:《平埔研究论文集》,台北:"中研院"台湾史研究所筹备处,1995 年。

可以穿过拳头,他们用一个圆木环把这个耳孔的圆周张开着。[①]

    Pangsoa 人强健,所以很有战斗力。可能正是因为放索人比较野蛮,所以《指南正法》特地在此提到有番人,需要注意。荷兰人在 4 月开始调查 Pangsoa 社东部是否产金,能否利用他们攻打小琉球岛,通过此地前往与 Pangsoa 敌对的琅峤社。从这些情况来看,Pangsoa 人原居此地。

    李国铭认为清代凤山八社中的塔卡拉扬社(Taccarian)原来就在屏东平原,Pangsoa 社在林边乡。[②] 简炯仁先生认为这两族原来都在高雄平原,前者在尧港和大冈山之间,后者在楠梓区、左营区一带,被荷兰人称为打狗野人,1635 年前者被荷兰人打败,后者投降,两族东迁后形成清代的港西里社群,后者形成港东里社群。[③] 笔者认为后说不能确定,因为 1635 年 12 月 25 日荷兰人打败塔卡拉扬社,但是没有攻打 Pangsoa 人,Pangsoa 人随后归顺荷兰人。即使有塔卡拉扬人东迁,Pangsoa 人也没有必要东迁。1636 年 2 月 11 日,荷兰人已经到达 Pangsoa 人的村落。如果高雄平原的先住民大举南迁,荷兰人为何从未记载?简先生的另外一个证据是楠梓区有大社地名,不过这不一定就是放索社旧址。而且在高雄市北部的狭小范围内有两大族群,不太可能。

    白蒲延的读音,确实可以对应巴布延群岛,但是劫掠漳州的白蒲延人可能不是巴布延群岛的居民,而应是兰屿的达悟(雅美)族,因为巴布延群岛距离太远。达悟(雅美)族是从巴布延群岛北迁的,据研究,巴布延人在 1000 年前迁到巴坦群岛,又在 700 年前从巴坦群岛北迁兰屿,他们传说是从南方的巴坦群岛迁来,而且语言和巴坦群岛、巴布延群岛最近,但是远离台湾岛先住民语言。[④] 此时正是南宋时期,很可能是因为达悟(雅美)族的北迁,导致原来居住在屏东的 Pangsoa(毗舍耶)人也劫掠澎湖和福建。

    Pongsoa(毗舍耶)人和达悟(雅美)族可能有密切关系,雅美语的 pongso 即岛,雅美族把兰屿称为 Pongso no Tao,即人之岛,tao 是人,即达悟之名的由来。可能是原居于台湾岛的西拉雅族或排湾族把这群后迁来的人称为岛民,即 Pangsoa。

    据检测西拉雅族的 HLA(组织抗原)发现,五种单倍型出现频率最高,第

    ① 江树生译注:《热兰遮城日志》,台南:台南"市政府",1999 年,第 229 页。
    ② 李国铭:《17 世纪中叶屏东平原的村落与记事》,《台湾史研究》第 1 卷第 2 期,1994 年。
    ③ 简炯仁:《再论屏东平原平埔族群分类问题》,《屏东平原平埔族之研究》,台北:稻乡出版社,2006 年。
    ④ 李壬癸:《台湾南岛民族迁移图(2010 年更新版)》,《珍惜台湾南岛语言》,台北:前卫出版社,2010 年。

一种是台湾先住民都有的,第二种是平埔族共有的,第三种是闽南人、客家人的血缘,第四种在阿美族有更高的频率,所以来自阿美族,第五种在达悟(雅美)族有更高的频率,所以来自达悟(雅美)族。而阿美族、达悟(雅美)族血缘关系较近,他们被认为是波利尼西亚人的母系祖先,他们都带有 B4a1a 血缘,6000—1000 年前南迁。达悟(雅美)族 95％ 带有台湾特有的米田堡(Miltenberger)血型,达悟(雅美)族是 34％,卑南族是 21％,但是其紧邻的布农、鲁凯、排湾等族及北部的赛夏族居然是 0,说明这两大族群的来源不同。[①]由于这项检测没有区分西拉雅族和道卡斯族,所以笔者认为西拉雅族中的阿美、达悟(雅美)血缘可能主要来自其南方的道卡斯族,包括其最南部的Pangsoa(毗舍耶)人。

至于 Pangsoa 人可能确实是从米沙鄢群岛北迁,但是迁徙的时间可能很早,不是直接从米沙鄢群岛到福建。元末汪大渊的《岛夷志略》记载的毗舍耶确实是米沙鄢群岛的土著,汪大渊说毗舍耶:

> 僻居海东之一隅。山平旷,田地少,不多种植。气候倍热。俗尚虏掠……地无出产。时常裹干粮、棹小舟,过外番。伏荒山穷谷无人之境,遇捕鱼采薪者,辄生擒以归,鬻于他国,每一人易金二两重。盖彼国之人递相仿效,习以为业。故东洋闻毗舍耶之名,皆畏避之也。

毗舍耶僻居东洋之隅,应是指米沙鄢群岛。汪大渊从泉州出发去海外,他说的气候倍热之地一定比泉州热很多,所以是在热带,不可能指台湾。米沙鄢人确实是喜欢在海上劫掠,所以台南的 Pangsoa 人可能是米沙鄢人北迁的一支。

总之,南宋时期劫掠澎湖和泉州的毗舍耶人不太可能是直接来自今菲律宾群岛中部的米沙鄢人,而应是居住在屏东地区的放索人(Pangsoa)。他们和达悟(雅美)族关系密切,达悟(雅美)族是南宋时期从菲律宾巴布延群岛北迁的民族,他们很可能就是南宋史书中的白蒲延人。放索人迁居屏东的时间不详,也有可能就在南宋初期。我们还不知放索人(毗舍耶人)的西扰是否和巴布延人(雅美人)的北迁有关,也有可能放索人(毗舍耶人)只是巴布延人(雅美人)向北分出的一支。《诸蕃志》所说邻近毗舍耶的谈马颜是在今台南的人大目降人,说明南宋人最熟悉台湾岛西南部地区。南宋时期台湾先住民侵扰澎湖和泉州,说明两岸交通便捷。相关史料还证明南宋人在澎湖定居垦殖,澎湖

① 林妈利:《我们流着不同的血液:以血型、基因的科学证据揭开台湾各族群身世之谜》,第 25～30、170～172 页。

明确属于晋江县管辖。南宋官府为了保护澎湖和泉州沿海居民,在澎湖及水澳设寨屯兵。说明南宋时期的两岸关系已很密切,宋朝对澎湖实行了有效的管辖与治理。正是因为南宋时期的两岸关系日益密切,所以才有元初出征台湾。

毗舍耶、白蒲延

第五节　吕宋航路变更与台湾的进入

　　台湾和福建,风烟相望,有金厦诸岛和澎湖列岛作为跳板。而台湾和菲律宾又是一衣带水,有巴坦群岛和巴布延群岛作为矴步。可是从福建经过台湾再到菲律宾的航路开辟很晚,菲律宾首次出现在中国文献已经是北宋,而且在那时的中国和菲律宾往来是经过越南的南部和文莱,绕了一大圈,不是经过台湾。有学者认为毗舍耶人侵扰福建,证明在这之前就有从菲律宾到泉州的航路。[①] 笔者认为此说不能成立,因为上文已经论证毗舍耶人不在菲律宾中部,而且毗舍耶人侵扰福建为期短暂,不是长期固定航路,更非汉族商路。

　　在宋末元初之前,台湾不在国际航路上。虽然孙吴和隋代的军队到达台湾,但是这时的台湾只是在中国沿海的边缘航路上。虽然唐代的中日航路偶尔因为风潮经过台湾,但是只是临时情况。宋末元初,东洋航路有重大变更,台湾首次进入国际航路。要回顾这一重要历史转折,我们首先从汉代说起。

　　中国古代的南海航路,汉代的起点是合浦(今广西合浦县西部)、徐闻(今广东徐闻县南部)、日南郡(今越南中部)。《汉书·地理志》记载南海航路的首句说:"自日南障塞、徐闻、合浦船行可五月,有都元国。"[②]隋唐时期,广西和雷州半岛已经不在主航路,此时的航路东移到广州、海南岛东部一线。汉元帝刘奭初元三年(前 46 年)罢珠崖郡后,海南岛不再属中原王朝统治。刘宋大明四年(460 年)重开海南岛航路失败,《宋书·夷蛮传》:"世祖大明中,合浦大帅陈檀归顺……四年……乃以檀为高兴太守……遣前朱提太守费沈、龙骧将军武期率众南伐,并通朱崖道,并无功。"萧梁时:"广州边海,旧饶,外国舶至,多为刺史所侵,每年舶至不过三数。及(萧)劢至,纤毫不犯,岁十余至。俚人不宾,多为海暴,劢征讨所获生口宝物,军赏之外,悉送还台。"[③]俚人女首领洗夫人:"谯国夫人者,高凉洗氏之女也。世为南越首领,跨据山洞,部落十余万家……夫人兄南梁州刺史挺,恃其富强,侵掠傍郡,岭表苦之。夫人多所规谏,由是怨隙止息,海南儋耳归附者千余洞。梁大同初,罗州刺史冯融,闻夫人有志行,为

---

　　① 傅宗文:《宋元时期的闽台交往与东洋航线》,《听涛斋自选集》,香港:香港人民出版社,2005 年,第 156 页。

　　② [汉]班固:《汉书》,北京:中华书局,1962 年,第 1671 页。

　　③ 《南史》卷五一《梁宗室传》。

其子高凉太守宝娉以为妻。"①萧梁时期的海南岛原住民归顺冼氏,使得从广东经过海南岛东部到南洋的航路开通。

隋人南航有时仍走广西沿海,《隋书》卷八二《赤土传》大业三年(607年)常骏出使赤土国的航路是:"其年十月,骏等自南海郡乘舟,昼夜二旬,每值便风。至焦石山而过,东南泊陵伽钵拔多洲,西与林邑相对。"两旬才到林邑,说明是从广西沿海南下。《新唐书》卷四三下《地理志》记载贾耽所陈中外交通第七条广州通海夷道说:"广州东南海行,二百里至屯门山,乃帆风西行,二日至九州石。又南二日至象石。又西南三日行,至占不劳山。"九州石是海南文昌市的七洲列岛,焦石是今万宁市的大洲岛,唐人从香港屯门直航海南岛,不过七日就到占城。

一、东洋航路的开辟

隋唐时期的南海航路以经过海南岛东部为主,到两宋时期未变,但是北宋时期这条航路多了一条支线,就是到加里曼丹岛(婆罗洲)北部的渤泥国(今文莱)和菲律宾摩逸国(今民都洛岛古名 Mait 的音译)的航路。

渤泥国在北宋时期首次入华朝贡,《宋史》卷四八九《勃泥传》说太平兴国二年(977年),勃泥使节到广州,上表说:"向打闻有朝廷,无路得到。昨有商人蒲卢歇船泊水口,差人迎到州,言自中朝来,比诣阇婆国,遇猛风破其船,不得去。此时闻自中国来,国人皆大喜,即造舶船,令蒲卢歇导达入朝贡,所遣使人只愿平善见皇帝。每年令人入朝贡,每年修贡,虑风吹至占城界,望皇帝诏占城,令有向打船到,不要留。"②说明渤泥到中国要经过阇婆或占城,同卷又说五年之后,摩逸国到广州朝贡。显然,摩逸是先向南到渤泥,再向北到占城,再到广州,所以摩逸比渤泥晚来一步。

《诸蕃志》卷上渤泥国说:"舶舟虽贸易讫事,必候六月望日排办佛节,然后出港。否则,有风涛之厄。"又麻逸国说:

> 麻逸国,在渤泥之北……蛮贾乃以其货转入他岛屿贸易,率至八、九月始归。以其所得准偿舶商,亦有过期不归者,故贩麻逸舶回最晚。三屿、白蒲延、蒲里喽、里银、东流新、里汉等,皆其属也。③

麻逸即摩逸,在渤泥之北,则仍是从渤泥国到此地,中国商人在此与麻逸

---

① 《隋书》卷八〇《谯国夫人传》。

② [元]脱脱:《宋史》,北京:中华书局,1985年,第14095页。

③ [宋]赵汝适著,杨博文校释:《诸蕃志校释》,第141页。

人交易,麻逸人再去和菲律宾各岛人交易,等到八九月时麻逸人回到家乡,再把交易所得交给中国商人,此时中国商人才返程,到达渤泥最迟是九月,如果能在当年回到中国,也要到秋末,所以说到麻逸贸易的中国商人回来最晚。而从渤泥回国,六月十五日之后北返,七月就可回国。

《太平寰宇记》卷一八三渤泥国说:"复询其使者,云在上都之西南,居海中,去蛇婆四五十日,去三佛齐四十日,去摩逸三十日,去占城与摩逸同。帆之日皆以顺风为计,不则无限日。"[①]则从摩逸到占城至少一个月,摩逸回中国要一个半月。

三屿是麻逸所属,发展比麻逸还晚,但是南宋已有中国人直接到此贸易。《诸蕃志》三屿说:

> 三屿,乃麻逸之属,曰加麻延、巴姥酉、巴吉弄等。各有种落散居岛屿,舶舟至则出而贸易,总谓之三屿……诸蛮之居环绕三屿,不相统属。
>
> 其山倚东北隅,南风时至,激水冲山,波涛迅驶,不可泊舟。故贩三屿者,率四五月间即理归棹……蒲喱噜与三屿联属,聚落差盛,人多悍盛。

三屿在今吕宋岛南部的三个半岛,中国商人从麻逸来此,都在四五月南返,害怕六月的南风,南风可能是台风。因为三屿航路刚刚开辟,所以中国商人害怕夏天的洋流把他们冲向吕宋岛北部的不明之地。其实顺着这条洋流可以到达台湾,离福建很近,但是到宝庆年间,中国商人还没有发现这条近路。中国商人几乎绕道南海周边一圈,才到三屿。

更远的是蒲端,《大德南海志》的蒲端即今棉兰老岛的武端(Butuan),刘志强指出蒲端在北宋通过占城到中国,有两条史料。一是《宋会要辑稿·蕃夷》四说:"蒲端在海上与占城相接,未尝与中国通,真宗咸平六年九月,其王其陵遣使李钰罕、副使加弥难来贡方物及红鹦鹉。景德元年正月诏,上元节夜中使命押伴蒲端使观灯宴饮,仍赐缗钱。五月,遣使李钰罕等来贡方物……四年六月,王其陵遣使已絮汉等贡玳瑁、龙脑、带枝丁香、丁香母及方物,赐冠带、衣服、器币、缗钱有差。"咸平六年(1003年)次年就是景德元年(1004年),所以这是一次出使,第二次是景德四年(1007年)。蒲端在棉兰老岛,其南就是香料群岛,所以进贡丁香,这是菲律宾南部航路开辟的原因。二是《宋史》卷四八九说占城:"东去麻逸国二日程,蒲端国七日程。"[②]其实占城去麻逸应是二月,去

---

① [宋]乐史撰,王文楚等点校:《太平寰宇记》,第3436页。

② 刘志强:《占婆与马来世界的文化交流》,北京:社会科学文献出版社,2013年,第196页。

蒲端应是七月,这也说明菲律宾、文莱到中国必经占城。蒲端到占城七个月,因为麻逸到蒲端要五个月。

周去非《岭外代答》卷三《东南海上诸杂国》说:"东南海上有沙华公国。其人多出大海劫夺,得人缚而卖之阇婆。又东南有近佛国,多野岛,蛮贼居之,号麻啰奴。商舶飘至其国,擒人以巨竹夹而烧食之。贼首钻齿,陷以黄金。以人头为食器。其岛愈深,其贼愈甚。又东南有女人国,水常东流,数年水一泛涨,或流出莲肉长尺余,桃核长二尺,人得之则以献于女王。昔尝有舶舟飘落其国,群女携以归,数日无不死。有一智者,夜盗船亡命得去,遂传其事。其国女人,遇南风盛发,裸而感风,咸生女也。"①

冯承钧以为沙华公是《爪哇史颂》的 Sawaku,在加里曼丹岛东南的 Sebuku 岛。杨博文以为沙巴州有沙华河,或在此地。今按沙华公可能是加里曼丹岛东部的 Sembakung 河流域,此河在文莱东南。

冯承钧以为麻啰奴是《爪哇史颂》的 Malano,在沙捞越州的 Balingian,又说加里曼丹岛的达雅克(Dayak)人有 Malanau。《古代南海地名汇释》认为也有可能是菲律宾摩洛摩洛(Moro)人的 Maranau 部,在今苏禄群岛或棉兰老岛一带。夏德、柔克义误以为近佛国是室利佛逝,杨博文以为是靠近浡泥之义,又可作佛泥。笔者以为此说也不对,近佛显是专名。宫崎市定以为是加里曼丹岛东北海中的 Cimbubon 群岛,②此说不确,因为近的古音不是 cin 或 jin,而是 kin。近佛国,多野岛,则是更东的群岛,不在加里曼丹岛。至于族名、地名相同则很正常,因为马来人地区的同名或同源族名、地名很多。笔者以为近佛是棉兰老(Mindanao)岛南部沿海的 Kiamba。麻啰奴可能在棉兰老岛,或是苏拉威西岛北部的万鸦老(Manado)。

前人对女人国的研究都没有注意到水常东流一说,这是常年向东的赤道逆流,因为常年向西的南赤道暖流,流到马鲁古群岛的东北部就转弯向东,成为赤道逆流,所以女人国必在马鲁古群岛东北部到新几内亚岛一带。所谓女人国是指母系社会,女人当政。赤道逆流在北纬 5°左右,这就确定了女人国的位置,有学者认为女人国在印尼东南角或澳洲的说法不合理。因为澳洲北部的洋流是向西流,澳洲东部的东澳大利亚暖流是向南流,到了东南部才有一些改而东流到新西兰等地。至于东流的洋流,要到澳大利亚南部才有西风漂

---

① ［宋］周去非著,杨武泉校注:《岭外代答校注》,第 111 页。

② ［日］宫崎市定:《南洋を東西洋に分つ根拠に就いて》,《东洋史研究》第 7 卷第 4 号,1942 年。收入《宫崎市定全集》第 19 册《东西交涉》,第 276 页。

流带,女人国当然不可能到达澳洲南部。

以上说明从加里曼丹岛到棉兰老岛、桑义赫群岛、塔劳群岛、马鲁古群岛还有一条航路,但是此条航路很少有人敢去。这条航路因为在宋代已经开辟,所以元代汪大渊记载了泉州吴宅百余人航行到古里地闷(帝汶岛)。汪大渊还记载了千里马(苏拉威西岛)、文老古(马鲁古群岛)、文诞(班达群岛)等地。但是我们不知泉州吴宅人是从爪哇或加里曼丹岛南部还是从菲律宾去帝汶岛,如果是从棉兰老岛去,则必经马鲁古群岛。

二、东洋新航路的捷径

《诸蕃志》麻逸属国白蒲延,可能是今巴布延群岛,不过我们不知南宋前期人如何到达巴布延群岛。巴布延紧邻台湾,不知是否经过台湾到达此地。如果是从台湾到巴布延群岛,则南宋前期已经开通了这条航路。不过南宋中期,来自东洋的毗舍耶人侵扰澎湖、闽南,这条道路不应通畅。

南宋末年,中国商人已经发现从三屿到福建的航路,所以元代忽必烈至元二十九年(1292年),元军出征台湾岛,就有三屿人陈辉随行,并试图和台湾先住民交流,此时距离《诸蕃志》成书不过几十年。到了元末,汪大渊《岛夷志略》开头四条依次是彭湖、琉球、三岛、麻逸,并且说琉球:"海外诸国盖由此始。"琉球有大崎山,而三岛:"居大崎山之东。"显然从泉州经澎湖、台湾、菲律宾的航路不仅开辟,而且很重要。

《大德南海志》说东洋佛坭国管小东洋,仍以渤泥最为重要,但是不代表大德年间尚未开通台湾到吕宋的航路。只是因为汪大渊的《岛夷志略》本来就是为至正十一年(1351年)泉州地方志《清源续志》而作,所以自然重视泉州向东到吕宋的航路,但是《大德南海志》是广州的地方志,所以不会强调泉州向东的这一新航路。

周去非的《岭外代答》卷二《海外诸蕃国》说阇婆之东是东大洋海,是世界尽头,阇婆是东南诸国中心。此时渤泥只是一个小国,去渤泥、摩逸、三屿的船只不多。到了宋末元初,台湾、三屿航路开辟,才出现了以渤泥为中心的小东洋地区。《大德南海志》另有单重布罗国管大东洋、阇婆国管大东洋,即今印度尼西亚东部。

考古发现证明了上文从文献得出的结论,在菲律宾发现的唐代陶瓷很少,而在加里曼丹岛北岸发现的唐代陶瓷更多,说明中国和加里曼丹岛的贸易比菲律宾频繁。有学者推测,最早把唐代陶器带到菲律宾的更可能是阿拉伯人,晚唐的中国沿海战乱较多,所以阿拉伯人试图开辟从菲律宾经由台湾到日本的新航路,他们从加里曼丹岛北部到达菲律宾。菲律宾发现的南宋中国陶瓷,集中在宿雾岛和马尼拉湾,说明这里是中菲贸易的枢纽。① 笔者认为,最初由阿拉伯人开辟东洋航路的推测非常合理,因为最早到达中国的渤泥国使节姓蒲,无疑是阿拉伯人。中文古籍记载很多阿拉伯人姓蒲,其实是名字开头 ab 的音译。他们其实是在渤泥经商,并非渤泥土著。菲律宾中部是中国商人早期的直接贸易地点,这也和文献吻合。

近年来在吕宋岛的西海岸及菲律宾最西部的巴拉望岛发现了三艘中国宋代沉船,②证明宋代的中菲航路是从加里曼丹岛经过巴拉望岛,向东到达吕宋岛,和文献吻合。

苏禄海与苏拉威西海周边文化从 10 世纪起有重大变化,原来流行的瓮棺葬消失,中南半岛与南海周边的陶瓷器大量出现,说明南海贸易向东拓展,此地进入国际贸易体系。③

元代虽然没有成功地在台湾岛设置政区,但是民间商人来往台湾十分频繁。明朝初年虽然实行海禁,强行把海岛居民迁回内陆,把澎湖岛荒废在海外,但是台湾所在的东洋航路仍然存在。明代嘉靖到万历时期,林凤就是通过台湾来往吕宋,为随后林道乾在台湾岛的建设奠定了基础。所以宋末元初东洋航路的变更非常重要,使得台湾岛的地位迅速提升。

宋末商人开辟东洋新航路的原因不明,从自然地理的角度来看,可能是出于偶然。如果商人未在四五月从三屿南返,而是在夏天意外地发现从三屿向北,可回福建,而且顺风顺水,自然改走新路。

南宋中期,泉州的海外贸易大幅衰落,前人提到原因之一可能是南海西部的动荡,这可能对南海东部航路的开辟有一定的推动作用。因为南海西部的市场受到冲击,所以商人自然想在南海东部得到弥补。而南海东部的渤泥、三屿和南海西部相比,属于很晚才有的新兴市场,这里政治纷争较少,所以发展潜力很大。此时泉州商人自然想到开辟通往东洋的近路,于是宋末元初的东洋新航路就在这种历史背景下开辟了,至少东洋新航路的变更有这一社会因素。

① [菲]富斯:《菲律宾发掘的中国陶器》,《中国古外销陶瓷研究资料》第 1 辑。

② 杨国桢:《宋元泉州与亚洲海洋经济世界的互动》,中国航海学会、泉州市人民政府编:《泉州港与海上丝绸之路(二)》,中国社会科学出版社,2003 年,第 51 页。收入《瀛海方程——中国海洋发展理论与历史文化》,北京:海洋出版社,2008 年,第 121 页。

③ 张光仁:《苏禄苏丹国的兴起:一个长时段的考古学研究》,萧新煌主编:《东南亚的变貌》,第 44 页。

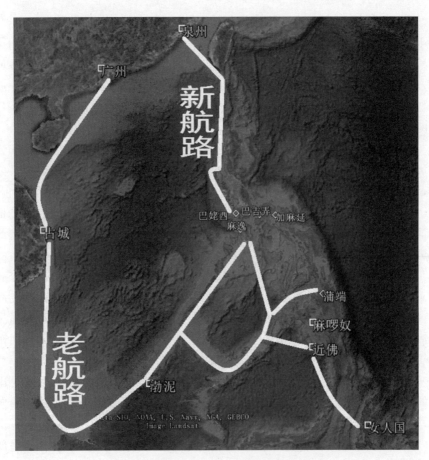

宋元时代东洋航路变更示意图

第五章

元代瑠求与流求

　　元代是中国历史上第二个出兵台湾的大陆统一王朝,和隋代不同的是,这是中国第一个北方异族建立的世界性王朝。隋朝出征的海岛只有台湾一地,而蒙元的海外征讨对象包括了日本和爪哇等地。但是在欧亚大陆上纵横驰骋的蒙古人,在海上却接连失败,即使是在台湾这样一个如此靠近大陆又没有国家政权的蕞尔小岛。

　　元朝有南宋在东南沿海发展的强盛基础,有民间商人开辟东洋航路的便利,有汉人建设已久的澎湖作为跳板,可是居然和隋代一样失败了。隋代没有以上三点优势,战果却比元代辉煌。可见元朝在海上的战绩和陆上的很不相称,这根源于蒙古人的大陆特性。

　　但是从另外一个视角来看,元人在台湾的发展超过了隋人,因为隋代只有官军出征台湾,没有众多海商去台湾贸易。而元代的民间商人对台湾已经很熟悉,留下了《岛夷志略》一书,此书开头就是澎湖和台湾,台湾被看成中国的门户,海外航路的起点。南宋《诸蕃志》虽然有流求国一条,可是多数内容抄录隋代史料。但是《岛夷志略》的彭湖、琉球两条内容,多数是汪大渊亲自在两地搜集的最新资料,这是元代的进步之处。汪大渊的记载虽然不及《隋书》丰富,但是反映了台湾和大陆的民间往来密切,其实质意义超过隋代。

　　即使和元代之后的明代比,元人在台湾的发展也很顺利,因为元代没有明代那样严厉的海禁政策,所以没有东洋海商和官府的激烈斗争。因为明朝的海禁政策,导致中国海洋社会发展出现了一个后退期,很多元代海洋地名的位置并不清楚,本章主要考证元军出征台湾的地名和《岛夷志略》记载的台湾地名。

第一节　元初征台路线新考

经过两宋时期对澎湖的开发，澎湖列岛的汉人已经很多，所以元朝在至元年间设巡检司，但是汪大渊《岛夷志略》没有说明是忽必烈的前至元还是元顺帝的后至元。经过张崇根考订，现在学术界一般认同是忽必烈前至元年间，他并且进一步考证是在前至元十六到十八年间（1279—1281年）。[①] 此时元初灭宋，即设澎湖巡检司，反映南宋末年对澎湖重新开发，而且元初很重视台湾海峡。

方豪先生认为是在后至元时设澎湖巡检司，因为乾隆《泉州府志》卷五四《文苑志》说："陈信惠，字孚中，晋江人。初试有司不利，因学古文，后以才能，应帅府辟。从平漳寇有功，授山魁、彭湖、芦溪三寨巡检，转南安主簿，升南丰州判官。省檄摄同安令，转惠安，多惠政，调顺昌，寻以老疾致仕。自号退翁，有中斋等集。"据嘉庆《惠安县志》，陈信惠是至正二十四年（1364年）任巡检。[②] 其实方说有误，因为至正年间任巡检，不代表澎湖巡检司不能在此前设置。因为澎湖早就设立巡检司，所以才有至元年间从澎湖出征瑠求之事。

《元史》卷二一〇《瑠求、三屿传》说：

> 瑠求，在南海之东。漳、泉、兴、福四州界内彭湖诸岛，与瑠求相对，亦素不通。天气清明时，望之隐约，若烟若雾，其远不知几千里也。西、南、北岸皆水，至彭湖渐低，近瑠求则谓之落漈，漈者，水趋下而不回也。凡西岸渔舟到彭湖已下，遇飓风发作，漂流落漈，回者百一。瑠求，在外夷最小而险者也。汉唐以来，史所不载，近代诸蕃市舶不闻至其国。

> 世祖至元二十八年九月，海船副万户杨祥请以六千军往降之，不听命则遂伐之，朝廷从其请。继有书生吴志斗者上言生长福建，熟知海道利病，以为若欲收附，且就彭湖发船往谕，相水势地利，然后兴兵未晚也。冬十月，乃命杨祥充宣抚使，给金符，吴志斗礼部员外郎，阮鉴兵部员外郎，并给银符，往使瑠求。诏曰："收抚江南已十七年，海外诸蕃罔不臣属。惟琉求迩闽境，未曾归附。议者请即加兵。朕惟祖宗立法，凡不庭之国，先遣使招谕，来则按堵如故，否则必致征讨。今止其兵，命杨祥、阮鉴往谕汝

---

① 张崇根：《台湾四百年前史》，第361～370页。
② 方豪：《台湾早期史纲》，第50页。

国。果能慕义来朝,存尔国祀,保尔黎庶;若不效顺,自恃险阻,舟师奄及,恐贻后悔。尔其慎择之。"

二十九年三月二十九日,自汀路尾澳,舟行,至是日巳时,海洋中正东望见有山长而低者,约去五十里。祥称是瑠求国,鉴称不知的否。祥乘小舟至低山下,以其人众,不亲上,令军官刘闰等二百余人以小舟十一艘,载军器,领三屿人陈辉者登岸。岸上人众,不晓三屿人语,为其杀死者三人,遂还。四月二日,至彭湖。

成宗元贞三年,福建省平章政事高兴言,今立省泉州,距瑠求为近,可伺其消息,或宜招宜伐,不必它调兵力,兴请就近试之。九月,高兴遣省都镇抚张浩、福州新军万户张进赴瑠求国,禽生口一百三十余人。

三屿国,近琉求。世祖至元三十年,命选人招诱之。平章政事伯颜等言:"臣等与识者议,此国之民,不及二百户,时有至泉州为商贾者。去年入琉求,军船过其国,国人饷以粮食,馆我将校,无它志也。乞不遣使。"帝从之。①

这里说天气晴朗时,隐约看到瑠求,和澎湖相对,诏书又说和泉州很近,无疑是今台湾岛。澎湖和台湾岛当然不是从来不通,只是南宋时来自台湾的毗舍耶人劫掠澎湖和福建,所以汉人不敢贸然前往。至于汉唐不载更是时人误解,汉唐时期的记载很多。

三屿在今吕宋南部,确定无疑,有学者居然认为元军路过此地,因此不可能在吕宋,而是"奄美大岛中的三个岛屿"。② 此说甚为奇怪,奄美大岛本为一个岛的名字,又不是群岛的名字,何来奄美大岛中的三个岛屿?再说元军出征台湾也不可能走到奄美大岛!琉球群岛的岛屿很多,为何要说奄美大岛?此说毫无根据。所谓经过三屿本是误记,去台湾自然不可能绕道吕宋。三屿也不可能仅有二百户人,不过是三屿人加入元军,所以有此误会。这位学者又在同文中说汀路尾澳在东山岛,理由是东山岛有一个井尾澳。此说也不能成立,井尾澳与汀路尾澳有何关系?元军出征台湾,是从泉州来回,不可能突然出现在东山岛。此文又说元军出征台湾是为了建立攻打日本的基地,此说令人难以置信。台湾距离日本很远,不可能在台湾建立攻打日本的基地。

元军的出发地汀路尾澳,前人或未详考,或有歧见。连横《台湾通史》与方

———————

① [明]宋濂:《元史》,北京:中华书局,1976年,第4667~4668页。

② 张崇根:《试论元代招谕瑠求》,《国家航海》第10辑,上海:上海古籍出版社,2015年。

豪《台湾早期史纲》都未详考，①柯劭忞《新元史》改为"汀州尾澳"，显然有误，因为《元史》明言从澎湖发船，而且汀州不靠海。曹永和认为元军从福建海岸出发，不到半日就到瑠求，其后杨祥四月二日到澎湖，所以瑠求似非台湾。②其实这是误读原文，原文说杨祥、吴志斗是至元二十九年（1292年）三月二十九日同时从澎湖出发，四月二日是原路返回澎湖，所以汀路尾澳不可能在福建海岸。前一年冬季下诏，而次年三月才从澎湖出发，之所以间隔了几个月，正是因为元军在大陆准备，又从大陆渡海到澎湖。梁嘉彬认为在金门湾口，③也与澎湖发船不合。赖福顺提出汀路是灯路，即妈宫澳，今马公市。④ 此说改动原文，而且缺乏坚实证据。又有学者认为汀路是沙洲水路，白沙乡的讲美村原名港尾，有古代遗址，可能是汀路尾澳。⑤ 此说也不能成立，因为"汀路"一词表示水路极不常见，而且汀路不能作为地名专名。还有学者提出汀路尾澳是澎湖岛的风柜尾澳，⑥但是汀路、风柜的音形皆不近，所以汀路尾澳不太可能是风柜尾澳。

《指南正法》之《对座图》之后有一段记载海中各岛对坐的文字，对坐就是两个岛的相对方向，其中说："查某屿共猪母落水申庚对坐。"⑦查某屿即今澎湖列岛最东边的查某屿，与其申庚对坐的猪母落水在其西南255°方向，则正在今澎湖岛的最南端，这是猪母落水这一地名的最早记载。张崇根认为《指南正法》是17世纪中期明清之际作品，因为其中大明、大清并存，有明郑所定的思明、东都、王城等地名。⑧

林豪《澎湖厅志》光绪十八年（1892年）刻本卷一《道里》的陆程说："东南出厅治东门，四里至菜园社，七里至铁线尾社，二里至锁管港社，二里至猪母水

146

---

①　连横：《台湾通史》，北京：商务印书馆，2010年，第9页；方豪：《台湾早期史纲》，第45页。

②　曹永和：《台湾早期历史研究》，第112页。

③　梁嘉彬：《隋书流求传逐句考证》，原载《大陆杂志》第45卷第6期，1972年，又载杜维运等编：《中国史学论文选集》第1辑，台北：幼狮文化事业公司，1989年。

④　赖福顺：《汀路尾澳——澎湖最早的地方名》，《澎湖研究第四届学术研讨会论文辑》，2005年。

⑤　吴培基、赖阿蕊：《元代汀路尾澳及琉球国考证》，《澎湖研究第十届学术研讨会论文辑》，2011年，第39～61页。

⑥　徐晓望：《元代瑠求及台湾、彭湖相关史实考》，《福建师范大学学报（哲学社会科学版）》2011年第4期。

⑦　向达整理：《两种海道针经》，第130页。

⑧　张崇根：《关于〈两种海道针经〉的著作年代》，《中外关系史论丛》第1辑，北京：世界知识出版社，1985年。

社,即入大海。"水程说:"东南由珠母落水社起,八十里至东吉社,为厅治之极东。"抄稿本的厅治为文澳社,其余相同。① 猪母水社即珠母落水社,在澎湖岛的南端,由此向东南,到达澎湖列岛最东南的东吉岛。

东吉岛正是澎湖岛去台湾的要道,胡建伟乾隆三十四年(1769 年)所成《澎湖纪略》卷一《海道》说:"凡厦船来台,必以澎湖为关津,从西屿入,或寄泊嵵里,或妈宫,或八罩,然后渡东吉洋,凡五更至台湾,入鹿耳门。"同卷《澳社》说:"猪母落水社,北风时可泊船只。"② 猪母落水社,今已雅化为山水村,但是详细的地图还用括号标出猪母落水。猪的闽南语读音是 ti,汀的读音是 tin,读音接近,落、路在闽南语中有时同音,所以猪母落水即元代出征台湾的起航地汀路,汀路是简言,尾澳是猪母落水山下的海湾。元军虽然三月出发,但是之前的冬春季节盛行北风,所以在澎湖岛最南端的猪母落水社停泊,然后由此向东南经东吉洋到台湾岛。

澎湖县发现宋代汉族文化遗址 20 处,澎湖岛只有 5 处,山水村(猪母落水)就有 1 处,③ 说明元军在澎湖岛的起航地早已有汉族定居。所以猪母落水的元代古名汀路,很可能始于宋代。《岛夷志略》"彭湖"说:"岛分三十有六,巨细相间,坡陇相望,乃有七澳居其间。"元代澎湖岛七澳不详,可能有汀路尾澳。

元军从澎湖岛南端出发,半日就到台湾岛,看到五十里低山,不可能在今台南市及其以北的嘉义、云林、彰化一带,因为这一带沿海没有低山。所以曹永和等学者认为元军似乎没有到达台湾,连横认为是大肚山,因为台中县的山丘离海很近,但是元军是向东南方行,而且从澎湖到大肚山不可能不到半天时间。梁嘉彬认为可能是琉球屿(小琉球岛),但是这是一个小岛,《元史》不可能混淆岛屿和陆地,而且此岛没有五十里。前引吴培基之文居然认为《岛夷志略》、《元史》琉球都是今琉球群岛,而非台湾岛,显然不对。

其实台南附近海岸虽然没有丘陵,但是今高雄市区附近有两列低山。高雄市东部凤山区、小港区东部有一列连续的低山,高雄市西部鼓山区、左营区、楠梓区也有一列断续低山,从半屏山(海拔 222 米)到打狗山(海拔 356 米),有

147

① 〔清〕林豪:《澎湖厅志》,刻本,《台湾文献史料丛刊》第 15 册,第 25~26 页。抄稿本,《台湾文献汇刊》第 5 辑第 5 册,厦门:厦门大学出版社,北京:九州出版社,2004 年,第 100、102 页。

② 〔清〕胡建伟:《澎湖纪略》,《台湾史料集成·清代台湾方志汇刊》第 12 册,台北:远流出版事业股份有限公司,2004 年,第 53、71 页。

③ 黄士强、臧振华、陈仲玉、刘益昌:《台闽地区考古遗址普查研究计划第一期研究报告》,第 363~368 页。

汀路尾澳示意图

二十多里。从楠梓区向北到冈山镇,还有一些小山,从大冈山到打鼓山的正是五十里低山。光绪二十年(1894年)《凤山县采访册》乙部《诸山》说凤山县山分内外两支,生番地区为内山,外山分三支,"其西北沿海南下一带为右支",①元军首先看到的五十里低山正是高雄市西北的这列低山。

有些学者怀疑《元史》的真实性,其实从澎湖岛南端到高雄市西北部能够看到山的地方,只有不到100千米,半天完全可以到达。元朝水军曾经出征日本和爪哇,元朝船只能够航行到霍尔木兹海峡,②所以完全有此能力。康熙五十九年(1720年)《凤山县志》卷一《山川》说:"大冈山与小冈山相联,无甚高。内地来台,舟过澎湖东吉,即见此山。"③这也说明元军到达高雄市附近,看到的五十里低山就是大冈山到打鼓山一列山。

所以元军出征台湾岛的起航地汀路尾澳在今澎湖岛最南面的山水村海湾,古名猪母落水,元军向东南到达今高雄市区附近。

---

① [清]卢德嘉:《凤山县采访册》,《台湾文献史料丛刊》第36册,第32页。

② 陈高华:《元代的航海世家澉浦杨氏》,《元代研究新论》,上海:上海社会科学院出版社,2005年。

③ [清]陈文达、李钦文:康熙《凤山县志》,《台湾文献史料丛刊》第30册,第6页。

第二节　元末流求海战

元程端礼(1271—1345)《故中奉大夫浙东道宣慰都元帅兼蕲县翼上万户府达鲁花赤完者笃公行状》说：

> (后至元庚辰)时海寇复乘隙猖獗,粮艘多被杀,间有脱归者言贼闻小万户来归,莫不相顾失色,祷诸神愿无与遇,常觇公出处,为之聚散也。主漕万户和斯嘉议闻之,惊叹不已,遂状申于省部,公还具舟楫,利兵戈,整部伍,戒严海上,遇渠魁周麻千等于韭山之南,大纵追逐,亲饲舻卒饭,使破浪疾进。几至舟覆身溺者屡,直抵流求国界,及之,遂全获。初浮筏下令曰:凡胁从者归吾筏!归者若干,皆释其罪,凡所有金珠楮币之物,戒之曰:此不利之货,勿取之,悉沉于海。①

完者笃(1299—1344)在后至元庚辰(六年,1380年)率军从今浙江省象山县的韭山南部追赶海盗,一直到达流求海域,很可能也是台湾海域,而非琉球群岛海域。劫掠漕粮的海盗不太可能经常往来琉球群岛,所以其南逃最有可能沿着浙闽海岸。这里的流求仍然沿用隋代的意义,指今台湾岛。

杨维桢(1296—1370)《怡云山房记》说:"儋崖之人,以储芋生熟识周岁。流求之人,以月生死识晦朔。取于物者,粗尔。"②流求人只用月相为历来自《隋书》,说明元代中期的江南人对流求社会的认识没有很多进展。

元代郑东《送驸马西山公》诗云:"二年市官留小州,政宽坐致东南酋,三韩毛人及琉球,行縢在股宝络头,长风万里驱大艘,象犀珠贝充海陬,贡之府库常汗牛。"③元代汪克宽(1301—1372)《吴山赋》说:"异珍辐辏以咸萃兮,委南金而象齿。大府屹立于雄藩兮,甍栋翚飞而丽美。台星耿耿而旁烛兮,阇婆流球会同而至止。"④这两则说流求人的船只到达江南,因为都是文学作品,所以大可怀疑。毛人是日本的先住民阿伊努人,当然不可能有毛人商船到中国。因

---

①　[元]程端礼:《畏斋集》卷六,《影印文渊阁四库全书》第1199册。原文作达噜噶齐谔勒哲图公,这是弘历恶意篡改古书,今改为达鲁花赤完者笃。清方浚师著,盛冬铃点校:《蕉轩随录》(北京:中华书局,1995年)卷一二泰定帝即位诏书把完者笃改为谔勒哲图。和斯嘉的原文,待考。

②　[元]杨维桢:《东维子文集》卷一八,《影印文渊阁四库全书》第1221册,第566页。

③　[元]顾瑛:《草堂雅集》卷一〇,北京:中华书局,2008年,第813页。

④　[元]汪克宽:《环谷集》卷一,《影印文渊阁四库全书》第1220册,第658页。

为前人多用毛人、琉球泛指海外诸国,韩愈《送郑尚书序》说广州:"其海外杂国,若耽浮罗、流求、毛人、夷亶之州,林邑、扶南、真腊、干陀利之属,东南际天以万数,或时候风潮朝贡。"[①]北宋徐兢《宣和奉使高丽图经》卷三《封境》说高丽:"又与日本、琉球、聃罗、黑水、毛人等国犬牙相制。"[②]元方回《平爪哇露布》说:"毛人、琉球以万数,莫不震惊垂白,咸云汗青未有此。"[③]毛人、流求似乎已经成为一个文学词汇,不一定是实指。

毛人、流求泛指海东诸岛在地图上也有反映。北宋《历代地理指掌图》的《古今华夷区域总要图》东南角,从北向南依次是倭奴、毛人、流求、虾夷。[④] 南宋景定间(1260—1264年)志盘《佛祖统纪》中的《东震旦地理图》东南角,从北向南依次有扶桑、日本、虾夷、流求四岛。[⑤] 其实虾夷就是毛人,或在流求南,或在流求北,说明古人并不清楚真实地理。有学者根据上述地图,认为唐宋时期中国人把冲绳岛称为毛人国,[⑥]其实这不能确定。即使现代的冲绳人可能有阿伊努人的血统,但是日本列岛都是如此,现代冲绳人并不突出。中国古代的地图都有读史地图的传统,喜欢把史书中的地名标在地图上,造成古今不分。所以唐宋地区的东海中还有扶桑,我们不能说唐宋时期真有一个独立的扶桑岛国。所以我们也不能说唐宋地图上的毛人就是当时人的认识,不能说当时人把冲绳岛称为毛人。恐怕正是因为在唐宋时期的毛人、流求泛指海东诸岛,所以明初人不加深考,把本来指台湾岛的流求(琉球)强加在今琉球群岛,于是台湾只能屈身于小琉球名下了。

---

① [唐]韩愈撰,马其昶校注:《韩昌黎文集》卷四,上海:上海古籍出版社,1987年,第284页。此本仍误干陀利为于陀利,未校出。

② [宋]徐兢:《宣和奉使高丽图经》,《影印文渊阁四库全书》第593册,第821页。

③ [元]方回:《桐江集》卷五,《续修四库全书》第1322册,第446页。

④ [宋]税安礼:《历代地理指掌图》,《续修四库全书》第585册,第473页。

⑤ [宋]志盘:《佛祖统纪》卷三二,《续修四库全书》第1287册,第423页。

⑥ 徐晓望:《台湾:流求之名的失落——关于琉球与台湾历史的一种假说》,陈小冲主编:《台湾历史上的移民与社会研究》,北京:九州出版社,2011年,第5页。

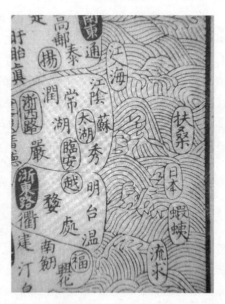

《古今华夷区域总要图》(左)、《东震旦地理图》(右)

第三节 《岛夷志略》台湾山名新考

《岛夷志略》琉球说：

> 地势盘穹，林木合抱。山曰翠麓，曰重曼，曰斧头，曰大崎。其崎山极高峻，自彭湖望之甚近。余登此山则观海潮之消长，夜半则望旸谷之日出，红光烛天，山顶为之俱明。土润田沃，宜稼穑。气候渐暖，俗与彭湖差异……地产沙金、黄豆、黍子、硫黄、黄蜡、鹿、豹、麂皮。贸易之货，用土珠、玛瑙、金珠、粗碗、处州磁器之属。海外诸国盖由此始。

琉球的下一条是三岛，开头就说："居大崎山之东，屿分鼎峙。"三岛即今菲律宾，汪大渊从泉州出航，经过澎湖，到达台湾，所以他说海外诸国从这里开始，然后向南到菲律宾。因为从台湾向东南行，所以说在大崎山之东，其实应是南方。因为南台湾是中国与菲律宾往来要道，所以元军出征此处随行有三屿人陈辉，应是菲律宾的福建华侨。很可能是因为中国人和三屿人来往于此，所以商人特别支持元军征服此地。明代福建海商、海盗终于以台湾为基地，其基础正是在宋元时期奠定的。

大崎山既然在最靠近菲律宾的地方，应即台湾最南端的鹅銮鼻，光绪二十一年(1895年)《恒春县志》卷十五《山川》说:"鹅銮鼻,旧名沙马崎。"①此名在明代就有,《顺风相送》出现沙马头3次,沙马歧头2次,《指南正法》有沙马岐头4次,其中2次是沙马岐头门。向达先生认为沙马崎头即沙马头,但误以为猫鼻头,他又误把《往汶来山形水势》的沙岐头尾当成台湾岛的沙马崎头。②其实这是吕宋往文莱的航路,不可能经过台湾,这里的沙崎头尾在巴拉望岛南部。沙马崎头也不是恒春半岛西南角的猫鼻头,而是东南角的鹅銮鼻,因为《指南正法》的《东洋山形水势》说:

> 琉球仔生开津屿,有椰树,有番住,及郎娇大山,前流水过,西北转湾,湾内有天古石礁牌,有十里之地,下东大低尾即崎尾山尾崎头尾,到只有五更,门中流水东北甚紧,远看三个近看一个,东边有一小屿,西东小。

这里的琉球仔是今屏东县的小琉球岛,郎娇大山即恒春半岛的高山地区,恒春镇的前身是先住民琅峤社,光绪元年(1875年)设恒春县。船到猫鼻头,转进西北的海湾,即台湾最南部的南湾,天古石是老古石之讹,老古石是闽南船民对礁石的称呼。向东的低山即沙马崎头,此文"崎尾山尾崎头尾"或是抄本有误。门中流水东北很急,指的是台湾岛东部的黑潮,沙马崎头门是巴士海峡。所以"崎尾山尾崎头尾"原文应包括兰屿(红头屿),五更正是鹅銮鼻到兰屿的路程,《台海使槎录》卷七说:"红头屿番在南路山后,由沙马矶放洋,东行二更至鸡心屿,又二更至红头屿。"③远看三个指的是兰屿西部三个山峰,东部一个小屿是其东南的小兰屿。《顺风相送》、《指南正法》的红豆屿和红头屿都不是兰屿(红头屿),而在菲律宾北部,向达先生误以为是今红头屿,本文不能展开。

康熙《凤山县志》卷首《山川图》把沙马矶山画在娜娇山西南,使人误以为是猫鼻头。④ 其实卷一《山川》说娜娇山:"山高而险,下有番社,又南,而巃嵸磅礴,直抵于波涛之中者,则为沙马矶头山。吕宋往来之船,以此山为指南。"卷一〇《古迹》说:"仙人山,山在沙马矶头,其顶常带云,非天朗气清不得见也。"恒春半岛西南平坦,东南多山,所以沙马崎头一定是鹅銮鼻。

沙马应即沙漠,漠的古音是mak,在澎湖县望安乡将军澳屿西南角也有一个砂莫时,应即沙漠屿。鹅銮鼻一带海岸多沙,南有白沙鼻,西有砂岛,东有

---

① [清]屠继善:《恒春县志》,《台湾文献史料丛刊》第8册,台北:大通书局,1984年,第253页。

② 向达整理:《两种海道针经》,第229页。

③ [清]黄叔璥:《台海使槎录》,第160页。

④ 黄清琦:《台湾舆图暨解说图研究》,台北:台湾历史博物馆,2010年,第73页。

风吹沙景观。

藤田丰八认为大崎即打狗,苏继庼认为即高雄的打狗山(打鼓山)。大概是觉得大崎和打狗音近,但是崎的闽南语是 kia,和打狗有别,而且荷兰人把这个先住民地名写作 Tancoya 或 Tankouija,最后的 a 被闽南人翻译为仔[a],即打狗仔。《指南正法》的《泉州往邦仔系兰山形水势》说:"澎湖山,巽巳七更取虎头山,即打狗仔。虎头山,沿山使,十更取沙马崎头山。"[①]这里的打狗仔即打鼓山。

藤田丰八认为下一句的"其崎山"三字是大崎山的形讹。苏继庼不同意,他说既然在澎湖能看到,则应是嘉义县的玉山。但是苏说显然有误,因为清末尚未完全开辟的台湾中部高山,汪大渊当然不可能登上。而且玉山不在海边,看不到海潮。汪大渊说澎湖望见很近,指的是台湾岛。其实藤田丰八之说也可再商,原文可能是其崎山,也可能是崎。崎、峙形近,《郑和航海图》就把宁波东部的峙头山写成崎头,[②]崎头是古名,后世误写为峙头山。

汪大渊在大崎山(鹅銮鼻)看到的海潮很可能是汹涌的黑潮,看到半夜日出,不可能是日出,因为只有极圈之内才有半夜日出。朱仕玠《小琉球漫志》卷六《日出》说:

> 台地东负崇山,日月所出甚迟,与内地无少异。昔人云:"海岸夜深常见日。"其地东临海,乃有此景,台地则无也。[③]

他说台湾中东部是山,所以不可能半夜看到日出。汪大渊半夜看到的日出其实是火山,台湾南部有一些泥火山,高雄市北部的漯底山、滚水坪、屏东县的鲤鱼山比较突出,[④]康熙《凤山县志》卷一〇《古迹》说:

> 火焰山,港西里赤山之顶,不时山裂涌泥,而火焰随之,有火无烟。[⑤]

《台海使槎录》卷四《纪异》说:

> 壬寅七月十一日,凤山县赤山裂,长八丈,阔四丈,涌出黑泥。至次日夜间,出火光高丈余,热气炙人,多不敢近,有疑出磺者。参将陈伦炯报称赤山上一嵛颇平,东南二百余步临冷水坑,纵横百三十步。土人称自红毛、伪郑及入版图后,递年出火,或两昼夜,或竟日,夜止。今自申至丑,焰

153

---

① 向达整理:《两种海道针经》,第 160 页。

② 周运中:《论〈武备志〉和〈南枢志〉的〈郑和航海图〉》,《中国历史地理论丛》2007 年第 2 期。

③ [清]朱仕玠:《小琉球漫志》,《台湾文献史料丛刊》第 8 册,第 61 页。

④ 陈正祥:《台湾地志》,第 857 页。

⑤ [清]陈文达、李钦文:康熙《凤山县志》,《台湾文献史料丛刊》第 30 册,第 163 页。

较昔年稍低。[①]

从明末到壬寅年（1722年），赤山（今凤山区赤山）经常爆发，半夜看到火焰。各地火山活动周期不同，《凤山县采访册》乙部《诸山》说火光山在县北三十六里观音里，大滚水山在县北三十八里观音里，大滚水山就是一处泥火山，曾经喷火。《恒春县志》卷一五《山川》说：

> 出火山，在县城东五里……路岸穴孔如碗，火即出，无烟而焰，焰高尺余，阴暖天可见。投以草木，则烈而烬。火移徙无定处，然相去不远耳……据采访录，近年火少见。

所以汪大渊在恒春半岛山上看到半夜山顶火光，就是今天的恒春半岛出火奇观。沙马崎头的崎头肯定是汉语，沙马可能是汉语，指鹅銮鼻附近的山丘。也可能是先住民地名，恒春镇东南沿海有大山母山，山母音近沙马。

有学者认为汪大渊列举的沙金、硫黄是台湾北部所产，台湾西部不能看的东方海中的日出，台湾中部有高山阻隔视线，所以汪大渊到的是台湾北部。[②]但是台湾东部产沙金最多，见本书第二章第四节。

翠麓、重曼、斧头在大崎之前，则这三个山在其北。因为汪大渊从澎湖群岛来，所以这三个山不会太北，应该在南台湾。

藤田丰八认为斧头是《东西洋考》的虎头，在安平附近，苏继顾认为是一鲲身的沙丘。按张燮（1574—1640）《东西洋考》卷九《东阳针路》说彭湖屿："用丙巳针，五更，取虎头山。虎头山，用丙巳，七更，取沙马头澳。"沙马头澳南湾，两种海道针经的相关记载如下：

1.《顺风相送》的《太武往吕宋》："（彭湖山）巳丙五更见虎仔山，单丙及巳丙六更，取沙马岐头。"

2.《顺风相送》的《泉州往彭家施阑》："（彭湖）丙午七更取虎尾山，沿山五更取沙马头。"

3.《指南正法》的《双口针路》："（澎湖）丙巳针七更取虎头山，单丙六更取沙马岐头门。"

4.《指南正法》的《泉州往邦仔系兰山形水势》说："澎湖山，巽巳七更取虎头山，即打狗仔。虎头山，沿山使，十更取沙马岐头山。"

5.《指南正法》的《浯屿往双口针》："（澎湖）用丙巳五更取虎仔山，用单丙及丙巳六更取沙马岐头。"

虎头、虎尾、虎仔都是一山，到澎湖的距离三处是七更，两处是五更，到沙

---

① ［清］黄叔璥：《台海使槎录》，第78页。

② 盛清沂主编：《台湾省开辟资料汇编》，南投：台湾省文献委员会，1972年，第97页。

马崎头的距离有五更、六更、十更三说。虎头山是澎湖和沙马崎头之间的重要地点，就是高雄市区西部的打鼓山，原名打狗山。虎头山是通用地名，台湾岛上就有很多虎头山。此山可能是因为形似虎而得名，东南低平，最南部狭长，形似虎尾。

打狗山南部隔高雄港有旗后山，高 50 米，长 200 米，其实是一块巨大的石灰岩。高雄市的前身旗后村，即崎后，这个崎是今旗后山，崎后村在崎之后得名，但是后来居然把这块崎叫旗后山了。1629 年荷兰人测绘的台南附近地图，在内陆示意性地画出一条山脉，最南是 de hoeck van Tancoeij，即打狗角，这里的打狗角是打狗山。另有两幅 17 世纪荷兰人台湾地图，一幅把 Tankouija 画在 Apen Bertht（猴山）南面的旗后山，一幅把 Tankoij 画在 Apen bergh（猴山）北面。猴山因为多台湾猕猴得名，曹永和认为是寿山（打鼓山）。[①] 前一幅地图有误，因为 1639 年 9 月 28 日荷兰人的勘测报告很详细，说明猴山是旗后山。[②] 虎头山可能和猴山无关，闽南语的猴的文读音近虎，都是 hɔ，声调不同，而且一般用猴的白读 kau，所以不太可能是从猴山变成虎山。

斧头北面的重曼山，藤田丰八认为是沙马头澳，此说不确。重的闽南语有三种读音：ting、tang、tiɔŋ，最常用的是 tiɔŋ，慢是 ban。重曼其实是台南市的一个先住民部族 Teopan，1628 年 12 月 27 日荷兰牧师甘迪留斯的记录说荷兰人熟悉的 8 个部落依次是：新港（Sincan）、麻豆（Mattau）、萧垅（Soulang）、目加溜湾（Backeloan）、大目降（Tafalan）、知母义（Tifalukan）、大帽（Teopang）、大武垅（Tefurang），译注说前 5 个分别在今新市区、麻豆镇、佳里区、安定区、新化区，知母义、大帽也在新市区附近，大武垅在社头、东山一带，但是图版原注说在善化。1626 年 11 月 15 日司令维特给总督的信里说新港社控制的 3 个小部落 Teopan、Tatepoan、Tibolegan 联合新港人突击麻豆人和目加溜湾，1625 年 2 月 19 日长官宋克给总督的信里说附近部落有麻豆、萧垅、目加溜湾、新港、Tomeete、Thomolokang，Teopang，[③] Teopan 无疑是 Teopang，今新化区西部有帽口里，疑即大帽社原地。新化区东南的知义里是知母义社原地，大帽、知母义和大目降音近，都和大目降有派生关系，据说知母义是从大目降分出的。社头是大内区的头社之误，大武垅社在新港东北。[④]

① 曹永和：《台湾早期历史研究》，第 336、345、358 页。

② 江树生译注：《热兰遮城日志》，第 453 页。

③ ［荷］包乐史、Natalie Everts、Evenlien Frech 编，林伟盛译：《邂逅"福尔摩沙"：台湾先住民社会纪实：荷兰档案摘要》第 1 册，第 25、34、62 页。

④ 刘还月：《南瀛平埔志》，台南县文化局，1994 年，第 26、117 页。

Thomolokang 疑即 Tibolegan、Tifalukan,音近大目降,所以此处应译为大目降。新港北有大武垄、目加溜湾,南有大目降,其西临海,原来是个港湾,即所谓台江内海,台南市区的前身赤崁(Saccam)就是荷兰人 1625 年 1 月 20 日从新港社买来的土地。重曼即 Teopan 汉译,重曼山是台南市东部诸山,因为 Teopan 在新港西南沿海,所以汪大渊用此名来称呼台南市东部山区。

翠麓,苏继顾认为是诸罗,即今嘉义县前身,理由是诸罗原名是 Tirussen 或 Thilocen,厦门话是 Tsulosan。其实即使厦门话可通,但是诸罗县治在内陆,嘉义县沿海无山,所以此说不确。《小琉球漫志》卷六《诸罗山》说:

> 台地西临大海,台湾县逼海无余地,凤山县去海一里许,惟诸罗、彰化去海稍远。人称诸罗县治为诸罗山,欲指一山以实之,无有也。附郭番社曰诸罗山社,盖社县时见诸山罗列,适与相称,故县亦仍番社之名。

这里说诸罗县在内陆,县治也无山。但是诸罗山的山不是汉语,是先住民部落汉译,所以诸山罗列是后人附会。今按台南市北部的佳里区,原为先住民的萧垄社,荷兰人记为 soulang。闽南语翠麓为 tsuei lok,音近 soulang。翠麓山是萧垄社(佳里区)东北的山丘,萧垄社当时近海。早期荷兰人地图经常画出两条较大的河口,一条是新港溪,一条是萧垄溪,汪大渊一行也是通过这两个河口得知翠麓、重曼两片山区的。

台南地区先住民村社地图

谭其骧主编的《中国历史地图集》元代部分把大崎画在台南市东部,又把重曼画在恒春附近。① 由于该书没有文字说明,我们不知其考订过程,但是这两处地名显然有误。该地图集的明代部分又把沙马崎头及沙尾崎头误标在猫鼻头,而非鹅銮鼻。②

另外,前引杜正胜之文说汪大渊记载的四个台湾山名没有先住民语音的痕迹,因此汪大渊可能没有接触过台湾先住民。笔者认为杜正胜没有详细研究过汪大渊的《岛夷志略》,他的观点不能成立,如果要说这四个山名都是汉语,那么无法解释重曼的意思。而且海外地名即使能用汉语解释,我们也不能说就是源自汉语。

第四节　元代的宫古岛漂流民

万历《温州府志》卷一八《杂志·番航》说:

> 元延祐四年六月十七日黄昏时分,有无柁小船在永嘉县海岛中界山地名燕宫飘流,内有一十四人,五人身穿青黄色服,九人并白衣。内一人携带小木,刻字长短不等,计三十五根,于上刻记图画,不成字样。提挈葫芦八枚,内俱有青黄白色成串硝珠。其人语言不辨,无通晓之人。本路彩画人形船只图,差官将各人起解江浙行省。
>
> 当年十月中书省以事闻,奉旨寻访通晓语言之人,询问得系海外婆罗公管下密牙古人氏,凡六十余人乘大小船只二艘,欲往撒里即地面博易货物。中途遇风,大船已坏,惟十四人乘驾小船飘流至此。有旨命发往泉南,候有人往彼,便带回本国云。

元仁宗延祐四年(1317年)六月十七日,有一艘小船漂流到温州府永嘉县中界山的燕宫,上有14人,5人穿青黄色衣服,9人穿白衣,其中1人携带小木头35根,上面刻字长短不等。又有葫芦8个,内有成串硝珠。因为语言不通,所以只能押送江浙行省。到十月,中书省才寻访通晓语言之人,问清是海外婆罗公国密牙古人,60多人乘船2只,要到撒里即去贸易。遇到大风,漂流到温州。于是中书省把他们送到泉州,等候有人去婆罗公国带回。

① 谭其骧主编《中国历史地图集》第7册,北京:中国地图出版社,1982年,第27～28页。
② 谭其骧主编《中国历史地图集》第7册,北京:中国地图出版社,1982年,第27～28页。

有学者以为这里的婆罗公人是冲绳岛人,[①]其实此说出自藤田丰八,他认为密牙苦即日本琉球群岛西南部的宫古岛(Miyako),但是婆罗公无法解释,新井君美《南岛志》卷下《职官》:"亲云上,亲近也。云上,殿上也,犹言堂上官也。俗称亲云上曰碑古米,或曰碑金,其义不详。"藤田认为在明代琉球国统一琉球群岛之前,各岛首领可能称碑金,即婆罗公,撒里即是马来语的海峡salat,即今马六甲海峡。[②] 笔者认为藤田对婆罗公的解释不确,碑金和婆罗公读音较远,宫古岛人也不太可能去极其遥远的马六甲海峡贸易。

宫古岛属于宫古列岛,是此列岛的唯一主岛。其西是八重山列岛,有西表岛、石垣岛两个主岛,西表岛之西的与那国岛是日本最西南的一个岛屿,距离台湾岛仅有 110 千米,比钓鱼岛距离台湾还近,钓鱼岛距离台湾 170 千米。据说在天晴时,能在与那国岛看见台湾的高山。宫古列岛和八重山列岛合称先岛群岛,意为岛屿之首。宫古岛人距离台湾很近,历史上和台湾的关系更为密切。因为宫古岛距离冲绳岛反而很远,所以现在的琉球方言分为南北两种,八重山方言与琉球北部方言难以通话。洪武二十三年(1390 年),宫古、八重山首次向冲绳的中山国称臣纳贡,"改变番俗,而致文教同风之盛",[③]说明宫古群岛、八重山群岛原来是番俗,也即南岛文化。先岛群岛直到 1522 年之后才被冲绳岛的琉球王国征服,但是当时的与那国岛还有一个女王统治。所以元代的宫古岛还不是琉球王国统治,或许是一个叫婆罗公的小国。

曹永和曾经引用日本学者国分直一的研究认为,在绳文时代就有东南亚的文化通过黑潮从台湾、琉球群岛进入日本。[④] 陈宗仁先生曾经引用日本学者的研究认为黑潮文化圈连接日本和台湾,日本学者金关丈夫提出初期绳纹文化从菲律宾和台湾向日本传播,到达八重山列岛,冲绳岛南部是初期绳纹文化的北界。中期绳纹文化继续向北,通过琉球群岛,到达九州岛。弥生文化的源头在中国大陆和朝鲜半岛,从九州岛北部进入日本,向南推进到奄美大岛。

因为八重山列岛距离台湾的宜兰县、花莲县很近,所以历史上和交流密切,文化上也很接近台湾,笔者注意到与那国岛有三个城市,最西部的是久部良,读音为 Kubura,非常接近宜兰县的先住民噶玛兰族 Kavalan,久部良之西

---

① 徐晓望:《台湾:流求之名的失落——关于琉球与台湾历史的一种假说》,陈小冲主编:《台湾历史上的移民与社会研究》,第 8 页。

② [日]藤田丰八著,何建民译:《中国南海古代交通丛考》,上海:商务印书馆,1936年,第 348~351 页。

③ 米庆余:《琉球历史研究》,第 45 页。

④ 曹永和:《环中国海域交流史上的台湾和日本》,《台湾早期历史研究续集》,第 6 页。

就是台湾,所以其先住民很可能是台湾先住民。与那国岛之东的西表岛,最早叫古见岛,古见(Kumi)是岛东部的一个地名。冲绳岛西南有久米岛(Kume),这两个岛的名字很接近龟鼊(蠵龟),龟鼊读音是 ko piek。宫古列岛和八重山列岛之间还有一个小岛叫多良间(Tarama),而花莲县的先住民为哆啰满族(Turoboan),读音很接近多良间。宜兰县北围乡新社村的原名哆啰美远(Torobioan),礁溪乡原有先住民村社哆啰岸(Tologan),读音也很接近。从这些地名可以看出,八重山列岛的一些先住民应该是来自台湾的南岛民族。关于琉球语与南岛语的密切关系,本书下一章第二节还要论证。

婆罗公一名很可能是南岛语,婆罗洲(加里曼丹岛)得名于婆罗国(Borneo),即渤泥,今译为文莱。其北有巴拉望岛(Palawan),宜兰县礁溪乡光武村原有先住民村社武暖(Buloan),员山乡惠好村原有先住民村社芭荖郁(Palout),读音都接近巴拉望岛。因为南岛民族通过海洋散布,所以同源的地名会距离很远。宫古岛南面有地名宫国市,东有保良市,读音为(Bora),音近婆罗公。但是即使婆罗公在宫古岛,此名文化源头可能还是出自台湾。

黄智慧女士指出,1447 年朝鲜李朝的《成宗大王宝录》记载了济州岛渔民漂流到了宫古岛、西表岛、与那国岛等地,发现当地人有佩玉习俗。而此习俗不见于冲绳岛及其以北地区,台湾产玉,台湾东部和菲律宾巴坦群岛先住民也有佩玉习俗。与那国岛的玉祭也和台湾噶玛兰族、卑南族类似,宫古、八重山两个群岛的文化和台湾东部、菲律宾巴坦群岛是一个共同的文化圈,她还建议把这一片海域称为东台湾海。[①] 笔者认为台湾东北部海域属于东海,不必再起新名,但是所谓的先岛群岛倒是可以和钓鱼群岛合称为东台群岛,以突显这个群岛和台湾属于同一个文化圈。

宫古岛人要去的撒里即,可能西表岛西部最早的村落是祖纳(Sonai),读音相近。西表岛是琉球群岛仅次于冲绳岛的第二大岛,属于热带雨林气候,大多数土地是热带雨林和红树林沼泽,岛上有特有的西表山猫。西表岛环境独特,而且位于台湾和琉球群岛之间,所以可能是一个贸易地点。西表岛西部的祖纳是最大的港口,因此从宫古岛到祖纳需要经过八重山列岛北部海域,如果此时遇到风暴,就会漂到温州。祖纳人是岛上的先住民,所以祖纳称为祖纳集落,而非祖纳村。撒里即也有可能在台湾岛,宜兰县南部的南澳乡、大同乡有

① 黄智慧:《失散的文化锁链:与那国岛的"玉祭"与其周围诸民族》,福建师范大学中琉关系研究所编:《第九届中琉历史关系学术会议论文集》,北京:海洋出版社,2005 年,第 221～236 页。

泰雅族支系 Tsole 人，音近撒里即。南澳在宜兰县沿海，出产沙金。与那国岛女王名为 Sonai-isoba，因为此岛靠近西表岛，所以部族地名近似。

宫古岛人漂到的燕宫，前人未释，笔者认为可能是今玉环县的干江镇。镇在下岸宫村，干江即岸宫之讹。此地原在岛上，清末才因为修筑海塘与大陆相连。玉环岛原属温州，是温州和台州交界，故名中界山。

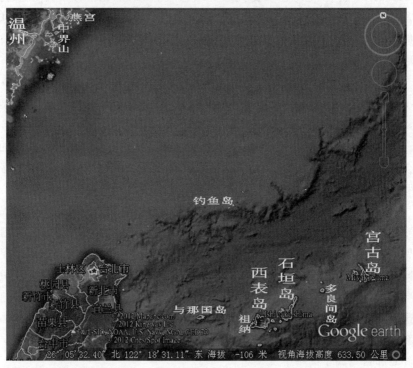

台湾岛及其东部的群岛

中书省把宫古岛人送往泉州，说明当时人可能已经知晓从泉州到宫古岛的航路。元代的宫古岛还不属冲绳的政权，更不属于日本，所以宫古岛人说的不是日语，很可能是南岛语。元朝人很可能认为他们是台湾或东南亚人，所以把他们送往泉州，元人可能不知宫古岛在何地。其实从泉州到宫古岛非常不便，要绕过巨大的台湾岛。至于这些宫古岛人是否回到了家乡，史书无载。

冲绳岛浦添市博物馆收藏有一方元代的押印，刘惠孙先生认为元朝和冲绳岛有交往。① 笔者认为元朝疆域极广,航海成就很高,元初的侵略性又很强,所以元人确实有可能知道冲绳岛,并遣使诏谕。

据说后来统一冲绳岛的浦添按司祖先英祖曾经率兵抵抗元军的入侵,《中山世谱》说元贞二年(1296 年)张浩等率兵抵国,冲绳人拒战不降,张浩无计可施,掳掠一百三十人而回。浦添城还有"癸酉年高丽瓦匠造"的瓦片,癸酉年可能是元顺帝元统元年(1333 年)。② 虽然元人很可能在元初就知道冲绳岛,但是他们最有可能从高丽或日本南下,所以他们对原本不属于冲绳岛的宫古、八重山群岛不一定了解,当然也不太可能从台湾东部海域到达台湾。

---

① 刘蕙孙:《在元代琉球群岛部落政权和中国发生贡使关系的一个旁证——关于冲绳浦添市博物馆所藏的"元押"》,《第五届中琉历史关系学术会议论文集》,福州:福建教育出版社,1996 年。

② 米庆余:《琉球历史研究》,第 44～45 页。

第六章

明代前期的小琉球

　　台湾岛的名字,从孙吴时期的他者泛称夷洲,到隋代来自先住民地名的流求,已经是一大进步。中国古人把东方民族泛称为夷,其实东北的夷是使用阿尔泰语系的满—通古斯语族语言的民族,而东南的夷是使用南岛语系语言的民族,二者有很大差别,所以夷洲一名实在是过于笼统。

　　隋代以后流求一名一直沿用到元代,但是因为官方对台湾岛很不关心,所以流求一名的确切含义越来越模糊,以至于在元代的知识界中的流求只是泛指海东岛屿。到了明代,流求居然演变为琉球群岛的新名字,台湾变成琉球群岛的附属地名小琉球。不仅如此,明代的台湾岛从小琉球又变成了小东岛、大惠国、小东洋、东番、北港、大员、大湾,最后定名为台湾,这纷繁复杂地名由来及更名背景,就是本书要探讨的问题。

　　明代前期的台湾和明代中后期不同,此时欧洲殖民者还没有到亚洲,所以台湾没有进入世界体系。由于明朝的海禁政策,东南沿海的海商受到重创,海上贸易衰落,所以此时的台湾还没有成为众多海商的活动基地。

　　这时台湾的发展速度其实是放慢了,因为盛极一时的郑和下西洋没有经过台湾岛。而琉球群岛虽然成为明朝的属国,福州到冲绳的航路也发达起来,可是来往两地的人员并不在台湾岛久留。可见海禁政策对台湾的打击很大,中国的东南地区不可能通过朝贡贸易获得长足发展。

　　明朝前期也是中国大陆王朝经营台湾的最佳时期,可惜明朝统治者拒绝了这一最好机遇。等到明朝中期欧洲殖民者突然出现在中国南方海域,明朝官府措手不及。虽然明朝中后期一直有不少忠臣和有识之士,还有民间旺盛的新兴力量,但是明朝中后期的官府比明朝前期更加腐朽,中国的内耗更多,所以终究无力回天了。

第一节　琉球移位与小琉球的出现

琉球群岛的主岛冲绳岛在宋元时期出现了一些称为按司的头目,元代出现了三个较大的按司:浦添按司、大里按司、归仁按司。明人称为中山、山南、山北三王,此外还有一些臣服于这三个按司的小按司。琉球国最早的国史是1650年的《中山世鉴》,此书编者向象贤主张日本与琉球同祖。此书编写很晚,但是居然把琉球国追溯到一万多年前的天孙王朝,不仅不可信,而且造伪时明显模仿日本《古事记》、《日本书纪》。琉球立国很晚,元代传说有些可信,宋代就很难说,所以我们存而不论。

洪武五年(1372年)明使杨载出使冲绳岛,首次把冲绳岛称为琉球,原来称呼台湾岛的名字从此转移到了冲绳。[①] 洪武十六年(1383年)明朝赐给中山王察度一枚驼纽镀金银印,十八年(1385年)又赐印给山南王和山北王。二十八年(1395年)察度去世,永乐二年(1404年)朱棣派人册封其子武宁为新王,从此定下明使册封琉球新王之例。

佐敷按司思绍之子巴志于永乐四年(1406年)赶走武宁,永乐十四年(1416年)灭山北,奉其父为中山王。永乐二十年(1422年)巴志(1372—1430)继位,仍自称中山王,洪熙元年(1425年)受明朝册封。宣德四年(1429年)灭山南,统一冲绳岛。巴志改姓为尚,建立尚氏王朝。此后逐渐统一今琉球群岛,才形成琉球国。[②]

一、琉球移位的原因

杨载的出使琉球应和明初中日关系有关。洪武元年(1368年)明使到了九州,当时在九州的是日本征西将军怀良亲王,他认为明朝国书"四夷君长酋帅"等字句傲慢,没有接待明使。明朝苦于山东的倭寇,次年又派杨载等七人出使,国书说:"倘必为寇盗,即命将徂征耳,王其图之。"怀良亲王杀了使者五人,把杨载、吴文华扣留三个月放还。洪武三年(1370年),朱元璋派莱州同知

---

①　陈宗仁:《鸡笼山与淡水洋:东亚海域与台湾早期史研究:1400—1700》,台北:联经出版事业股份有限公司,2005年。

②　米庆余:《琉球历史研究》,第25～28页。

赵秩出使,责备倭寇侵华。此次,杨载也把明朝擒获的日本海盗、僧侣十五人送交日本。怀良亲王派僧人祖来使明,并把倭寇在明州、台州劫掠的七十多人送回。洪武六年(1373年),明朝又派嘉兴府天宁寺仲猷祖阐和南京瓦官寺的无逸克勤两僧使日。此次他们秘密到达京都,但是在回程时遭到怀良亲王扣留,洪武七年(1374年)五月才回到南京。洪武九年(1376年),怀良亲王派僧人廷用文珪使明,但是朱元璋对信件措辞不满,下诏戒谕。洪武十二年(1379年)、十三年(1380年)、十四年(1381年)日本的使节都是因为没有表文,所以明朝拒绝接纳。洪武十四年的日本使节是怀良亲王所派僧人如瑶,信件说:"惟中华之有主,岂夷狄而无君……盖天下者,乃天下之天下,非一人之天下也。"朱元璋非常生气,但是他鉴于蒙古人的失败,没有出兵日本。①

显然,利用僧人外交是不得已的办法。而和日本交换战俘其实也令明朝有失国体,因为是倭寇侵略在先,而自认为天朝上国的明朝却不能有效命令日本管理倭寇。所以,洪武五年(1372年)杨载出使琉球可能是明朝针对日本的一种行为。通过在日本的南方扶植建立琉球国,明朝试图扩大在东海的影响,削弱日本的势力。朱元璋还把福建善于航海的三十六姓赐予琉球,加强琉球和中国的联系,这是明朝外交中的特例,显示朱元璋对琉球的重视。闽人三十六姓在琉球国有重要地位,琉球完全是因为明朝的扶植才统一了今琉球群岛。

此时的明朝还处于积极出征的时期,洪武五年(1372年)八月,朱元璋:"诏浙江、福建濒海九卫造海舟六百六十艘,以御倭寇。"九月:"诏浙江、福建濒海诸卫改造多橹快船,以备倭寇。"次年正月廖永忠言:"令广洋、江阴、横海、水军四卫添造多橹快船,命将领之,无事则沿海巡徼以备不虞,若倭夷之来则大船薄之,快船逐之。"同年还命令沿海卫所出海巡倭。八年(1375年)四月,又命宁靖侯叶昇巡行浙、闽、粤等卫,督造防倭海船。十月升福建都卫为都指挥使司,十二月命江夏侯周德兴往福州、平章李伯昇往漳州办理军务。十三年(1380年),周德兴回南京,又命平章潘原明往福建办理军务。杨国桢先生认为:从洪武十五年(1382年)朱元璋放弃出海巡倭到洪武十七年(1384年)开始沿海建城运动,标志明朝的海防从海上退缩到海岸。②

《明史》卷一三〇《张赫传》说:"赫在海上久,所捕倭不可胜计。最后追寇至琉球大洋,与战,擒其魁十八人,斩首数十级,获倭船十余艘,收弓刀器械无

---

① 〔日〕木宫泰彦著,胡锡年译:《日中文化交流史》,北京:商务印书馆,1980年,第511~514页。

② 杨国桢:《明代倭乱前的海上闽南与葡萄牙(1368—1549年)》,《瀛海方程——中国海洋发展理论与历史文化》,第202~203页。

算。"陈波指出,据《明太祖实录》所系之张赫传,此事在洪武六年(1373年),傅维鳞《明书》卷九五说张赫在牛山洋遇倭,追到琉球大洋。《明太祖实录》又说到洪武七年(1374年)正月初八日,命靖海侯吴桢出海巡捕,十月初八日,吴桢献俘京师,他追捕倭寇也到了琉球大洋。[①] 牛山岛在今平潭县东部,所以明军所到的琉球大洋很可能是台湾海域,这里的琉球还是指台湾。因为此时琉球刚刚移位,人们还是习惯把台湾称为琉球。

有学者认为杨载就是明初著名诗人杨基,他字孟载,朱元璋让他出使琉球可能是不怀好意。[②] 笔者认为此说不可信,杨基生平和杨载完全无法对应。杨基是著名诗人,他如果出使琉球,在他的传记中不可能没有说明。因为杨载不是杨基,所以朱元璋不怀好意等推测更是无法成立。

小琉球一名很快开始出现在明初的官方文献中,《明实录》"洪武二十五年(1392年)五月己丑"条说:

> 遣琉球国民才孤那等二十八人还国……初,才孤那等驾船河兰埠采硫磺,于海洋遇大风,飘至小琉球界,取水被杀者八人,余得脱,又遇风飘至惠州海丰,为巡卒所获,言语不通,以为倭人。

元末明初周致中的《异域志》出现了大琉球、小琉球条目,表示明初人已经广泛认可这一更名,原文是:

> 大琉球国,在建安之东,去海五百里,其国多山洞,各部落酋长皆称小王,至生彼此不和,常入中国进贡,王子及陪臣皆入太学读书。

> 小琉球国,与大琉球国同,其人粗俗,少入中国,风俗与倭夷相似。[③]

有学者误以为此书是明末人作,并认为明末人对大小琉球的认识进步,[④]其实不能成立。

明初王褒撰《三山王养静先生集》卷九《海上仙舟记》说:

> 海上仙舟,行人延平宁宗美氏自况也。宗美以硕学隽才,繇鄞县丞,迁行人。其奉使四方也,东过扶桑之谷,西抵溺羽之渊,南逾朱垠之野,北游阴山之麓。其瑰伟之见、怪异之闻多矣,何独以海上仙舟为况耶?盖尝舟出琉球大小二岛,历占城、爪哇、暹罗、真腊诸番,穷夫西洋绝域,当天光

① 陈波:《明初海运与海防的关系》,《郑和研究》2007年第4期。

② 徐晓望:《台湾:流求之名的失落——关于琉球与台湾历史的一种假说》,陈小冲主编:《台湾历史上的移民与社会研究》,第11~13页。

③ [元]周致中著,陆峻岭校注:《异域志》,北京:中华书局,2000年,第27页。

④ 徐晓望:《台湾:流求之名的失落——关于琉球与台湾历史的一种假说》,陈小冲主编:《台湾历史上的移民与社会研究》,第21页。

云影，动荡上下，风驶浪驰，万里一息。日月出没，望若舟外。蛟龙電鳌，起伏咫尺。而蓬莱阆苑之山，可指而登。洪崖浮丘之属，可报而致，诚海上之仙舟矣！[①]

《明史》卷三八七说："王褒，字中善，孝友重气谊。洪武中历瑞州、长沙两学教授，迁永丰知县，均徭课士，蝗为灾，祷城隍而殪。太宗时召修《永乐大典》，授汉府纪善，卒于官。"王褒应在朱棣时入朝，才写下此文，说明宁宗美出航东西两洋最有可能在永乐年间。琉球大小二岛应指冲绳岛和台湾岛，冲绳岛是大琉球，台湾岛是小琉球。[②]

前引陈宗仁先生之文又揭示成书于1471年的朝鲜《海东诸国纪》附录一段1500年从琉球国得到的信息说：

> （琉球）国之东南水路七八日程有小琉球国，无君长，人皆长大，无衣裳之制，人死则亲族会而割食其肉，漆其头，厢以金，为饮食之器。

此段有些记载与《隋书》类似，但是可能是琉球人的亲身见闻，至于头骨饮食器可能不是亲人的，而是猎头于外族。

琉球更名成功的背景就在于台湾岛的先住民没有参与东亚时局，所以他们对被更名毫不知情。而被纳为明朝藩属的琉球王国得到了琉球（流求）的古名，当然更不会反对。

流求虽然是音译，但是采用水旁的"流"字，可能包括在海中之意。笔者认为把流求改为琉球，不是乱写新字，而是儒家的意识形态背景使然。古人对名字极为重视，国名更是如此。琉球名字的典故，笔者认为来自先秦典籍。《诗·商颂·长发》说："受小球大球，为诸侯缀旒。"《毛传》："球，玉。"《郑笺》："受小玉，谓尺二寸圭也。受大玉，谓球也，长三尺。"后世又有谓球通捄，即法制，指商汤为下国授法。《毛传》："缀，表。旒，章也。"《通释》："缀旒并言，比喻汤为下国表则也。"《郑笺》："缀，犹结也。旒，旌旗之垂者也。"《集传》："言为天子，而为诸侯所系属。"[③]所谓法制、表率都是后世儒家形而上的附会，球的原义是玉器，究竟是何种玉器还不能肯定。小球、大球无疑都是礼器。缀旒无疑也是一种有关旌旗的礼仪，表示下国向商汤朝贡，接受册封。所以流求在明初定名为琉球，典出此处，本来就是朝贡体系的反映。古人烂熟《诗经》，又极其重视正名，所以才选用"琉球"二字。流求变成琉球，不只是地域的转移，也是

① ［明］王褒：《三山王养静先生集》，《续修四库全书》第1326册，第391页。
② 周运中：《元明时期中国与马八儿、琐里的交通史新考》，《南亚研究》2012年第2期。
③ 向熹编：《诗经词典》，成都：四川人民出版社，1986年，第368、660页。

政治格局的变化。明朝虽然实行海禁,但是试图用朝贡体制来弥补。明朝扶植琉球国,意在牵制日本,建立东海之外的藩篱。

事实证明,明朝的做法失败了。根本原因是朱元璋不明外国地理,从《大明混一图》上可以看出,台湾岛被画得很小,而冲绳岛却被画得很大,在明朝中后期的很多地图中还是如此。朱元璋不知晓台湾岛比冲绳岛大得多,如果他掌握了台湾岛足够的地理信息,就一定会积极建设台湾,而非冲绳岛。但是朱元璋漠视海洋世界,导致他不可能明白台湾岛的重要性。

六朝、隋朝、元代的福建平民所知的台湾信息能够迅速为官方掌握,导致这三个时期实行了积极的台湾政策,在官军出征台湾的过程中,平民都投身效劳。而明代的福建平民和中央朝廷之间似乎有难以逾越的巨大鸿沟,到了明代中后期仍然没有缩小,福建平民熟悉的海外知识总是很晚才为官方掌握。明代中后期甚至有很多沿海民众为外国人效劳,共同欺骗明朝官方。六朝固然是南方人建立的王朝,可是隋、元都是北方人建立的,元朝甚至是极远的异族建立。但是这些王朝都没有实行明代的严厉海禁政策,而明朝建立伊始,海禁政策就导致了沿海官民之间的巨大矛盾。明朝的统治者没有实行疏导政策,反而一味污蔑下海贸易的民众为盗贼寇匪,这就使得矛盾不可调和。明朝的海寇之盛,前所未有,根源在明朝统治者的错误政策。

流求一名移位之后,给后人造成了巨大的麻烦,明代人就把隋代以来史书记载的流求和冲绳岛混淆起来了,跟随郑和下西洋的费信所著《星槎胜览》有琉球,冯承钧说此条多抄汪大渊《岛夷志略》,但是增加了"能习读中国书,好古画、铜器,作诗效唐体"这 16 个字,但是汪大渊的流求是指台湾岛,而此处的琉球是指冲绳,所以费信不仅没有去过台湾和冲绳,而且把二者混淆。[①] 黄省曾《西洋朝贡典录》本来就不应收入东洋的琉球国,他又把隋代和元代的流求史料掺入书中,最后他说《隋书》说流求无马,但是现在琉球国贡马,说明前史多不足信。[②] 他不知是自己弄错了,其后又有明代人把隋代的流求史料一一求之于冲绳岛,更是迷惑不解。[③]

二、明初地图中的琉球

洪武十九年(1386 年)绘制的《大明混一图》上已经区分了大小琉球,而建

---

① [明]费信著,冯承钧校注:《星槎胜览校注》,后集第 8~9 页。

② [明]黄省曾著,谢方校注:《西洋朝贡典录》,北京:中华书局,2000 年,第 51~53 页。

③ [明]严从简著,余思黎点校:《殊域周咨录》,第 125~166 页。

文四年(1402年)来中国的朝鲜使臣金士衡、李茂、李荟归国之后与权近所绘《混一疆理历代国都之图》也是如此,虽然此图的底图是元代李泽民《声教广被图》,不过在国家定名上可能反映了明初的更迭。

　　刘海威曾经指出《混一疆理历代国都之图》上的大小琉球位置和比例都不是实情,显示明人对台湾岛很陌生。[①] 本光寺本的图上,小琉球居然在琉球国的西北方,彭湖又在小琉球的西北方,方向有误。韩国奎章阁本的图上,流球在大流球的西部,彭湖也在小流球的西北方,方向仍误。

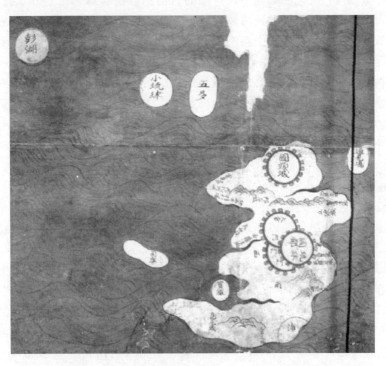

本光寺本《混一疆理历代国都之图》彭湖、小琉球、琉球

　　罗洪先的《广舆图》本自对元代朱思本《舆地图》的增广,其中的《东南海夷图》、《西南海夷图》和《混一疆理历代国都之图》同源。《混一疆理历代国都之图》的跋文说,此图是根据元代苏州人李泽民《声教广被图》和台州人清浚《混

---

　　① 刘海威:《古地图中的台湾——以〈混一疆理历代国都之图〉为中心》,刘迎胜主编:《〈大明混一图〉与〈混一疆理图〉研究——中古时代后期东亚的寰宇图与世界地理知识》,南京:凤凰出版社,2010年,第185～199页。

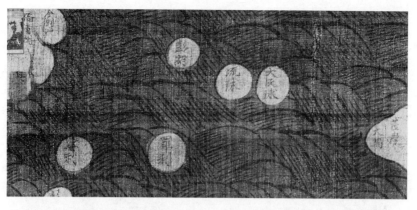

龙谷大学本《混一疆理历代国都之图》的兴化路、彭湖、琉球、大琉球、萨摩

奎章阁本《混一疆理历代国都之图》的兴化路、彭湖、流球、大流球

《广舆图·东南海夷图》的彭湖、小琉球、大琉球

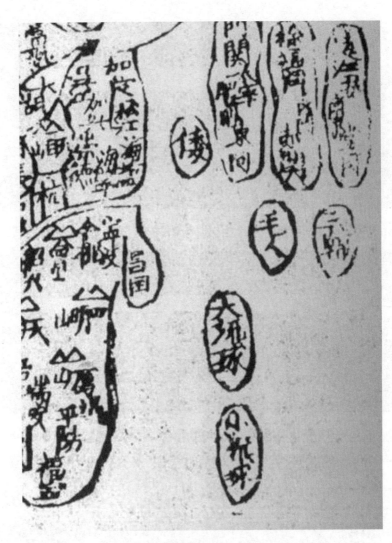

清浚《广轮疆里图》的大流球、小流球

一疆理图》绘制，又由权近根据朝鲜的地图增绘了朝鲜和日本部分，所以此图的非洲、欧洲、东南亚部分依据《声教广被图》。我们发现《东南海夷图》的小琉球虽然在大琉球的西部，但是彭湖却在小琉球的西南，比较写实，这可能反映了李泽民《声教广被图》的情况。

清浚(1328—1392)的《广轮疆里图》收入叶盛的《水东日记》，我们发现此图的大流球在小流球正北，位置更加写实。我们不知清浚地图的信息来源，陈佳荣先生推测清浚可能参与《大明混一图》的绘制，①此点现在不能肯定，笔者认为清浚在这一区域也有可能参考了明代的官方地图。

《大明混一图》画出两个日本，一个是极其巨大，比例夸张，但是画出了九州岛、本州岛和四国岛，一个极其细小，而且简化为三个平行的圆团，和清浚《广轮疆里图》的日本相同，说明此图来源多样，又没有详考。此图的台湾情况现在还不清楚，但是应该不会比同时期的其他地图进步，因为此图的来源和明初其他地图类似，东洋部分也没有特别进步。

第二节　钓鱼岛航路与中国人命名的法理意义

小琉球一名一直使用到嘉靖年间，小琉球是明人到冲绳岛的必经之路，台湾岛及其东北的鸡笼屿、彭佳山、花瓶屿、钓鱼群岛都是明人的航标。② 因为福建到冲绳岛很快，所以明人无须下船到台湾补给，多是直接航向钓鱼列岛，所以明代人很多熟悉钓鱼列岛。

一、钓鱼岛航路

明世宗朱厚熜嘉靖十三年(1534 年)出使琉球的陈侃《使琉球录》说：

> (五月)九日隐隐见一小山，乃小琉球也。十日南风甚迅，舟行如飞，然顺流而下，亦不甚动。过平嘉山，过钓鱼屿，过黄毛屿，过赤屿，目不暇接，一昼夜兼三日之程。夷舟帆小，不能及，相失在后。十一日夕，见古米山，乃属琉球者，夷人鼓舞于舟，喜达于家。③

平嘉山即今彭佳屿，黄毛及郭汝霖说的黄茅都是黄尾之讹。嘉靖四十年(1561 年)出使琉球的郭汝霖(1510—1580)说：

> 二十九日至梅花开洋，幸值西南风大旺，瞬目千里，长史梁炫舟在后，及。过东涌、小琉球，三十日过黄茅，闰五月一日过钓鱼屿，三日至赤屿焉。赤屿者，界琉球地方山也。④

萧从业、谢杰《使琉球录》卷首的《琉球过海图》画出了福州到琉球航海图，

---

①　陈佳荣：《清浚"疆图"今安在？》，《海交史研究》2007 年第 2 期。

②　周婉窈：《山在瑶波碧浪中——总论明人的台湾认识》，《台大历史学报》第 40 期，2007 年。

③　[明]陈侃：《使琉球录》，《续修四库全书》第 742 册，第 506 页。

④　[明]郭汝霖：《重编使琉球录》，《四库全书存目丛书》史部第 49 册，第 667 页。

有针路和岛屿,平佳山在小琉球之前,彭佳山在花瓶屿和钓鱼屿之间,台湾岛西北部并无小岛,则此平佳山是误画。作为标志的高山是鸡笼山,即今大屯火山群,最高峰是七星山(海拔 1120 米)。花瓶屿、彭佳屿之间的棉花屿没画,可能因为此山较小,而且在东南稍远处。

此图的花瓶屿比鸡笼屿、小琉球还高,钓鱼屿和小琉球居然面积相近,其实这是目视图,因为船只靠近花瓶屿、钓鱼屿,远远看到鸡笼屿、小琉球,所以大小失真。图上的针路说:

> 梅花头,正南风,东沙山用单辰针六更船,又用辰巽针二更船,小琉球头,乙卯针四更船,彭佳山,单卯针七更船,取钓鱼屿,又用乙卯针四更船,取黄尾屿,又用单卯针五更船,取赤屿,用单卯针五更船,取枯米山,又乙卯针六更船,取马齿山,直到琉球大吉。①

东沙山是今东犬岛,不是今东沙岛,笔者已有辨析。② 小琉球头即台湾岛的海岬,可能是最北部的富贵角,此处并无平佳山,可见图上的针路和岛屿来源不同,图上的平佳山或是误衍。原书的枯米山多讹为粘米山,可能是船民地图改绘刻印之讹。

《琉球过海图》的平佳山、小琉球、鸡笼屿、花瓶屿

---

① [明]萧从业、谢杰:《使琉球录》,《续修四库全书》第 742 册,第 540~541 页。

② 周运中:《郑和航海图闽粤部分新考》,澳门《文化杂志》中文版 2010 年第 2 期。

万历三十四年（1606 年）出使琉球的夏子阳（1552—1610）说：

> （五月二十四日）午过东沙山……次日过鸡笼屿，午后过小琉球，相去甚远，望之如空青一点耳。时风顺帆轻……二十六日过平佳山、花瓶屿，二十七日风忽微细，舟不行而浪反颠……午后过钓鱼屿，次日过黄尾屿……二十九日望见姑米山。

此书的《图说》在小琉球画有房舍，但是不见平佳山，因为平佳山是郭图误衍。图上的针路说：

> ［白］犬屿又取东沙屿，丁，上风用辰巽针八更船，取小琉球，未，上风乙卯针二更船，取鸡笼，申酉，上风用甲卯针四更船，取彭佳山，亥，上风用乙卯针三更船，未，上风，用乙卯针三更船，取花瓶屿，丁未，上风，用乙卯针四更船，取钓鱼屿，丙午，上风，用乙卯针四更船，取黄尾屿，丙，上风，用乙卯针七更船，丁，上风，用辰巽针一更船，取枯米山，又辰巽针六更，船取土那奇翁居里山，又辰巽针一更船，取马齿山，直到琉球那霸港大吉。①

这里的航路比萧从业《使琉球录》复杂，萧书只有两点之间的方向及距离，但是夏著在取某地之后还有一个方向，这个方向即这个目标在船只的相对位置，比如"用辰巽针八更船，取小琉球，未"指向小琉球 127°方向开八更，但是并不靠岸，这时小琉球在未方向（210°），即船在小琉球岛北偏东，小琉球岛在船的南偏西。再用乙卯二更，即 97°方向，鸡笼山在申酉，即 255°，此时鸡笼山既然在西偏南，则是今大屯火山群，而不是在今基隆市，否则就是鸡笼山在船的东南，而非西南。

我们由此也可知明代人所说的小琉球就是淡水河口南部一带，即十三行文化所在地。明代人之所以把鸡笼屿、小琉球当成两个岛，其实是把大屯火山群和淡水河口南部误以为两个岛。因为淡水河非常宽阔，所以由此误解。也有可能是后人摹绘转刻船民地图时有所误解，而船民虽然绘制不精，但是未必不知二地在一岛。萧、夏二图的小琉球都在鸡笼屿之前，即今台北西南到桃园一带陆地。

---

① ［明］夏子阳、王士祯：《使琉球录》，《续修四库全书》第 742 册，第 630～632、650～651 页。

明代册封琉球使节著作及路程表

年代	作者、书名	路线
嘉靖十三年（1534年）	陈侃《使琉球录》	广石、小琉球、平嘉山、钓鱼屿、黄毛屿、赤屿、古米山、那霸港
嘉靖四十年（1561年）	郭汝霖《重编使琉球录》	广石、梅花、东涌、小琉球、黄茅、钓屿、赤屿、土纳己山、小姑米山、那霸港
万历七年（1579年）	萧崇业《使琉球录》	广石、东墙山、平佳山、小琉球、鸡笼屿、花瓶屿、彭佳山、钓鱼屿、黄尾屿、赤屿、姑米山、马齿山、那霸港
万历三十四年（1606年）	夏子阳《使琉球录》	梅花、东沙山、小琉球、鸡笼屿、平佳山、花瓶屿、钓鱼屿、黄尾屿、姑米山、翁居山、马齿山、那霸港

二、钓鱼岛的琉球语名是南岛语

钓鱼岛是中国的神圣领土，日本学者井上清先生撰书《钓鱼岛的历史与主权》，详细论证钓鱼岛属于中国。他在书中除了引用大量中国古籍外，还引用了东恩纳宽惇与牧野清的说法，冲绳出生的东恩纳宽惇在1950年出版的《南岛风土记》中解释钓鱼屿与黄尾屿说："在冲绳渔民之间，自夙以ユクン・クバシマ之名著闻，ユクン是鱼岛，クバシマ是蒲葵岛之义。《指南广义》所云'出那霸港，用申针放洋，用辛酉针一更半，见古米山并姑巴甚麻山'之'姑巴甚麻'是也。"冲绳石垣市的乡土历史学家牧野清在所谓的《"尖阁列岛"小史》中说："据八重山的父老云，现在的'尖阁列岛'，就是前人说的イーグンクバシマ，这是相互关联的两个岛名，イーグン是鱼钓岛，クバ是久场岛，将两个岛连在一起称呼实际上是对尖阁列岛整体表述的一种习惯。"牧野清还说イーグン是一种叫鉆（モリ）的捕鱼工具，井上清指出イーグン（ikun）与クバシマ（kuba）原指钓鱼岛、黄尾屿，但是近来被颠倒，说明琉球人根本不熟悉这两个岛。[1]

郑海麟先生认为久场岛靠近姑米山，所以《指南广义》说在一起，但是久场岛距离钓鱼岛很远，不是黄尾屿。郑海麟又说，陈侃《使琉球录》说琉球语的鱼是亦窝，萧崇业《使琉球录》说是游，所以ユクン一名的ユ是鱼，クン是岛。郑

---

① ［日］井上清著，贾俊琪、于伟译：《钓鱼岛的历史与主权》，北京：新星出版社，2013年，第78～80页。

海麟又说,琉球人对钓鱼岛的认识不清,所以时而称为鱼岛(ユクン),时而称为イーグン(鱼钩),他说:"日本的鱼钓岛名称中之由来,是取琉球语中的字形、取中国语中的字义综合而成。"①

今按,シマ是今日琉球语的shimu,即日语的shima,指岛,而イーグン是igun,是琉球语的鱼,陈侃《使琉球录》说琉球语的鱼是亦窝,读音接近igun,也很接近ユクン(yukun),所以不能把ikun分解为yu与kun,没有任何证据表明kun是琉球语的岛。既然ikun或yukun是鱼,就不可能是牧野清所说的捕鱼工具鈷(モリ),读音完全不同。萧崇业记载的琉球语的鱼是游,这是受到汉语影响的新字,不是琉球语的本字。

韩结根认为,日本人说的ikun或yukun岛,是鱼岛,读音接近,但不是钓鱼岛,而是琉球国的西马齿山的附属岛屿鱼螺山,クバシマ(kubashima)是蒲葵岛,本是久场岛,但是黄尾屿恰好也是遍布蒲葵,所以是日本人为了侵占中国的钓鱼岛,而故意把鱼螺山、久场岛说成是钓鱼岛、黄尾屿。②

此说论证稍为简单,他的原始材料参考了郑海麟的著作,但是郑著还说到两件事,日本明治十五年(1855年)大城永保的考察报告已经说到ユクン岛在钓鱼岛附近,1900年冲绳县师范学校教谕黑岩恒的《"尖阁列岛"探险记事》也说:"ユク岛与申所是在久米岛靠午未之间,岛长一里七八合程,横八九合程,距离久米岛一百七八里程。"郑海麟说按照里程推算,正是钓鱼岛。韩结根回避了这两件事,无法解释日本人早在1855年的考察报告中就已经锁定钓鱼岛的名字ユクン。而且西马齿山距离钓鱼岛太远,不好混淆。海上的渔民不可能把距离在370千米以上的两个岛混淆,东恩纳宽惇采集的渔民传说本来没有混淆的意思。所以韩结根之说的出发点正确,但是论证未必成立。

今按,陈侃《使琉球录》说琉球语的鱼是亦窝,也即ikun,这是琉球语。琉球人本来含有南岛人成分,所以琉球语、南岛语的"鱼"字读音极为接近,今天马来语、印度尼西亚语、菲律宾第三大语言伊洛卡诺语的鱼是ikan,太平洋诸岛语言多是ika。有趣的是,在今巴布亚新几内亚的奥罗(Oro)省的阿尼美瓦克语(Aneme Wake)的鱼是yokai,极为接近古琉球语的yokun。

① 郑海麟:《钓鱼岛列屿之历史与法理研究》,北京:海洋出版社,2014年,第101~105页。

② 韩结根:《钓鱼岛历史真相》,上海:复旦大学出版社,北京:海豚出版社,2014年,第175~185页。

太平洋诸岛同源的鱼字

ika 类		iska 类			ska 类		
语言	鱼	语言	今地	鱼	语言	今地	鱼
琉球语	ikun	Sivukun	万山	iskan	Katavan	埔里	sikar
马来语	ikan	布农语		iskaan	Savava	北投	sikan
伊洛卡诺语	ikan				Tsurosoan	嘉义	sskan
斐济语	ika				Ta：nayo	民雄	tskan
汤加语	ika				Si-sya	杉林	
毛利语	ika				今日语	日本	Sakana

介于南洋诸岛与琉球之间的台湾岛上也有类似的语言,日本人伊能嘉矩明治三十年(1897年)到三十三年(1900年)调查台湾各族方言,在今高雄万山乡的 Sivukun 人的鱼是 isikan,显然也很接近 ikan。根据这个重要的线索,我们再看伊能嘉矩调查表中,台湾很多地方的鱼接近 skan。[1] 排湾语的鱼是 ciqaw,显然很接近。

ska 类分布在台湾中西部,包括南投县到嘉义(Tsurosoan 诸罗山)、民雄(Ta：nayo 打猫)到台南一带。更为有趣的是,现在日语的鱼读为さかな(sakana),显然极为接近台湾平埔族的 skan,这就证明了日本列岛特别是西南部的九州等地原来也有南岛人。在绳文时代,气候暖湿,南岛人从台湾沿冲绳诸岛北上到日本西南部。因为鱼是日常用语,所以这个词保留至今。

伊能嘉矩根据五岛列岛土著白水郎的大耳、垂耳风俗,指出其风俗接近南岛民族。[2] 今按《肥前国风土记》说:"昔者同(景行)天皇,巡幸之时,在志式岛之行宫,御览西海。海中有岛,烟气多覆。勒陪从阿昙连百足,遣令察之,爰有八十余。就中二岛,岛别有人。第一岛名小近,土蜘蛛大耳居之。第二岛名大近,土蜘蛛垂耳居之。自余之岛并人不在于兹,百足获大耳等奏闻天皇,敕且令诛杀。时大耳等……即取木皮,作长蚫、鞭蚫、短蚫、阴蚫、羽割蚫等之样,献于御所。于兹天皇,垂恩赦放……因曰值嘉……此岛白水郎,容貌似隼人,恒

---

①　[日]伊能嘉矩著,森口恒一编:《蕃语调查ノート》,台北:南天书局,1998年,第141页。

②　[日]伊能嘉矩著,"国史馆"台湾文献馆编译:《台湾文化志》上卷,第7页。

好骑射,其言语,异俗人也。"汉代在海南岛设儋耳郡,因为其居民有用耳环使耳下垂习俗,台湾也有此俗,即五岛列岛的大耳、垂耳习俗。值嘉岛的白水郎能用树皮做各种袍子,第一章第四节说过,这是南岛民族习俗。所以《后汉书·东夷传》说:"其地大较在会稽东冶之东,与朱崖、儋耳相近,故其法俗多同。"《隋书·流求国传》也说流求人的布甲与邪久(屋久岛)人的布甲相同,很可能因为风俗类似。大林太良认为隼人的语言近似南岛语系,所以说言语不同。

iska 是台湾南岛语的古老形式,所以保存在布农族、鲁凯族语言中,第二章第一节说过分子人类学检测表明,台湾腹心高山的布农族比较古老。菲律宾中部的宿务语的鱼是 isda,接近 iska,说明这种形式也分布在台湾附近。有学者以为古南岛语的鱼是 sikaʔen,[1]笔者以为此说没有在全球语言的背景下考察,所以误把其下游形式 skan 上溯为源。所以应是 iska 分化为 ika、ska 两种类型,向东南的是一支 ika 类,向西北的一支是 ska 类。毛利、汤加、斐济等族从东南亚迁出的时间很久,所以这种分化发生在数千年前。

尼加拉瓜与洪都拉斯交界处的米斯基托语(Miskito)的鱼是 inska,很接近台湾南岛语的古老形式。古南岛语 iska,也很接近古印欧语,古丹麦语、古荷兰语、古英语的鱼是 fisk,今挪威语、德语是 fisk,阿尔巴尼亚语是 peshk,拉丁语是 piscis。印欧语的 fisk 就是 iska 的前面加上一个轻唇音,说明古南岛语的这种形式产生的时间很久,地点可能在中亚,所以接近古印欧语。古希腊语的鱼是 ikhthús,接近马来语的 ikan。

如果 iskana 省略则为 kana,这种形式分布也很广,巴西的阿帕莱语(Apalaí)的鱼是 kana,高加索语系的车臣语是 čara,北欧乌拉尔语系的爱沙尼亚语、芬兰语是 kala。根据分子人类学的检测,汉藏语系与乌拉尔语系两大民族有共同祖先。汉语上古音的鱼是疑母鱼部 nga,关系较近的藏语是 nya,缅语是 nga,这可能是 kana 的尾部省略。

三、中国人命名钓鱼岛的法理意义

钓鱼岛一带海域多鱼,古代附近的台湾与冲绳各族都能发现,任何一个路过此地的民族都能发现,都有可能把钓鱼岛称为鱼岛。但是我们首先需要说明的是,既然八重山人的鱼岛之名是传说,则可能出自今琉球群岛人,也可能

① 李壬癸:《台湾先住民史:语言篇》,第 131 页。

出自远古的南岛语,包括台湾的南岛先民。

其次,日语的鱼虽然接近台湾西部平埔族的鱼,但是他们与冲绳先住民的分化发生在数千年以上,如果不是经由 iskan 这个中介词,我们很难看出两类词的关系。琉球语不是日本语,日本在最近几百年逐渐吞并琉球王国,逐渐把琉球文化同化到日本文化之中,所以冲绳人把钓鱼岛称为鱼岛与日本完全无关。

再次,琉球王国本来不存在,完全是明朝主持建立,才出现了琉球王国。所以冲绳人即使原来有鱼岛的名字,也是一种土俗地名。因为那时还没有政权直接管辖此处,或没有载入官方文献,所以这种土俗地名,没有法理意义。最迟到明朝建立琉球国时,明朝使节路过钓鱼岛,命名了钓鱼岛,钓鱼岛被正式纳入中国版图,钓鱼岛才出现了有法理意义的地名。

最后,鱼岛与钓鱼岛的名字看似接近,其实有很大差别,鱼岛只是说明此处多鱼,未必到此处捕鱼。冲绳人口极少,不必常到很远的钓鱼岛捕鱼。但是钓鱼岛是指出了渔场的经济意义,说明中国人已到此处捕鱼。因为中国人口极多,所以需要开辟较远的渔场。正如井上清所说,琉球人很少到钓鱼岛来,所以他们不熟悉钓鱼岛。牧野清说的钓鱼岛之名来自八重山列岛的人,而八重山接近台湾,八重山的文化原来更加接近台湾高山族文化。

至于现在日本人所说的所谓"鱼钓岛"或"尖阁列岛"完全是错误的名字,鱼钓本来不通,"鱼钓岛"是对中国人命名的钓鱼岛的误译。井上清早已指出,日本人所谓的"尖阁列岛"的名称晚到 1900 年黑岩恒在日本《地学杂志》第140—141 卷撰文《"尖阁列岛"探险记事》才提出,来源是英国军舰萨马兰号(Samarang)1845 年对钓鱼岛列岛测量,称为 Pinnacle 群岛,也即尖岛。尖阁之名本是错字,"阁"本应是"角",尖角才有意义,但是日本人写成尖阁,完全错误。井上清还指出,早期日本的官方文件甚至不用"尖阁列岛"之名,而是英文地名的音译。日本在甲午战争之后强占台湾,此后才占据钓鱼岛。但是台湾回归祖国,钓鱼岛作为台湾所辖岛屿,理应归还中国。

第三节　明初迁海与台湾

明朝非但没有进军台湾岛的动机,还在洪武年间放弃了澎湖列岛。朱元璋自内陆起兵,他和出自沿海的张士诚、方国珍部有很大差异。朱元璋剿灭张、方势力之后,沿海岛屿仍有很多反抗明朝的武装,倭寇也很嚣张。朱元璋剿灭了海上反抗势力之后,把他们的残部收编,把原来在海上活动的疍民也编入卫所。卫所、巡检司、寨堡、烽堠、墩台密布在中国海岸,朱元璋时期成为明朝海防的最辉煌时代,定下了明朝海洋管理政策的基调,对后世影响深远。[1]朱元璋对内严厉打击江南士绅富户,对外闭关锁国,实行海禁,重农抑商。朱元璋在强行迁移海岛居民到内陆,原来成为农田的沿海数百个岛屿都变成了荒地,包括澎湖。

一、迁海与台湾

何乔远《闽书》卷六《方域志》福州府福清县说:

> 海坛山,在县东南大海中……唐牧马地……皇祐中,许渔民耕垦。淳熙中,有户三千矣。元,(福清)户满四万升州者,以海坛诸里佐之也……海坛人《旧事私记》曰……人户计三千七八百、万四千余口。秋盐鱼课等米,计二千余石。巡海四寨烟墩二十四所,外隔小琉球三昼夜……皇朝洪武中,遣江夏侯视海察防,侯以转委福州右卫指挥李彝。彝索贿无厌,而有林扬者,素任侠有气,率里人逐彝。彝怒,遂画图贴说本山,画作微小孤屿,外通琉球一昼夜,内接镇东城三昼夜。巡司只画一寨,烟墩悉行抹杀,太祖览图下旨曰,天下孤山,人民既不得他用,又被他作歹,尽行调遣,连山附城居住……于是东南至福建、广东,北直沽,澎湖三十六屿,尽行调过。下令三日为期,后者死……值暴风,十九覆没。时海坛已墟,而田税五千余石,钱三十万及其他杂徭皆如故……鞭笞逮系无虚日,多鬻子女,至有雉经者……乃诣阙上书具状,有旨逮系彝,并系扬。侯守臣还报,彝惧,投环死。闽中守臣迁延不即报,至宣德初报上,诏释扬,复下旨,凡自孤山调移者,产业税银及递年杂役俱免一半。于是广、闽、浙、潮调移之人皆颂扬德。

海坛即今平潭岛,南宋已有三千户,元代有近四千户。传说是因为负责海防的李彝来搜刮,海坛人林扬驱逐李彝,李彝才故意用错误的地图误导朱元璋,劝他迁海。海坛岛本来是三昼夜到小琉球,李彝故意画成一昼夜,让朱元璋误以为此地接近外海。说明元代海坛岛已有到台湾的固定航路,而朱元璋害怕沿海人与台湾有密切来往,或许是因为在宋元之际就有很多人逃奔台湾,特别是元末明初在战争中失败的势力。迁海给沿海民众带来很大灾难,海坛

---

[1] 王日根:《明清海疆政策与中国社会发展》,福州:福建人民出版社,2006年,第479、502页。

只是其中的一个案例,明代史书记载很多。至于朱元璋迁海是不是受到李彝影响还未可知,可能其中有附会成分,乾隆《福清县志》记载林杨在迁海之后才去南京上书,没有率人驱逐李彝。而且迁海涉及明初统治集团的地域来源与明初的总体国策,不太可能受到一个小事件的很大影响。一般而言,各地民众都把罪责算在具体负责人身上,而不敢问罪最高统治者。林杨居然到宣德年间才释放,本来早应赦免的税务才免一半。决策来自朱元璋,但是李彝自知要做朱元璋的替罪羊,所以只能自杀。至于朱元璋的罪责,无人追究。

经过中国数千年航海的发展,特别是宋元时期飞速发展,海上各岛的交通本来比陆上还要发达,绝非所谓孤山。但是在内陆长大的统治者看来,这些地方是孤山,可见统治者的认识浅薄是灾难的根源。

二、洪武迁海虚澎

陈仁锡《皇明世法录》卷七五《澎湖图说》:"我朝信国,以岛中余民,叛服难谌,故徙之以实内,湖中虚,无人矣。"方豪引《读史方舆纪要》卷九九说,洪武五年(1372 年)提议内迁,二十年(1387 年)全部迁完,这时澎湖成为废墟。又引来集之《倘湖樵书》二编卷九《迁海》说:"洪武五年,以居民叛服不常,遂大出兵,徙置漳、泉间。"信国公即汤和,曹永和《早期台湾的开发与经营》一文曾经总结史书中的各种说法,发现澎湖内迁主持者有汤和、周德兴两说,时间有洪武五年(1372 年)、洪武二十年(1387 年)两说,而汤和在洪武十七年(1384 年)才奉命到浙闽沿海防倭,所以洪武五年(1372 年)之说不可信。福建海防实际由周德兴负责,时间在洪武二十年(1387 年),所以应以洪武二十年(1387 年)为准。

现在厦门岛北部有个地名枋湖,但是此地在山麓,并不平坦,也无大湖。枋湖与澎湖的闽南语音近,所以枋湖很可能是明朝初年内迁的澎湖居民所居,因为他们已经在澎湖居住了几百年,所以有了极强的澎湖认同,内迁时也把这一地名带到厦门。

朱元璋把宋元以来已经开发成熟的澎湖列岛丢弃在海外,中国沿海的岛屿成了倭寇的巢穴,给朱元璋的子孙后代留下了无穷遗患,他的方法实在是不高明。因为明朝中后期虽然又有少数中国人再次登上这些岛屿,但是他们又要重新开始,代价太大。朱元璋等不了解海洋的人幻想充实内陆,就万事大吉,殊不知欧洲列强是海权国家,以海制陆,陆地再实,以不可能抵抗海权国家。有这样的开国君主,有这样的海洋政策,郑和下西洋不可能到达台湾岛,甚至澎湖岛都很可能没去。

三、金门退为门户

金门岛的多数居民是明清时期从福建沿海迁入，但是也有极少数的家谱记载是宋元时期迁入，甚至有家谱说是唐代迁入。陈炳容认为，据《浯阳陈氏家谱》记载，后梁乾化三年（913 年），始祖陈达，奉镇同安浯洲盐场事，子孙落籍金门岛，至第六世陈大灿，均任管理盐场的九品承事郎，陈大灿卒于宋高宗建炎二年（1128 年）。[①] 笔者认为金门县的盐场始于五代的说法，可能有历史依据，因为北宋太平兴国年间乐史编撰的《太平寰宇记》卷一〇二泉州同安县说：

> 煮海里，一边在海中。有岛屿四所，计四百余家居焉。无田畴，人以钓鱼拾螺为业。

这四个海岛，一定包括今日大小金门岛。另外两个岛可能是大嶝、小嶝，因为厦门岛属于嘉禾里，不是煮海里。

这个煮海里得名于盐业，居民的主要业务是制盐。因为《太平寰宇记》时常抄录宋代之前的古籍，所以此条记载不一定是北宋情况，很可能是五代或更早的史料。当然，在福建汉人迁入金门岛之前，这里已是越人的居住地，应该也有不少越人汉化，甚至可能是古代金门岛的居民主要来源。因为原先是越人，所以仍然以渔业为主，而没有田地。

金门岛在唐宋之际兴起了盐业，是为了满足此时福建大陆飞速发展的需要。在六朝时期的南方开发第一个高潮中，福建新增政区主要集中在北部的闽江流域。而唐代后期的福建新增政区则遍布福建南北，尤以南部突出。这是福建历史上的第二个开发高潮，也是福建全面汉化之时。因为此时福建沿海荒地被开垦为农田，所以盐场就自然推移到了海岛。

据 1921 年编纂的金门县旧志记载，北宋太平兴国三年（978 年），金门岛始纳户钞，熙宁、元丰年间，设四都九图，属翔风里。[②] 不知旧志是否可信，而乐史所记仍为煮海里。

金门县在唐代还一度发展牧业，《旧唐书》卷一三《德宗纪》李适贞元二十

---

① 陈炳容：《浯洲场图》，《金门日报》副刊，2003 年 5 月 11 日。转引自郭哲铭：《由历史开发与行政建置论金厦历史地位的起伏》，《金门宗族文化》第 5 期，金门县宗族文化研究会，2008 年。

② 刘敬：《金门县志》卷一《沿革》，《中国地方志集成》福建府县志辑第 28 册，上海：上海书店出版社，2000 年，第 489 页。

年(804年)七月:"辛卯,福建观察使柳冕奏置万安监牧于泉州界,置群牧五,悉索部内马牛羊近万头匹,监史主之。"①据说其中一牧在金门岛,贞元二十一年(805年)四月丙寅罢万安监。韩愈《顺宗实录》说:"(四月)景寅,罢闽中万安监。先是,福建观察柳冕久不迁,欲立事迹,以求恩宠。乃奏云,闽中,南朝放牧之地,畜羊马,可使孳息,请置监。许之,收境中畜产,令吏牧其中。羊大者,不过十斤。马之良者,估不过数千。不经时,辄死,又敛,百姓苦之,远近以为笑。至是,观察阎济美奏罢之。"②万安监的弊政不到一年,所以没有给金门岛的经济造成深远影响。

金门大规模的农业建设始于南宋,相传庆元年间,有曾从龙兄弟等人,迁居浯洲,设堰筑埭,划海为田。③ 此说可信,因为北宋的书籍说金门等岛没有农业,而南宋时期有大量北方移民南迁,政治中心也南迁到浙江,东南沿海成为南宋的核心地区,人口激增。所以有很多大陆人移居海岛,因而在海岛围海造田。宋末元初,又有一些大陆人在战乱中迁居金门。

宋代的澎湖本来已经为闽南汉人开辟,此时的金门等岛变成内地。而明初的迁海,弃澎湖于荒外,于是金门重新变成了福建的门户。金门的名字就是在这一背景下出现的,洪武二十年(1387年),周德兴总理福建海防,设置金门千户所,取金门汤池之意,显然是把金门当成福建的门户。

明初金门驻军1530人,为福建沿海各所之首。据《筹海图编》卷四《福建兵防官考》,仅存旗军1000人,屯军110人。据《闽书》,万历年间,仅存旗军680人和屯军74人,据万历四十年(1612年)《同安县志》,仅存旗军626人。明初经略的重点居然荒废如此,可见明朝海防的腐败。明初之所以重点建设金门,无疑是因为元末的战乱。据《金门县志》,元末有陈坑土豪,入资买帖为霸都元帅,称雄一方,又有倭寇和广东乌尾船骚扰。金门离泉州府城较远,而外控海道,面积较大,土产很多,所以才会引来外寇。大概因为内有土豪,外有寇盗,所以明初重兵防守金门。

虽然金门退为门户不利于明朝的海防,但是澎湖居民的内迁与外来军户的移入,促进了金门的经济和文化与大陆联系更加紧密。

① [后晋]刘昫:《旧唐书》,北京:中华书局,1975年,第399页。
② [唐]韩愈撰,马其昶校注:《韩昌黎文集》外集下卷,第707页。
③ 《金门县志》,金门县政府,1991年,第103页。

第四节　郑和为何不来台湾岛？

郑和七次下西洋,浩浩荡荡的船队,舰船数百,人员有时多达 27550 位,每次都经过台湾海峡,但是郑和同时代的各种记载中都没有台湾的任何记载,说明郑和没有来到台湾岛。

《郑和航海图》画出了平湖屿,这是澎湖列岛首次出现在中国的地图上,而且非常逼真,画出五个小岛环绕一个岛,澎湖列岛最大的三个岛澎湖、西屿、白沙确实如一个圆圈,其南北还有几个岛,证实明朝人对澎湖列岛已经非常了解。但是澎湖列岛这么逼真,而台湾岛连示意性的一条线都没有,说明郑和下西洋的船队肯定没有到台湾岛。为什么这么大的一个岛,在元代还要几次征讨,在明代反而默默无闻了呢?笔者在《郑和下西洋新考》一书里没有提到台湾岛,即表明笔者认为郑和下西洋没有到达台湾岛。但是笔者也没有提到郑和为何不来台湾岛的问题,所以在此处回答。

一、时代背景不同

在明代之前,只有孙权、杨广和忽必烈出征过台湾岛,但是朱棣和他们相比,显然没有出征台湾的任何相似动机。

对于孙吴来说,要北抗强魏,西防劲蜀,最缺乏的是人口,而非土地。要增加人口,只有两个办法,一是把南方先住民赶出山,纳入政府管制,于是孙吴大开山越,在江南各地设置了很多新政区。还有一个方法是在海外岛屿设置政区,掠夺人口,于是孙吴派兵到海南岛、台湾岛和传说徐福后代居住的亶洲,成果各不相同。海南岛设置了政区,但是又废弃。台湾岛没有设置政区,但是虏获了数千人。亶洲太远,根本就没有去。明朝统一了中国多数地区,当然不必像孙吴那样处心积虑地增加人口,所以朱棣不会因此去台湾岛。

再看杨广,他是一个好大喜功的人,虽然他的暴政让隋朝很快灭亡,可是他留下来的大工程比如大运河居然受到了后世的称赞。杨广四处征讨,与隋朝接壤的每一个地区都被他讨伐,所以他听说流求近在咫尺,也要出兵。但是朱棣显然和他不同,很多边界地区没有战争,所以朱棣不会像杨广那样出征台湾岛。

忽必烈在对外扩张上比杨广更过,他不仅征服大陆国家,还远征日本、占城、爪哇,所以近在家门的台湾岛更是不会放过。这一点,朱棣当然不能和忽必烈相比,所以朱棣没有任何类似孙权、杨广、忽必烈的动机去出征台湾岛。而且元代征流求不成功,所以明朝更觉得没有必要出征。

二、郑和没有去台湾的动机

郑和下西洋的目的不是武装侵略,明朝没有因此在海外获得任何土地,所谓的旧港宣慰司其实不过是一个虚名,不仅完全由旧港人自治,甚至还要听命于爪哇。郑和很少在海外用兵,所以他不会因为扩张去占领台湾岛。

郑和下西洋有外交的目的,但是台湾岛上没有任何国家,郑和当然也找不到外交的对象。郑和的外交之路是在宋元及洪武时代就奠定基础的,而这之前没有台湾先住民和大陆的任何外交关系,所以从明朝的祖制及惯例来说,也没有去台湾岛的必要。

政治活动服从于经济基础,郑和下西洋的重要活动是商贸,但是当时的台湾岛没有令明人垂涎三尺的珍宝。因为宋元以来的台湾商品,种类不多,比较普通,根据赵汝适《诸蕃志》、汪大渊《岛夷志略》记载,大陆人熟悉的台湾特产无非是沙金、硫黄和鹿皮,但是这些实在不能称为珍宝。而且台湾岛的矿产多在东部和北部,宋元时期的大陆人还没有看到台湾岛的硫黄、沙金原产地,得到的数量也很少。

明朝人可以在西洋获得充足的黄金,而非沙金。南洋群岛和中国边疆也有硫黄出产,鹿皮也不是罕见之物。但是明朝人大宗输入的热带商品如香料、象牙、犀角、鹤顶等等在台湾都没有,因为台湾没有大象、犀牛等动物,而且纬度太高,所以没有什么香料。至于西亚的宝石、南亚的棉布、东非的奇兽在台湾岛更是没有,所以明朝人没有任何去台湾岛的商业动机。

郑和下西洋重远不重近,毗邻中国的占城、暹罗不及爪哇重要,印度各国不及阿拉伯地区重要。因为两大原因:

第一是邻近中国的地区有陆路可通,商品容易得到,远程航海的重要性不会凸显。

第二个原因是郑和下西洋的根本目的是用官营贸易取代民间贸易,消弭中国东南沿海的民间航海势力,所以政府当然不愿意在中国沿海活动太多,而是越远越好,这样才能体现大规模官营贸易的优越性,把民间社会的注意力转移到远方,用浩大的工程来威慑百姓。如果在沿海岛屿太活跃,必然会招引沿海民众迁居台湾等岛屿,从而与大陆王朝抗争,这是明朝统治者最为担心的事情。

因此,郑和下西洋不去日本、琉球、菲律宾、文莱,虽然这些地区也有很多珍宝,离中国又近。

也正是台湾岛没有什么奇珍异宝,所以明朝人不把这里看成重要的地方,以至于不想了解这里的情况,也不知道这是一个很大的岛,他们居然把这里称为小琉球,而且在地图上被缩小得有时比冲绳岛还小。这也说明郑和下西洋的目的绝非海外探险和科学考察,否则不应该舍弃大陆人那时还不太熟悉的台湾岛。一个台湾岛尚且如此,就更不可能有探索远方地理的动机,所以郑和下西洋发现世界的说法非常荒谬!

三、郑和来台传说不可信

可是郑和是中国历史上家喻户晓的人物,郑和下西洋在南洋群岛和沿海社会广为流传,所以很多人要编造郑和来台湾岛的传说,这其实也可以理解。

方豪先生认为郑和可能来台湾岛,因为《顺风相送》开头说:"永乐元年(1403 年),奉差前往西洋等国开诏,累次较正针路、牵星图样、海屿水势山形,图画一本,山为微簿。"但是这句话只能说明这本书的底本有可能是郑和下西洋时期所写,不代表最后成书于此时。古人之书代有递增,何况这本书本来就是沿海渔民的抄本。此书经过研究是明末成书,是明末渔民所用。所以此书虽然有航路涉及澎湖及台湾南部,不能证明郑和下西洋来到台湾岛。徐玉虎认为郑和没有来到台湾岛,后世传闻为附会之辞,也不能根据《顺风相送》得出郑和下西洋来到台湾岛的结论,[1]笔者认为徐玉虎之说合理。

陆容的《菽园杂记》卷三曾经列举永乐七年(1409 年)郑和、王景弘下西洋所到之地,其中有琉球和苏禄,台湾在中国去苏禄的航路上,有学者据此认为王景弘到过台湾。[2] 其实陆容在这段话之后明确说到是他抄录费信的《星槎胜览》,而上文说到费信没有到过台湾,《星槎胜览》的琉球抄袭《岛夷志略》,而且混淆大小琉球,所以我们不能以此为据。琉球、苏禄皆属东洋,下西洋船队不可能去东洋。陆容之书错误更多,把柯枝误为阿枝,把龙涎屿误为龙屿,把木骨都束误为木骨都东,数目也不及《星槎胜览》。

《闽游偶记》说:"澎湖为台湾门户……曾闻明永乐丁亥命太监郑和、王景弘、侯显三人往东南诸国赏赐宣谕,郑和旧名三保,故云三宝太监下西洋,因风

① 徐玉虎:《郑和凤山植姜及赤嵌汲水考》、《郑和凤山植姜及赤嵌汲水考再考》,《明郑和之研究》,台北:德馨室出版社,1980 年。

② 徐晓望:《早期台湾海峡史研究》,第 52 页。

过此。"有学者据此认为郑和曾经到台湾,①招抚先住民没有成功。其实这句话丝毫没有郑和到台湾的意思,全文说的都是澎湖。而且此书是清初所写,所记郑和下西洋多是传闻之词。

陈第(1541—1617)《东番记》说:"永乐初,郑内监航海谕诸夷,东番独远窜不听约。于是家贻一铜铃使颈之,盖狗之也,至今犹传为宝。"这段话常被当成郑和到达台湾岛的证据,其实不可信,因为陈第距离郑和有200年,这段话没有文献出处,只是一个传说。郑和没有必要发给先住民每人一个铜铃,也不可能做到这一点,这是当时汉人编造的传说,借以侮辱先住民。有学者认为郑和赠送铜铃给先住民,这是友谊象征,②笔者认为此说没有依据。

清代郁永河《裨海记游》说《明会典》的《太监王三保赴西洋水程》有"赤嵌汲水"一语,又不详赤嵌何地,即荷兰人所修赤嵌楼之地。方豪先生说《明会典》并无此话,其实《明会典》不应该有此话,这可能是郁永河之误。赤嵌即赤坎,中国沿海这个地名很多,还有写作红磡,比如香港的九龙就有红磡,磡就是嵌的异体字。日本学者坪井久马三认为郑和在第七次下西洋归途到台湾,③笔者认为这是他误以为祝允明《前闻记》所记郑和第七次下西洋归途的赤坎就是台湾的赤嵌,因为《前闻记》的赤坎在占城之前,所以即《郑和航海图》赤坎。经过笔者考证,赤坎很可能在今越南南部的藩里(Phan Ri)东面的Nam Ap海岬。郑和下西洋经过不止一个赤坎,但是绝不可能是台湾岛的赤嵌。赤嵌是闽台常见地名通名,澎湖县白沙岛北部还有赤嵌。

台湾后世的地方志有一些郑和的传说,也都不可信,比如康熙三十四年(1695年)《台湾府志》卷一《封域志》说:"宣德间太监王三保下西洋,因风过此。"卷九《古迹》说:"大井,开凿莫知年代,相传明宣德间太监王三保到台湾,曾于此井取水。"又同卷说:"药水,在凤山县下淡水社,相传明太监王三保投药水中,令土番染病者于水中洗涤,即愈。"又同卷说:"三保姜,凤县地方有之,相传明太监王三保植姜冈山上,至今尚有产者。有意求觅,终不可得。樵夫偶见,结草为记,次日寻之,获故道,有得者,可疗百病。"所谓王三保无非是王景弘的传说,因为他是闽南漳州人,所以可能有不少关于他的传说。但是王景弘也不可能到这里,所以这些传说都是早期到台湾的闽南移民编造的。所谓王

---

① 徐晓望:《台湾:流求之名的失落——关于琉球与台湾历史的一种假说》,陈小冲主编:《台湾历史上的移民与社会研究》,第15页。

② 周文顺:《台陆关系通史》,第100页。

③ 李长傅:《台湾与南洋——读史劄记》,《南洋史地与华侨华人研究——李长傅先生论文选集》,广州:暨南大学出版社,2001年,第264页。

三保井,可能是红毛井的误传。荷兰人在台湾开凿了一些深井,称为红毛井。闽南语的红是 ang,王是 ong,读音很近,毛、保读音也很近,所以红毛井讹读之后,又被附会为王三保井。

综上,郑和下西洋不可能到达台湾岛,浩大的船队和台湾岛擦肩而过,郑和和台湾先住民失之交臂,这是中国航海史的一大遗憾。200 年后,台湾的命运才由另外一个郑姓伟人郑成功改写。也正是郑成功,把台湾岛纳入了南明的有效统治之下。

第七章

魍港的浮现

　　明代中后期，国内外的形势巨变。在中国内部，明朝统治更加腐朽，而此时的民间社会却活跃起来，商品经济和民间文化都繁荣起来。在中国以外，欧洲人开辟了新航路，有所谓的世界大发现，世界历史进入了近现代。

　　台湾的位置非常特殊，其西是世界上最大的大陆亚欧大陆，而且与非洲大陆其实也通过苏伊士地峡联结，和东非只隔很窄的红海。其东是世界上最大的大洋太平洋，太平洋的东面就是美洲，所谓的新大陆。台湾在亚洲东部的岛链中间，又是岛链最靠近大陆之地，地处热带与温带的过渡区，在文化上是东亚文化圈和东南亚文化圈的过渡区。

　　因此台湾这个在古代历史上默默无闻的地方，居然在此时一跃成为世界的中心。这是台湾的独特地理位置决定的，新航路未开辟时，台湾是旧大陆的边缘，新航路开辟后，台湾是联结新旧大陆的航路所经之地。

　　在政治地理上，台湾还有一个独特的区位。那就是，台湾北面的中国大陆和日本，地域较大，建国较久，所以欧洲殖民者不可能在此建立较大的殖民地。而在台湾南面的东南亚诸小国，建国较晚，国力薄弱，又富有欧洲殖民者垂涎的资源，所以欧洲殖民者很快就在东南亚开疆拓土。台湾受到明朝和日本的影响，让欧洲殖民者不能肆意妄为，其内部又很接近东南亚的情况，刺激殖民者在此设立殖民地。这是台湾独一无二的特点。

第一节　内外变局与海上势力复兴

　　明代成化、弘治年间(1465—1505 年)，中国社会尤其是东南地区出现了巨大变化，商品经济发展，士绅力量抬头，文化风尚多元。明初一百多年来的政治寒冬逐渐离去,社会的开放度向宋元时代回归,史称成弘之变。

福建的海外走私贸易最先复兴,张燮《东西洋考》卷七《饷税考》说:"成弘之际,豪门巨室,间有乘巨舰贸易海外者。"到嘉靖初年,福建沿海各地形成交通外夷的风潮,以漳州府龙溪县月港、海沧,诏安县梅岭,泉州南安县安海,同安县等地最为突出。[①]《明宪宗实录》卷七九记载成化七年(1471 年)有龙溪县民丘弘敏与其党泛海通番,至满剌加等国贸易,又至暹罗,诈称朝使,谒见国王。其实闽南海上势力的重新崛起早于成化年间,正统八年(1443 年)浯屿水寨内迁厦门,为龙溪县人出海打开了大门。万历《泉州府志》卷一一《武卫》说此后:"纵贼登岸,而后御之,无及矣。"又说:"浯屿在同安极南,孤悬大海之中,左连金门,右临岐尾,水道四通,乃漳州、海澄、同安门户。国初设寨于此,最为远虑。"

浯屿水寨内迁之后,闽南海上势力再次崛起。《明英宗实录》卷四七记载朱祁镇正统三年(1438 年),有龙溪县人私往琉球贩货。卷一一七记载正统十年(1445 年)三月,有福建沿海民众伪称行人,私通爪哇。卷一二七记载九月有福州民众私自下海通番。卷一四○记载十一年(1446 年)四月,福建都指挥金事薛诚提督海道,奸民通番不能防捕。卷一五三记载十二年(1447 年)闰四月,龙溪县强贼池四海等数百人四出抄掠。卷一七七记载十四年(1449 年)四月到五月,福建海贼陈万宁攻广东潮阳县,诱致漳、潮居民入海驾船,累次登岸,杀伤县官,劫掠官库。卷一七九记载六月,福建巡海按察金事董应轸言:"旧例滨海居民私通外夷、贸易番货、泄露事情及引海贼劫掠边地者,正犯极刑,家人戍边,知情故纵者罪同。比年民往往嗜利忘禁。"于是上命刑部申明禁之。

《明英宗实录》卷二一七记载朱祁钰景泰三年(1452 年)六月:"命刑部出榜禁约福建沿海居民,毋得收贩中国货物、置造军器,驾海交通琉球国,招引为寇。"同书卷二三三记载九月:"都察院奏,福建备倭署指挥使金事王雄,追贼至东海黑水洋中,被贼拘执,求免而归。"黑水洋是黑潮,但是台湾岛东部有黑潮主流,西部有支流,澎湖之西还有支流,所以黑水洋不知在何地,总之应在台湾海域。

费宏《送福建按察司副使陆公君美序》说:"琉球、日本诸海国,去闽仅数千里,而澎湖、鼋鼊、高华诸屿,隐然可数于烟波浩淼之间,奇货珍材以售于华人,

第七章 魍港的浮现

---

① 傅衣凌:《明清时代商人及商业资本》第四章"明代福建海商",北京:中华书局,2007 年,第 103~106 页。

获辄数倍。故滨海冒禁之民,往往通贾胡,驾巨舶,倚风涛,旁午出没,或乘以鼓行攻劫,而下郡辄骚动无宁居。"有学者认为费宏送陆君美在正德年间,此处的鼋鼊、高华诸屿指台湾。① 笔者认为此说不确,如前所考,此二名出自《隋书》,指澎湖岛和西屿,费宏又说到澎湖,显然是他引用《隋书》又不知自己重复。既然是隐然可数,一定是指澎湖列岛,而非台湾。费宏可能不知台湾岛的重要性,就忽略了小琉球,说明此时的台湾还不是民间武装聚集之地。

杨国桢先生认为,浯屿水寨内迁标志闽南海防的退缩与废弛,为闽南民众出海发展提供了机遇,是 16 世纪亚洲海域漳州时代到来的前提。②

就在这时,欧洲列强来到了东方,与中国内部产生的外向发展动力一拍即合。明武宗朱厚照正德六年(1511 年),葡萄牙殖民者灭亡了明朝扶植建立的马六甲国。1513 年,葡萄牙人首次登上中国土地 Tamao 岛,③即香港屯门东部海湾。1521 年,荒淫无道的朱厚照暴毙,嘉靖皇帝即位,海道副使汪鋐(1466—1536)在广东屯门一带打败葡萄牙人,葡萄牙人被迫北上到闽、浙沿海。张增信先生考证大约 1541 年前后,葡萄牙人在浙江建立了 Liampo 港城,即中国书中的双屿港,④笔者考证此城在今舟山市六横岛西北部。⑤ 此时浯屿、南澳等地也是葡萄牙人的市场,葡萄牙人、日本人在闽浙沿海和中国人贸易,于是出现了所谓的嘉靖大倭寇现象。所谓倭寇多数是中国人,而且集海盗、海商于一身,得到东南沿海民众的支持。⑥

郑舜功《日本一鉴·穷河话海》说:

浙海私商,始于福建邓獠,初以罪囚按察司狱,嘉靖丙戌越狱遁,下海诱引番夷,私市浙海双屿港,投托合澳之人卢黄四等,私通交易。

嘉靖庚子继之许一(松)、许二(楠)、许三(栋)、许四(梓)勾引佛郎机

---

① 徐晓望:《早期台湾海峡史研究》,第 75 页。

② 杨国桢:《明代倭乱前的海上闽南与葡萄牙(1368—1549 年)》,《瀛海方程——中国海洋发展理论与历史文化》,第 209~210 页。

③ 此地旧有争论,参见金国平:《Tumon 杂考》,《西力东渐——中葡早期接触追昔》,澳门基金会,2000 年,第 19~42 页;汤开建:《中葡关系的起点:上、下川岛——Tamao 新考》,汤开建:《澳门开埠初期史研究》,北京:中华书局,1999 年。笔者认为在今香港屯门东部,另文详考。

④ 张增信:《明季东南中国的海上活动》,台北:东吴大学中国学术著作奖助委员会出版,1988 年,第 237 页。

⑤ 周运中:《双屿港城在今六横岛西北部考》,《九州学林》第 33 辑,第 139~154 页。

⑥ 戴裔煊:《明代嘉隆间的倭寇海盗与中国资本主义的萌芽》,北京:中国社会科学出版社,1982 年。

国夷人（斯夷于正德间来市广东，不恪，海道副使汪鋐驱逐去后，乃占满剌加国住牧，许一兄弟遂于满剌加而招其来），络绎浙海，亦市双屿、大茅等港，自兹东南衅门开矣。

嘉靖壬寅宁波知府曹诰，以通番船招致海寇，故每广捕接济通番之人，鄞乡士夫尝为之（极）[拯]拔。知府曹诰曰："今日也说通番，明日也说通番，通得血流满地，方止。"明年癸卯，邓獠等寇闽海地方，浙海寇盗亦发，海道副使张一厚，因许一、许二等通番，致寇延害地方，统兵捕之。许一、许二等敌杀得志，乃与佛郎机竟泊双屿。

伙伴王直（的名锃，即五峰）于乙巳岁，往市日本，始诱博多津、倭助、才门等三人来市双屿。明年，复行风布其地，直、浙倭患始生矣。岁丙午……许二以兄弟许一、许三丧亡，许四不归，所欠番人货财，不能抵偿，遂与朱獠、李光头等诱引番人寇掠闽浙地方矣。

明年丁未，胡霖等诱引倭夷来市双屿，而林剪往自彭亨国，诱引贼众，来与许二、许四等，合为一踪，劫掠闽浙，边方骚动。巡按浙江监察御史杨九泽，事闻于朝，敕都御使朱纨，调兵征讨许二、许四等，以靖闽浙，以安地方。明年戊申，科道交章，军门购获许二，许四逃去西洋，双屿港窒。

嘉靖五年（1526年），福建人邓獠越狱到双屿贸易，十九年（1540年），又有许氏兄弟招引葡萄牙人到双屿，浙江民众多与交易，官府严厉打击，引发战争。二十四年（1545年），徽州商人王直引来倭寇，福建商人又引来东南亚人，沿海骚动。二十七年（1548年），繁荣的双屿港城被提督浙闽海防军务、巡抚浙江的朱纨（1494—1549）摧毁，次年朱纨在漳州再立大功。但是朱纨损害了东南沿海士绅利益，反而被人诬陷处死，东南海上民间武装气焰更大。三十五年（1556年）到次年，陈东、徐海、王直被胡宗宪设计诱杀。四十年（1561年）到四十二年（1563年），戚继光（1528—1588）、俞大猷（1504—1580）等人用武力平定倭寇。俞大猷说：

数年之前有徽州、浙江等处之徒，勾引西南诸番，前至浙江之双屿港等处买卖，逃免广东市舶之税。及货尽将去之时，每肆行劫掠，故军门朱，虑其日久患深，禁而捕之。自是西南诸番船只，复归广东市舶，不为浙患。[1]

明军在浙江、福建、广东反复作战，损耗很大，但是治标不治本。潮州、漳

① ［明］俞大猷：《正气堂集》卷七《论海势宜知、海防宜密疏》，《四库未收书辑刊》第5辑第20册，第191页。

191

第七章 蚝港的浮现

州交界处的海寇又兴起,先有诏安县人吴平起于嘉靖四十二年(1563年),又有曾一本、林道乾、林凤等人崛起,直到万历前期才逐渐平息。

葡萄牙人又南下广东浪白澳,在原来的文湾岛北部,即今珠海市金湾区南水村,已经成为陆地。① 1554年,葡萄牙人通过行贿海道副使汪柏,从此租借澳门,得以开展合法贸易。

嘉靖年间,明朝统治阶级就有开海复市的建议。隆庆元年(1567年),福建巡抚涂泽民又奏请开海禁,获得批准,漳州的走私港口月港设海澄县,商船可领证到东西洋贸易。

1521年,殖民者麦哲伦(Ferdinand Magellan,1480—1521)环游地球时首次到达菲律宾宿雾岛,并死于此地。1528—1542年西班牙人四次前往菲律宾,都以失败告终。1565年西班牙人抵达宿雾岛,顺着洋流返回墨西哥。1571年,西班牙人把菲律宾总部从宿雾北移到马尼拉,甚至在1576年希望征服中国。1588年西班牙人无敌舰队被英国人摧毁,结束了西班牙人的这个妄想。

在西班牙人到达东方之前,中国、日本商船已经活跃于菲律宾。1570年,西班牙人在民都洛岛(Mindoro)救了一艘中国商船。中国商人为了感谢西班牙人,招徕中国商人前来贸易。1572年,西班牙人从马尼拉北上,探索吕宋岛北部,在麻里荖(Balinao)又遇到中国商船,在纳卡兰(Nacarlan)遇到日本商船。西班牙人把东方商路和美洲联系起来,开创了墨西哥阿卡普尔科(Acapulco)、马尼拉之间的固定航路,从而把东西半球紧密联系起来。马尼拉大帆船每年把墨西哥的白银输入中国,把中国商品通过美洲输入欧洲。据研究菲律宾输入明朝的白银总量可能达到8000万~9000万两,晚明每年输入100万~200万两。②

首个和西班牙人交易的中国商人首领(Capitán)说他向福建官员申请执照,即来自月港,不过他又路过澳门,葡萄牙人说很快要攻占马尼拉,劝中国人不要相信西班牙人。但是中国商人还是到达马尼拉,获得了丰厚利润,西班牙人很感谢中国人,开创了双赢局面。③ 此时西班牙、葡萄牙之间有很大矛盾,

---

① 王颋:《旁岛泊舟——明代香山陆海形势与澳门开埠》,王颋:《西域南海史地研究》,上海:上海古籍出版社,2005年,第336页。

② 李隆生:《晚明海外贸易数量研究——兼论江南丝绸产业与白银流入的影响》,台北:秀威资讯科技股份有限公司,2006年,第150页。

③ 李毓中主编、译注,陈柏蓉协译:《台湾与西班牙史料汇编Ⅰ》,南投:"国史馆"台湾文献馆,2008年,第122~124页。

但是 1580 年葡萄牙国王恩里格（Henrique,1578—1580）去世,西班牙国王菲利普二世兼任葡萄牙国王,两国暂时合并,化解了这一矛盾。

据说日本天文十年(1541 年),到达日本丰后国的明朝船只里就有葡萄牙人,把欧洲火枪传入日本,一说天文十二年(1543 年),王直和三个葡萄牙人漂流到了日本种子岛,才把火枪传入日本。九州岛西南诸藩最早得到了欧洲的火枪,基督教也从这里向日本传播。[①]

嘉靖到万历时期,欧洲殖民者还没有占领台湾,明朝官府在此时仍有机会在台湾屯垦、戍守,此时的华南海商也在台湾建立了汉人的基地,可是明朝官府仍然没有认识到经略台湾的重要性,甚至摧毁民间海商在台湾建立的城堡。可见明初的海禁政策仍占主流地位,虽有月港的有限开放,但是台湾仍被视为禁地。此时虽然没有明朝前期的最佳时机,仍有最后的机会,但是明朝终究错过了。

此时的明朝昏昏沉沉,不知葡萄牙在何处,更不知葡萄牙人和西班牙人已经建立了全球海上帝国。所谓嘉靖大倭寇之名其实不确,因为此名忽略了葡萄牙人的作用。正是因为葡萄牙人东来,激活了东亚海洋势力,使得明初以来萧条日久的东洋海上贸易网重新繁荣。

第二节　中西地图中的南北台湾

嘉靖之前,明朝地图上的台湾知识没有进步。杨子器跋《舆地图》成书于正德七年(1512 年)到八年(1513 年),使用不同符号表示不同性质的地名,外夷使用三角形,东南海外有琉球,使用三角形,前引杜正胜之文认为这是中国人把台湾排除在中国的疆域之外。其实这是绝大的误解,这里的琉球是指冲绳岛的琉球国,不是台湾。杨子器跋《舆地图》没有出现台湾,因为琉球是明朝属国,所以特别标出。前引刘海威之文认为图上的琉球是台湾,笔者认为不确,因为台湾岛是小琉球,冲绳岛是大琉球,大琉球是明朝的属国,在明朝官府的眼中,大琉球当然比小琉球重要。此图又极为简略,巨大的日本居然也用一个符号表示,说明此图的海外各地只是示意图,所以必须显示琉球国,而不必显示台湾。因为是示意图,所以图上的距离不足为据,不能说明图上的琉球是台湾岛。

---

① ［日］木宫泰彦:《日中文化交流史》,第 617～619 页。

一、中国地图中的南北台湾

明朝前期中国地图上的台湾岛没有标注任何小地名，嘉靖年间中国地图上的台湾岛出现了小地名，而且出现了另外两个名字。

嘉靖三十四年(1555 年)出使日本的郑舜功《日本一鉴》的《万里长歌》诗云:"一自回头定小东，前望七岛白云峰。"自注说:

回头，地名，泉海地方，约去金门四十里，下去永宁八十里。

或自回头径取小东岛，岛即小琉球，彼云大惠国。按此海岛自闽泉永宁卫间抽一脉，渡海，乃结澎湖等岛，再渡诸海，乃结小东之岛。

自岛一脉之渡西南，乃结门雷等岛。一脉派东北，乃大琉球、日本等岛。

夫小东之域，有鸡笼之山，山乃石峰，特高于众，中有淡水出焉，而我取道鸡笼等山之上，径取七岛。七岛之间，为琉球、日本之界。

又诗云:"或自梅花东山麓，鸡笼上开钓鱼目。"自注说:

梅花，所名，约去永宁八十里。自所东山外，用乙辰缝针，或辰巽缝针，约至十更，取小东岛之鸡笼屿……自梅花渡澎湖，之小东，至琉球，到日本，为昔陈给事出使琉球时，从其从人得此方程也。一自澎湖，次高华，次鼋鼊，次大琉球，亦使程也，而澎湖岛在泉海中，相去回头百六十里。钓鱼屿，小东小屿也。尽屿，南风用正卯针，东南风卯乙缝针，至四更，取黄麻屿。

此书的《沧海津镜》是航海图，共有 6 页(12 个半页)，画出从中国到日本都城的岛屿地图。首页绘出今台湾省，台湾岛注:"小东岛，即小琉球，彼云大惠国。"台湾岛北面画出鸡笼山，北面有硫黄山，画出喷发气体的情景，都是今台北大屯火山群。这是明代中国人的台湾地图中唯一出现的硫黄山，硫黄确实在产于大屯山东北部，显示明人对台湾认识的进步。

北面的花瓶屿，即今花瓶屿。台湾岛旁边的彭喜山，应是彭嘉山。其南又有瓶架山，是今彭佳屿和棉花屿，也有可能是彭佳山误解。北面是钓鱼屿，再北黄麻屿，是今黄尾屿，再北的赤坎屿，是今赤尾屿。

此书的台湾知识应该是郑舜功听福建水手所说，可以告诉我们:

第一，明代人已知此岛很大，所以称为小东岛。此岛先住民虽然不参与东亚政局，但是因为地域很大，所以仍可称为一国。小东是相对于大东而言，大东是日本。去琉球、日本要经过台湾北部，所以小东岛的名字显然和台湾岛北部的航路有关。

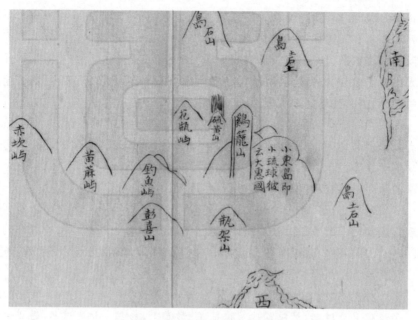

《日本一鉴》地图的台湾与钓鱼岛附近

第二,大惠国一名是台湾先住民的地名,不是日本人所名,日本人称为高砂。以前很多学者认为彼指日本人,但是同书"中国私商络绎市彼"一句证明彼是台湾先住民,而大惠的读音接近台湾,所以有不少学者认为这是台湾一名的前身最早出现。大惠国的名字是指台南附近,这和台湾南部的航路有关。郑舜功说台湾的地脉从澎湖而来,说明他知道这里的航路。

1616年黄承玄说:

> (大琉球国)稍南,则鸡笼淡水,俗呼小琉球焉;去我台、礵、东涌等地,不过数更水程。又南为东番诸山,益与我彭湖相望。此其人皆盛聚落而无君长,习镖弩而少舟楫。[①]

他也把台湾岛分成南北两部分,北部的鸡笼、淡水因为在去大琉球的路上,所以被称为小琉球;南部是东番,大概因为南部先住民聚落密集,这也解释了郑舜功又把台湾称为大惠国的原因。

第三,台湾岛西南的门雷等岛,前人未考,笔者认为可能是今小琉球岛或南澳岛东南的勒门列岛,门雷是雷门之误,音近勒门。小琉球岛的原名是

---

① 黄承玄:《题琉球咨报倭情疏》,《盟鸥堂集》,收入《明经世文编选录》附录,《台湾文献史料丛刊》第53册,台北:大通书局,1984年,第227页。

Lamey,读音也近,其语源不详,勒门和小琉球岛的原名可能是同源地名。勒门列岛其实和澎湖无关,其南另有南澎列岛,南澎音近勒门。在澎湖西南有一片海底丘陵,被称为台湾滩,最浅处只有 10 米深,甚至在低潮时露出水面。①古人很可能发现台湾滩,其西就是勒门列岛、南澎列岛,所以认为台湾、澎湖和勒门列岛、南澎列岛的地脉相通。

郑舜功知道台湾的山脉大体上是西南和东北走向,说明《日本一鉴》虽然没有画出台湾全图,但是当时的中国人已经知道台湾岛的地理概况。因为郑舜功仍然是路过台湾岛北部,所以他的地图只画出了台湾北端。但是图上有台南的地名,说明当时中国人了解到台湾南北两个部分。

嘉靖时期出现了小东岛一名,万历年间出现了东番一名。这些新地名的出现正是在倭寇肆虐的背景下出现的,台湾岛是倭寇入侵的跳板,所以郑若曾(1503—1570)不仅在《筹海图编》的针路中提到小琉球,而且指明是倭寇经途。卷二《使倭针经图说》说:

> 梅花东外山开船,用单辰针、乙辰针,或用辰巽针十更,船取小琉球。小琉球套北过船,见鸡笼屿及梅花瓶、彭嘉山,彭嘉山北边过船,遇正南风用乙卯针,或用单卯针,或用单乙针,西南风用单卯针,东南风用乙卯针。十更,船取钓鱼屿。钓鱼屿北边过,十更船,南风用单卯针,东南风用单卯针,或用乙卯针,四更,船至黄麻屿。黄麻屿北边过船,便是赤屿。五更船,南风用甲卯针,东南风用单卯针,西南风用单甲针,或用单乙针。十更,船至赤坎屿。赤坎屿北边过船,南风用单卯及甲寅针,西南风用艮寅针,东南风用甲卯针,十五更,船至古米山。

卷二《日本纪略》又说:

> 若其入寇,则随风所之。东北风猛,则由萨摩或由五岛,至大小琉球,而视风之变。迁北多犯广东,东多则犯福建、彭胡岛,分綜或之泉州等处,或之梅花所、长乐县等处。②

因为倭寇中有很多中国人,所以这时的中国人往来台湾岛,熟悉了台湾,他们不用官方的小琉球一名,而用民间的名字小东岛、东番。所以这一更名其实反映了台湾岛已经被动地进入了东亚国际关系,其动力来自日本和中国沿海的海盗及海商。

前引陈宗仁之著引用郑舜功《日本一鉴》说明台湾岛称为倭寇活动之地:

---

① 戴昌凤:《台湾的海洋》,台北:远足文化事业股份有限公司,2003 年,第 34 页。

② [明]郑若曾著,李致忠点校:《筹海图编》,北京:中华书局,2007 年,第 159、179 页。

1.《穷河话海》说，嘉靖三十三年（1554年）许二诱引番夷犯广东，次年回日本，"许二自会沈门于高洲，归经小琉球，盗岛木植，岛夷杀之"，陈宗仁认为许二是为取柴或修船，笔者认为也有可能是砍伐木材类商品。

2.《桴海图经》说："自嘉靖初给事中陈侃出使琉球，取道福建以往，其从人有识日本路程者，故闽海人因知取道小、大琉球，沿海诸山，一路而去……今廿有余年，中国私商络绎市彼，各有路经，但抵其域，市诸货财而已。"

又福建巡抚涂泽民隆庆二年（1568年）到次年追捕海盗曾一本，《明经世文编》卷三五三收录他的《与俞李二总兵书捕剿机宜》说：

> 又访此贼北来图遁之地有三：一彭湖，一小琉球，一倭国。彭湖，死地，水米难继，此策之下者也，为官兵数月之忧。小琉球可济水米，夷人不从，彼惟自去自来，此策之中者也，为两省数年之忧。若入倭国勾引，则既通水米，又得附从，为国家无穷之忧矣！[1]

台湾岛的特点是资源丰富，但是先住民不仅很难胁从，还会群起攻击，所以海盗很难有大作为，只能短暂停泊，接济柴水。曾一本似乎没有到台湾，此时大陆海盗在台湾岛还没有巩固的基地。

此时的中日贸易在台湾非常活跃，贸易中心是北台湾的鸡笼和淡水。张燮《东西洋考》卷七说：

> 万历三年，中丞刘尧诲请税舶以充兵饷，岁额六千，同知沈植条《海禁便宜十七事》著为令，于时商引俱海防官管给，每引征税有差，名曰引税。东西洋海引税银三两，鸡笼、淡水税银一两，其后加增东西洋税银六两，鸡笼淡水二两。[2]

万历三年（1575年），刘尧诲为了增加兵饷，设置商船税，官给船引，征收引税，东西洋船收银三两，鸡笼、淡水船收一两。其后东西洋收六两，鸡笼、淡水收二两，还是三分之一。

16世纪90年代福建巡抚许孚远《敬和堂集》卷四《疏通海禁疏》说：

> 臣有访得同安、海澄、龙溪、漳浦、诏安等处奸徒，每年于四五月间告给文引，驾驶鸟船，称往福宁卸载，北港捕鱼。及贩鸡笼、淡水者，往往私装铅、硝等货，潜去倭国，徂秋及冬，或来春方回。亦有借言潮、惠、广、高等处籴买粮食，径从大洋入倭，无贩番之名，有通倭之实，此皆所应严禁。

同书卷七《海禁条约行分守漳南道》说：

197

① 《明经世文编选录》附录，《台湾文献史料丛刊》第53册，第140页。
② ［明］张燮著，谢方点校：《东西洋考》，北京：中华书局，2000年，第132页。

又有小番,名鸡笼、淡水,地邻北港捕鱼之处,产无奇货,水程最近,与广东、福宁州、浙江、北港船引,一例原无限数,岁有四五只,或七八只不等。

黄承玄《题琉球咨报倭情疏》说:

本道治兵泉州,曾结正私度东番捕采叶德等一狱,而因知倭有乌尾数船,时时收买鹿獐、锦鲂等皮于番中。及领海道,又斥绝妄援三十八九年例,请添给淡水洋引之陈文阳辈,而益疑闽有奸民,必将勾引倭奴接济贸易于此港,今果见萌兆矣。

他说在泉州时曾经抓获要到东番捕鱼的叶德等人,知道日本人有船经常去东番收购鹿皮、渔产,其后又拒绝增加发放去淡水洋的船引。

他又说:

鸡笼地属东番……顷者越贩奸民,往往托引东番,输货日本……至于濒海之民,以渔为业其采捕于彭湖、北港之间者岁无虑数十百艘,倭若夺而驾之,则踪影可混,我若好而抚之,则喙息可闻。[①]

顾炎武《天下郡国利病书》说:

于时凡贩东西二洋,鸡笼、淡水诸番及广东高、雷州、北港等处商渔船引,俱海防官为管给,每引纳税银多寡有差,名曰引税。

所谓鸡笼、淡水没有奇货,其实是相对北港而言。北港多鱼,鸡笼、淡水没有渔产,但是中国商人往往在此和日本人交易,或者去日本贸易,次年才回。因为淡水开始繁荣,所以《乾坤一统海防全图》开始画出淡水河。

因为嘉靖到万历初年,鸡笼、淡水成为中日贸易的中心,所以在郑舜功的地图上,鸡笼山被突出画出来。

二、西方地图中的南北台湾

台湾在嘉靖时期开始出现在西方人的地图中,据曹永和的研究,目前所知最早标出台湾的欧洲地图是1554年葡萄牙制图家Lopo Homem绘制的一幅世界地图,称台湾为美丽岛(I. Fremosa)。上文说过,1541年或1543年,葡萄牙人首次到日本。16世纪40—50年代,葡萄牙人开始经过台湾岛北部,看到美丽的风景,所以称之为美丽岛。葡萄牙人看到的美丽岛应该是台湾岛最北部,这里有高耸的火山群和宽阔的淡水河口,所以给航海者留下深刻的印

① 《明经世文编选录》附录,《台湾文献史料丛刊》第53册,第475页。

象,这和《日本一鉴》画出台湾岛最北部的火山群如出一辙。如果是西部平坦的沙岸,不足以震撼在世界各地航行的葡萄牙人。

1561 年,Bartholomeu Velho 绘制的世界地图首次把台湾画成两个岛,南部是小琉球(Lequeo Pequeno),北部是美丽岛(Fermosa)。此图影响很大,此后很多西方地图都把台湾画成两个岛。

1563 年,Lazari Luzis 的世界地图集首次把台湾岛画成三个岛,但是名字只有一个,在北岛的东面标注小琉球(Lequeo Pequeno)。

1590 年,Bartholomeu Lasso 绘制的世界地图集又把台湾岛画成两个小岛,南岛名为小琉球(Lequeo Pequeno),北岛为美丽岛(Fermosa)。[①]

因为西方人主要路过台湾岛西部,把宽阔的浊水溪和淡水河口当成了海峡,误以为台湾岛是三个岛,不过这仍然反映西方人对台湾的认识飞速进步。1554 年之前,葡萄牙人较少路过台湾,又北移双屿,多走中国沿海,所以认识到的是台湾北部。葡萄牙人立足澳门之后,再去日本会经过台湾南部,所以到了 1561 年已经发现台湾南部海岸。此后葡萄牙人对台湾地理的认知进步不大,始终把台湾画成几个岛,没有发现这是一个岛。

1570 年,荷兰人奥特里乌斯(Abraham Ortelius,1527—1598)出版的《世界舞台》(*Theatrum Orbis Terrarum*,或译《地球大观》)中有一张《东印度与邻近诸岛图》,在 Lequio maior(大琉球)、Lequio minor(小琉球)之间标出 Ya Fermosa(美丽岛),这是把小琉球当成台湾岛南部,把美丽岛当成台湾岛北部。此图中的美丽岛和大小琉球紧密连接,似乎是今琉球群岛的一部分,这是当时荷兰人的知识不足。

1584 年版奥特里乌斯《世界舞台》第 93 页是《中国新图》(Chinae,olim Sinarum regionis,noua descriptio. auctore Ludouico Georgio)。这是西方第一幅中国全图,其中的美丽岛(Fermosa)和大琉球(Lequio magna)已经距离较远,说明奥特里乌斯在不断修正地图集,但是他又把美丽岛和小琉球(Lequio parua)的距离拉大,不合实情。据黄时鉴先生研究,此图的实际作者是葡萄牙传教士巴尔布达(Luiz Jorge de Barbuda,1520—1580)。[②]

荷兰航海家林斯霍滕(Jan Huygen van Linschoten,1562—1611)在 1596 年出版的《东印度水路志》(*Itineraio*)有一幅《中华领土及海岸精确海图》,此

① 曹永和:《欧洲古地图上之台湾》,《台湾早期历史研究》,第 301~305 页。
② 黄时鉴:《巴尔布达〈中国新图〉的刊本、图形和内容》,澳门《文化杂志》中文版,2008 年夏季刊。

1584 年《中国新图》的小琉球、美丽岛、大琉球

图的台湾岛已经脱离琉球群岛,和吕宋岛的距离也接近真实,说明西方人对台湾岛的认识进步了。不过此图的台湾岛仍然被分成三个岛,北部是 Fermosa,南部两个岛是 Lequeo pequeno(小琉球)。

万历三十年(1602 年)利玛窦在北京绘制的《坤舆万国全图》上的大琉球比小琉球大,而且大琉球在南。有学者以为这里的大琉球是台湾,小琉球是冲绳岛,其实这是误解。我们对比《东印度水路志》就会发现,《坤舆万国全图》的三个岛其实都是台湾岛,利玛窦把北部两个岛标为小琉球,把南部一个大岛标为大琉球,是因为他以为大琉球一定比小琉球大。利玛窦地图台湾部分的来源是西方地图的三岛型台湾,而非一岛型或二岛型台湾。

万历二十一年(1593 年)常州府无锡县儒学训导梁辀在南京刻印了《乾坤万国全图古今人物事迹》,此图参考了利玛窦的世界地图早期版本,是明末中国人刻印的第一幅世界地图。但是图上的中国被无比放大,世界各国则被挤

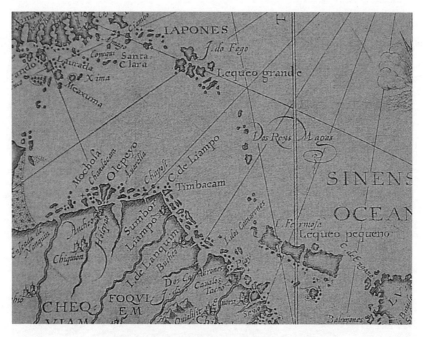

《东印度水路志》的美丽岛、小琉球和大琉球

压在边缘,图上东南角有一个岛上有白峰,此岛之西又有珊瑚树岛,有人认为是台湾的玉山主峰,珊瑚树岛是盛产珊瑚的台湾北海岸,[①]其实这是绝大的误解。图上的序言明确说:"近睹西泰子之图说,欧罗巴氏之镂版,白下诸公之翻刻有六幅者,始知乾坤所包最巨,故合众图而考其成,统中外而归于一。"据研究,他参考的可能是利玛窦1584年在广东肇庆刻印的《山海舆地图》。[②] 图上的白峰其实是利玛窦世界地图南美洲的白峰,德里贤释为 Bianco capo,珊瑚树岛其实也见于利玛窦世界地图,德里贤释为 Coralli isola dei,研究者指出这是意译,难以确考。[③] 根据原图,白峰在巴西亚马孙河口东部,珊瑚树岛在今太平洋中部。

第一个把"福尔摩沙"之名传入中国的人可能是利玛窦。2008年,在肇庆工作的刘明强先生去祖籍地湖北监利访问,看到成书于1914年的《刘氏族谱》,该族谱初修于明代。其中有一篇《利玛传》,记载刘承范与利玛窦的交往

①　王存立、胡文青:《台湾的古地图:明清时期》,台北:远足文化事业股份有限公司,2002年,第62页。

②　黄时鉴、龚缨晏:《利玛窦世界地图研究》,第26～28页。

③　黄时鉴、龚缨晏:《利玛窦世界地图研究》,第189页。

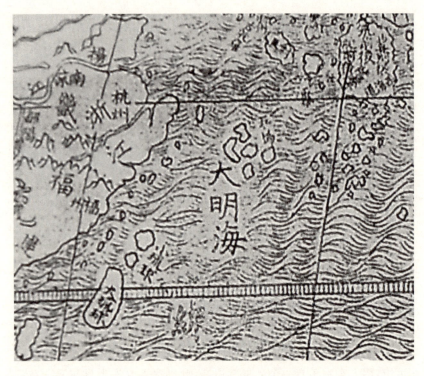

《坤舆万国全图》的大琉球、小琉球

注：黄时鉴、龚缨晏：《利玛窦世界地图研究》，上海：上海古籍出版社，2004年。

史实。刘承范1589年任韶州府（今韶关）同知，先在肇庆游玩时，无意走到利玛窦住所。两个月后，驻扎肇庆的两广总督刘节斋要平定海盗，希望驱逐留居澳门的葡萄牙人，听说利玛窦住在肇庆，因而刘节斋派刘承范去打探虚实，刘承范再见利玛窦，劝说利玛窦移居韶关。刘承范在韶关与利玛窦谈论宗教、科技等事，1591年离开韶关，刘承范留有此篇《利玛传》。① 此篇新史料价值极大，澄清了过去很多误解，其中所记刘承范澳门之行导致两广总督改变治澳策略，对澳门史甚至中国史研究也有极大价值，汤开建教授有详细论证。②

刘承范《利玛传》记载利玛窦对刘承范说：

> 吾远游上国，直为数卷书耳。始一译而之占城，又历数十国，无过吾心者，乃再译而之暹罗，又历数十国，无当吾心者，乃三译而之真腊，四译

---

① 刘明强：《西学东渐在肇庆》，广州：暨南大学出版社，2014年。

② 汤开建：《明韶州同知刘承范〈利玛传〉的发现、内容及其价值》，《澳门研究》第75期，2014年。

而之琉球,五译而之福岛,计所适国,凡百有奇,为时则十年往矣。然竟未睹挟书者,问之道路,皆盛称广城,故专觅乡道,尽译汉音,乃徐徐入广。

利玛窦来华是为了传教,但是他为了获得刘承范的信任,说他来中国是为了求学。他说先到占城,再到暹罗,再到真腊,再到琉球,再到福岛,再到广州。不知是他说错,还是刘承范记错。从马六甲到中国不可能走这样的路线,不仅走不到暹罗、琉球,也不可能先到占城再回真腊、暹罗。但是此处出现的福岛则令人惊叹!因为东方没有一个地区叫福岛,这个福岛在琉球之旁,一定就是台湾!福岛是"福尔摩沙岛"的简称,利玛窦虽然没到台湾,但是他列出福岛之名,说明他很重视台湾,知道此处地位重要,面积广大。但是刘承范不知福岛真相,利玛窦在他的世界地图上也没用福岛之名,所以此名居然久久不为中国人所知。

1597 年西班牙人 Hernando de los Rios 绘制的地图已经显示台湾的一个岛,但是只有少数西班牙官员获知。第一幅完整的台湾地图是 1625 年荷兰人雅各·埃斯布兰特松·诺德洛斯(Jacob Ijsbrandtsz Noordeloos)绘制,此时已在荷兰人占领台南之后。[①]

此时的中国和西方地图居然不约而同地显示出两个台湾,即南台湾和北台湾,这说明中国人和西方人对台湾的认识都不断进步。二者都根源于台湾南北的两条航路,西方人称北台湾为美丽岛,导源于日本的贸易,中国人把北台湾称为小东岛,也是相对于日本而言。西方人把南台湾称为小琉球,这是听中国人所说的旧名,中国人把南台湾称为大惠国,这是先住民的地名。中国人在南台湾的命名上,明显比西方人进步,说明中国人与先住民接触较多。西方人初到东方,不敢和台湾先住民多接触,他们还没有在台湾找到商机,所以也不想和台湾先住民多接触。万历年间的《福建海防图》也首次把台湾画成一个岛,还标出其南北 20 多个地名,说明中国人对台湾的认识比西方人准确。牛津大学藏的明末闽南商人航海图上也把台湾画成一个岛,时间也在西方人之前,详见下一章。所以有些人误以为西方人比中国人更早精确测绘台湾,现在看来完全错误。台湾是中国的一部分,中国人不可能比西方人还不熟悉台湾。

---

① [荷]冉福立著,郑维中译:《经纬:地图与荷郑时代的台湾》,石守谦主编:《"福尔摩沙":17 世纪的台湾、荷兰与东南亚》,第 39 页。

第三节　林凤往来魍港新考

张燮《东西洋考》卷五《东番考》说:"厥初朋聚海滨。嘉靖末,遭倭焚掠,稍稍避居山后。忽中国渔者从魍港飘至,遂往以为常,其地去漳最近,故倭每委涎闽中,侦探之使亦岁一再往。"①可见中国的渔民最早从澎湖到达魍港,因为这里是个海湾,而且附近先住民村社较少,所以适合汉族渔民活动。

万历中期,汉人势力逐渐向南,到达今先住民村社最集中的台南市附近,也即东番的核心地区,发现这里的港湾更大,渔产更多,于是北港逐渐取代了魍港。前人对北港的研究较多,但是魍港的研究较少。

因为魍港开辟比较早,所以大陆的海盗最早在此活动,关于明末的东南海盗,张增信先生之书的研究最为详确。②《明史》卷二二二《凌云翼传》说:

> 万历元年,进右副都御史、巡抚江西,三迁兵部左侍郎兼右佥都御史、提督两广军务,代殷正茂。时寇盗略尽,惟林凤遁去。凤初屯钱澳,求抚,正茂不许,遂自彭湖奔东番魍港,为福建总兵官胡守仁所败。是年冬,犯柘林、靖海、碣石,已复犯福建。守仁追击至淡水洋,沉其舟二十,贼失利,复入潮州,参政金浙谕降其党马志善、李成等,凤夜遁。明年秋,把总王望高以吕宋番兵讨平之。③

张先生引《澄海县志》说林凤是海阳县人,又引《潮州府志》说是饶平县贼林国显族孙,初起于隆庆初年,流窜于闽广沿海。西班牙人说林凤(Limahon)是潮州(Tiukiu)人,少年时得到一位名叫 Tialau 的海盗同乡资助,在他死后得到他的船队。为了躲避明军,经常逃往澎湖,还曾经打败 Oukian(道乾,即林道乾)。林凤听说吕宋非常富饶,而且西班牙兵力很少,于是攻击吕宋。④《明史》说万历二年(1574年),林凤失败,从澎湖逃亡魍港,后来从潮州逃亡吕宋,也应该是经过澎湖和台湾。《明神宗实录》卷二六说:

> 万历二年六月戊申,福建巡抚刘尧诲揭报:广贼诸良宝,总兵张元勋督兵诛剿。其遗贼林凤拥众万人,东走福建,总兵胡守仁追逐之。因招渔

---

① [明]张燮著,谢方点校:《东西洋考》,第106页。

② 张增信:《明季东南中国的海上活动》,台北:东吴大学中国学术著作奖助委员会出版,1988年。

③ [清]张廷玉:《明史》,北京:中华书局,1974年,第5861页。

④ 李毓中主编、译注,陈柏蓉协译:《台湾与西班牙史料汇编Ⅰ》,第151页。

民刘以道谕东番合剿,远遁。

说明这时的福建渔民已经知晓台湾先住民的语言,卷三〇又说:

> 万历二年十月辛酉,福建海贼林凤,自澎湖往东番魍港,总兵胡守仁、参将呼良朋传谕番人夹攻,贼船煨烬,凤等逃散。

明军和先住民夹攻林凤得胜,说明汉族渔民和先住民的沟通很成功。不过先住民之所以和明军夹攻,一定是出于自身的利益,他们那时对林凤等人侵占他们的资源可能比较反感。

刘尧诲《报剿海贼林凤疏》说:

> 旧岁十一月间,林凤复回新港……海贼林凤于十一月初二日自新港开去,打劫麻荳番,被栖林等番夹攻,杀贼五百余人,于初七日开遁南去。

汤开建先生认为栖林番不见于史籍,是消失的早期番社。[1] 其实栖林番就是其他文献的萧垄社,萧垄社邻近麻豆社,闽南语、粤语的林都有 lam 的读音,此即"林"字的古音,栖、萧读音也近。

福建巡抚给西班牙人的信说到林凤从澎湖逃往 Banzán 岛,又逃往吕宋。[2] 李毓中先生认为可能在台湾岛某处,笔者认为 Banzán 或是台湾岛,或是台湾与吕宋之间的巴坦(Batan)岛。

林凤于当年十一月进攻马尼拉失败,北走班诗兰(Pangasinan),西班牙人于次年(1575 年)三月围攻班诗兰。

刘尧诲《谕夷剿贼捷音疏》说:

> 因当堂面审谋主贼总林逢春、颜祐谦等各供称,旧岁十一月间,林凤复回新港,欲度彭湖入广,新港夷人报知,八月内,福建总兵官胡守仁领兵亲到港中驻扎数日,凤等惊惧,即驾船出港,因伙长颜祐谦熟知吕宋番情,故驾往彼国。连日攻打不下,吕宋次酋长被贼杀死,各贼中番人鸟铳而死者四五百人,因据玳瑁城,筑城二座,与番据守,方欲修洗船只,整浚兵器,待南汛复回广中。

汤开建先生指出这是中文史籍林凤进攻马尼拉的唯一记载,又据《顺风相送》考证玳瑁城在今菲律宾班诗兰省会(Pangasinan)之西。

四月,王望高率明军到达吕宋岛,但是西班牙人表示,明军无须参战,林凤不久当败。刘尧诲说,王望高指挥番兵大败林凤,但是西班牙人说王望高谎报

---

① 汤开建:《明隆万之际粤东巨盗林凤事迹详考——以刘尧诲〈督抚疏议〉中林凤史料为中心》,《历史研究》2012 年第 6 期。

② 李毓中主编、译注,陈柏蓉协译:《台湾与西班牙史料汇编Ⅰ》,第 172 页。

战功,把西班牙人的战绩据为己有。汤开建先生认为是王望高指挥西班牙人才获胜,笔者认为也不一定,因为刘尧诲《飞报追剿海寇大捷疏》说:"是以呼合番众,乘夜纵火,既焚荡其船只,又水陆夹攻,以破其徒众。"呼合仅是夹攻,所以明军有夹攻之实战,但无指挥之地位。我们不能高估明军在海外的战斗实力,也不能夸大大明朝在海外的影响。

王望高在获胜之后到马尼拉,会见西班牙人总督。西班牙总督请求派传教士到中国,王望高答应。1575 年 6 月,两名西班牙神父马丁·德·拉达(Martín de Rada)和赫罗尼莫·马林(Jeronimo Marin)及四名西班牙人、一名中国天主教徒随王望高的船,来到厦门,又从陆路到达同安、泉州、兴化、福州,见到福建巡抚,但是没有获得通商许可。

9 月 14 日,西班牙人从厦门出海回马尼拉。拉达的《出使福建记》说他们首先到达一条河流,距离澎湖(Pehou)很近,进入后发现河流很大,听说林凤船队在一个月前已经停泊在此,因为这里是林凤的老巢,据说林凤的船只分在多处,还有的在 Palahoan。西班牙人决定加快行程,以免在 Tacan 岛遇到暴风雨,他们于次日早晨来到 Guenio 岛,五天后到达吕宋岛。[①] 所谓很大的河流应是澎湖岛的马公港,澎湖岛的林凤船队可能是从吕宋岛溃逃的一些部属。因为澎湖靠近大陆,所以林凤不太可能先到此地而舍弃台湾。Tacan 可能是汉语大港,前人多以为是阿帕里。

门多萨《中华大帝国史》参考了拉达的书与同行军人洛阿卡的行纪,他还见过马林,得到很多其他资料,所以门多萨的书中记载西班牙人回国的资料非常详细。书中说西班牙人从厦门出发,两天后来到 4 里格(1 里格约为 4.8 千米)外的料罗(Laolo),即今金门岛,南面是料罗湾。次日又到了 Chautubo 岛,岛上有很多小镇,有一个叫 Gautin 的镇上 5 个有居民自卫的塔状城堡,岛上多岩石、沙地,有大量的牛马,笔者认为这个岛应是今澎湖岛,Chantubo 可能是沙土坡的音译,这只是一个通名俗称,被西班牙人误以为专名。Gautin 可能是高亭的音译,源自城堡的形状。

次日早晨,西班牙人到达 Corchu 岛,距离厦门 20 里格,应在澎湖县。西班牙人又到靠近的 Aucon 岛,完全荒芜,没有居民,不过适宜农业,据说岛上原有很多居民,但是官府的舰队被大风吹到岛上,官府怀疑岛民,进行了屠杀,

---

① [英]C. R. 博克舍编注,何高济译:《16 世纪中国南部行纪》,北京:中华书局,1990 年,第 182~183 页;李毓中主编、译注,陈柏蓉协译:《台湾与西班牙史料汇编 I》,第 210~211 页。

把剩下的岛民带回大陆。这个岛和邻近岛屿有很多安全的港湾及大量的鱼，一直延伸到登岸地 45 里格之地的一个小港湾。笔者认为这个岛显然是台湾岛，因为此岛很大，而且土地肥沃。Aucon 即魍港音译，魍港是中国人最早开辟的聚落，所以又把全岛称为魍港，随船的中国人把这个名字告诉西班牙人。

西班牙人向南到达 Plon 岛，此岛应即今巴布延岛（Babuyan），明代中国渔民称为播武阑（Pobulan），急读为 Plon。在此地，西班牙人遇到从吕宋来的渔船，听说林凤在重重围困之下，居然于 8 月逃出菲律宾，逃到了 Tocaotican 岛上。中译本说伯纳尔（H. Bernard）把此地译为澎湖，因为澎湖古名大山屿，有妈宫澳，所以此名的语源是大山官港。[①] 笔者认为大山官港一名没有史实依据，林凤不可能逃往澎湖。西班牙人在澎湖（Chautubo）看到汉人自卫的城堡，想要进入观看，但是当地人关上城门。澎湖距离大陆太近，而且有当地人防守，所以林凤一定是去台湾躲避。

书中说林凤之前从大陆逃到 Touzancaotican，距离大陆 40 里格，处在驶往菲律宾的航道上，然后到菲律宾，此地应即 Tocaotican 岛。书中又说此地距离 Plon 岛仅有 12 里格，厦门到 Corchu 岛有 20 里格，则林凤所逃的Tocaotican 在台湾岛南部。此地很可能就是后世的打狗（Tankoija，Tanckoya），这里渔产最多，这里还有适合停船的港湾，打狗山可以砍柴汲水。荷兰人在 1659 年说：

> 在打狗（与大员）之间的地区，这里的北风季节，是本岛西岸最好的泊船登陆的地方，以及那条清水溪沿岸，有数千中国人农夫住在那里。这一带的海岸，年年也有很多从中国来的渔船在那里捕鱼。[②]

这里传说也是林道乾活动之地，康熙《凤山县志》卷十《杂记》：

> 明都督俞大猷讨海寇林道乾，道乾战败，驭舟打鼓山下。恐复来攻，掠山下土番，杀取其血和灰固舟以遁。其余番，走阿猴林。今之比屋而居者，是其遗种也。相传林道乾妹埋金山上。

因为这里是早期汉人聚落，所以有此传说。荷兰人初到台湾时，就把尧港称为渔夫湾，无疑因为这里是中国渔民聚集地。尧港内海在今高雄市茄萣乡、永安乡、弥陀乡沿海，曹永和指出，来到台湾捕鱼的中国人也不断开展各种贸易，促进了这里的全面发展。明末流寓台湾的沈光文《平台湾序》说：

---

① ［西］门多萨著，何高济译：《中华大帝国志》，北京：中华书局，1998 年，第 161～162、239 页。

② 江树生译注：《热兰遮城日志》第 4 册，台南：台南"市政府"，2000 年，第 378 页。

打狗澳能生三倍之财,曝海水以为盐,山材而为炭。①

荷兰人记载了打狗山还出产石灰,正是因为有很多独特的物产,使得这里成为早期的汉人聚集中心。后世的高雄市的兴起,其实也建立在此基础上。

《明神宗实录》卷四四又说:

万历三年(1575 年)十一月辛酉,海寇林凤复犯闽,不利,更入广,而留船于魍港为窟宅。

林凤后来又回到魍港,但是这里的魍港可能只是台湾岛的代称,或者是林凤短暂在魍港停泊,继而重归福建。

方豪先生不解林凤在魍港所留的少数人如何抵抗先住民。② 其实林凤要想守住魍港也不难,因为魍港附近的先住民村社较少,而且先住民很容易被林凤收买。魍港是福建和吕宋之间的要地,这时的北港大概还没有出现。同书卷二一〇记载万历十七年(1589 年)四月戊寅两广总督刘继文上疏说到林凤在琼州一带,此后林凤下落不明,大概死在海上。

第四节　林道乾为相小琉球三年

关于林道乾,张增信先生指出,《澄海县志》记载林道乾为澄海人,乾隆《潮州府志》记载其为惠来县人,少为县吏。他推测林道乾初起于嘉靖四十三年(1564 年)后,乾隆《潮州府志》卷四〇有明代潮州士绅林大春《上谷中丞书》说:"吴平流毒沿海,道乾亦树党援,与平为犄角。"《天下郡国利病书》记载嘉靖四十五年(1566 年)林道乾攻诏安,《明世宗实录》嘉靖四十五年九月壬辰、《明穆宗实录》朱载垕隆庆元年(1567 年)八月戊子记载林道乾"复窥南澳"、"聚众三千余人,驾巨舰出没雷、琼等处",此时吴平已经失踪于海外,所以林大春说林道乾、曾一本纠合吴平部属,而且林、曾关系不好。

乾隆《潮州府志》说林道乾在嘉靖四十五年(1566 年)为俞大猷驱逐,逃到北港。张增信先生认为不可信,此时没有林道乾的资料,俞大猷直到隆庆二年(1568 年)才提到林道乾,在此期间他在惠州、潮州征讨山贼,不在海上。笔者认为林道乾此时最有可能在台湾岛,因为《明史》卷三二三说:

嘉靖末,倭寇扰闽,大将戚继光败之,倭遁居于此。其党林道乾从之,已道乾惧为倭所并,又惧官军追击,扬帆直抵浡泥,攘其边地以居,号道乾

---

① 曹永和:《台湾早期历史研究》,第 249、335 页。

② 方豪:《台湾早期史纲》,台北:学生书局,1994 年,第 104 页。

港,而鸡笼遭倭焚掠,国遂残破。

林道乾此时既然不在中国大陆沿海,应该很有可能在台湾岛、渤泥(文莱)等地。不过张先生认为乾隆《潮州府志》编修太晚,所以有误,笔者认为也很有道理,此时北港还没有兴起,所以林道乾虽然在台湾岛,但是不可能在北港。至于《明史》没有区分台湾岛南北两大中心地区,把鸡笼、淡水与台湾岛西南部混淆,所以也不能说明林道乾就在台湾岛北部。

张增信先生指出:隆庆元年(1567年),林道乾攻打碣石卫,次年骚扰潮州各地,于是俞大猷招抚林道乾,但是林道乾仍然据寨自保。隆庆三年(1569年),林道乾名义上受抚,同年曾一本被官军平定。

其实张增信先生在此误列一件大事,就是林道乾帮助明军平定曾一本。林道乾、曾一本都是吴平的余党,但是二人矛盾很大,所以林道乾受抚,帮助明军攻打曾一本。俞大猷《洗海近事》卷下隆庆三年(1569年)二月初七日《书与郭宝山》说:

> 林道乾,硕翁推诚抚之,终始保全之,山海贼尚多,岂能尽用杀伐? 抚一伙为他伙之望,以后有愿抚者抚之,不服者剿之,庶地方有宁期。况林道乾累有大功,见今又欲助官兵立功,其志可知。欲奉旨专为曾贼,此贼灭,即回广西完古田事,其他皆翁之事。①

因为林道乾投降,所以明军得以专心对付曾一本,而且林道乾还积极助剿。

明张瀚《台省疏稿》卷六《请行闽省并力夹剿海贼疏》说:

> 据报海贼曾一本等流劫潮、揭二县官路、富沙、青屿、小坑等处围寨,又合白哨贼舡五十余只,约有四千余徒,攻劫古溪、龙溪等处,本道督率抚民林道乾部兵于隆庆二年八月初四日,驾船八十只,至磊口遇贼,争锋大战,曾贼败走,退遁溪东,被道乾追白哨船一只,前后生擒贼人四名,斩首十三颗,余众落水。抚民魏朝义率众擒捕哨船二只,对阵斩死三十名,下水淹死百余徒。前后生擒贼人十五名,得获首级五颗。

同书卷七《擒斩海洋巨寇大捷疏》说隆庆二年(1568年)十一月:

> 催督抚民林道乾督前往,径往揭阳截剿,初十日夜亥时,据林道乾本镇下千户王进报称,截杀曾贼船二十八只,擒斩首从二百余名颗,溺死千余人等情,除将功次器械已发潮阳县,主簿吴悦指挥戴应先查验转解等因。又据福建副将蒋伯清差人口报,初十日夜官兵进剿,烧毁曾贼船十

---

① [明]俞大猷:《洗海近事》,《四库全书存目丛书》史部第49册,第88页。

只,打坏船二十只,涂死贼徒不计等情各到道除候获全捷。^①

曾一本于隆庆三年(1569年)六月被俘,林道乾有大功。此后林道乾又往海外,张增信先生指出:俞大猷《正气堂续集》卷一《与凌洋山书》说:"海贼林道乾逃去西南番柬埔寨,上山居住,似无复回之理。"毛奇龄《后鉴录》说:"入彭亨。"郁永河《海上纪略》说:"过大昆仑,复之大年。"《潮州府志》、《福建通志》说:"从安平镇二鲲身,遁往占城。"林道乾四处出没,《明神宗实录》卷三五记载万历三年(1575年)二月福建有林道乾来攻警报,此后直到万历六年(1578年)林道乾重返潮州河渡门。

张增信先生没有发现从万历三年到六年(1575—1578年)这一段时间内,林道乾主要在台湾岛活动,所以在万历三年(1575年)还至福建。今按宋懋澄《九钥集》文集卷七《叔父参知季鹰公行略》说:

> 林道乾者,故揭阳县吏,负罪窜海,有舟千艘,众数万余。通安南、占城、旧港、三佛齐诸国,尝佩列国相印,相小琉球三年,将谋夺其国,国人不从,乃复航海。

> 戊寅春,率舟师四百,突至碣石。碣石者,惠之边卫也。参戎适调抚军在广,将士皆哗,公即舟谕之曰:"汝等一时陷溺。若舍旧图新,非止免祸为福,此其时也!"道乾恐人心动摇,乃仰天而言曰:"某偷生海隅,思少年见侮于乡里,此来欲图一逞,今明公以德言绥我,逆之不祥。"顾语健儿,检部中惠州女子十八人并前后招安告身若干通皆委之泥沙而去,以明无意故国也。顺风扬帆,管弦嘈杂,度不绝者久之。

> 道乾虽波涛戈载,时若焦劳,而酣谑啸歌,竟复弥日,左右诸女郎皆能校雠书史,舟中女乐数部,身为顾曲周郎,亦一时盗侠之雄也。而不能不动心于至诚之喻,所谓忠信行于蛮貊者,非耶?

这一段材料非常宝贵,因为是宋懋澄从叔父宋尧武处听说,比较可信。这里说林道乾原来是揭阳县吏,畏罪下海,有船千艘,有军万人,来往于安南、占城、旧港等地,曾经在各国为相,并且在小琉球为相三年,准备占领小琉球,但是小琉球人不从,于是在戊寅春(万历六年,1578年)率领四百艘船,进攻惠州的碣石卫(今广东陆丰市碣石镇)。此时宋尧武劝林道乾受抚,但是林道乾不从,也没有继续进攻,他把惠州女子十八人和前后招安他的文书都丢到大海,表明不投降的决心,继续在海上漂泊。他的船上还有女乐,而且这些女子还颇有文化,所以宋懋澄对他赞赏有加。

方豪先生书中也引著名学者、泉州人李贽(1527—1602)的《焚书》,李贽自

---

① [明]张瀚:《台省疏稿》,《续修四库全书》第478册,第126、128页。

称不及林道乾万分之一。袁中道(1575—1630)也说：

> 有友人笑指予曰："公即林道乾！"林道乾，大盗也。予数之曰："不容易！渠昔在海上，横行各郡县，人不敢问，直到家中，官兵围之，渠与众人饮酒，高会不顾，一夜遂失所在。彼其视朝廷大小官员如一群小儿，任其播弄，听其出入，亦大胆矣！"①

袁中道不是李贽那样的狂人，他也认为林道乾是把官兵当小儿戏弄的高人，可见林道乾在士人心目中的影响较大。

林道乾活动在小琉球，即今台湾岛，他在那里三年，所谓为相，大概是和先住民有合作关系。但是台湾岛的先住民不可能建立国家，所以这里的相只是文人的比拟。则林道乾最迟从万历三年(1575年)在台湾定居，他在台湾定居的时间正好是林凤离开之后，所以他应该是利用了林凤在台湾的建设基础，很可能也在魍港，或在尧港、打狗、淡水一带。他在台湾有三年，所以应该建立了很好的基地，这其实为后世的福建海上势力在台湾活动奠定了坚实的基础。林道乾在台湾建设的基地是明代大陆人在台湾建设的第一个巩固的基地，他之前的曾一本、林凤，或者没来台湾，或者没有久留，但是林道乾之后的海盗就不同了。

《噶玛兰厅志》卷一《建置志》说："相传嘉靖年末，海寇林道乾曾窜泊苏澳，实则日本、荷兰及郑氏窃据所不及之区也。"②此说不知何据，此地远在台湾岛东北角，所以林道乾不太可能到此。而且其下又说日本、荷兰及郑氏都不曾管辖此地，那么林道乾更不可能到此。

211

徐中行(1517—1578)《天目集》卷一一《送梁大夫参议贵州序》说：

> 往岁林道乾寇彭湖，海上骚然，独部下完盖审画至熟，而功能益著，闽中保障，凡多赖焉。③

林道乾之所以能攻打澎湖，因为他在台湾岛建立了基地。

项笃寿(1521—1586)《小司马奏草》卷五说万历六年(1578年)十月：

> 题为续报海洋贼情事案呈到部，看得总督两广右都御史凌、巡按御史龚各题称叛贼林道乾声势虽穷，其谋狡诈，所至乞招者，为缓师掠食之计，

———————————

① [明]袁中道著，钱伯城点校：《珂雪斋集》外集《柞林纪谭》，上海：上海古籍出版社，1989年，第1481页。

② [清]陈淑均：《噶玛兰厅志》，《台湾文献史料丛刊》第17册，台北：大通书局，1984年，第3页。

③ [明]徐中行：《天目集》，《续修四库全书》第1349册，第698页。

今惟以剿为主、以招为术。①

林道乾在隆庆三年(1569 年)又走海外,所以万历六年(1578 年)重新出现在大陆沿海时,明军已经对他不抱希望。不过明军始终没有征服他,他最终死在海外,下落不明。

熊明遇(1580—1650)说林道乾于万历元年(1573 年)在南澳兵败,其未降部众转归林凤。② 但是申时行(1535—1614)《纶扉简牍》卷七《答刘节斋巡抚说》:

> 自林道乾死,许恩、李茂等就招。倭夷不来,浪贼窜匿,诸郡县乃得安枕。③

说明林道乾最后死于海上,而且一定在林凤之后,所以才说林道乾死后,海洋才平静,则熊明遇之说有误。张著把林凤列在林道乾之后,可能主要因为林凤最后记载在万历十七年(1589 年),但是林凤在万历三年(1575 年)之后没有重要活动,不及林道乾活跃。

清初郁永河《裨海记游·海上纪略》"大昆仑"条说:

> 林道乾,明季海寇,哨聚在郑芝龙、刘香老前,图据闽粤不遂,又遍历琉球、吕宋、暹罗、东京、交趾诸国,无隙可乘。因过大昆仑(山名,在东京正南三十里,与暹罗海港相近),见其风景特异,欲留居之。其山最高且广,四面平壤沃土,五谷俱备,不种自生,中国果木无不有,百卉烂熳,四时皆春,但苦空山无人。道乾率舟师登山结茅,自谓海外扶余,足以据土立国。奈龙出无时,风雨倏至,屋宇人民,多为摄去,海舟又倾荡不可泊,意其下必蛟龙窟宅,不可居,始弃去。复之大年(国名,在暹罗西南),攻得之。今大年王是其裔也。台湾有老人,经随道乾至大昆仑者,尚得详言之。前郑成功以台湾小隘,有卜居大昆仑之志,咨访水程风景甚悉,会病亡,不果行。

林道乾最终死在北大年,所谓大昆仑即今越南的昆仑岛,虽然扼守咽喉,但是面积很小。林道乾或许是想把此岛经营为商埠,或许仅是经过此地,为人误传想留居此地。至于郑成功应该清楚昆仑岛面积,不太可能想移居此地,所以肯定是误传。

林道乾的经历酷似郑芝龙,他们都不是贫民出身,这在海盗集团中显得很

---

① [明]项笃寿:《小司马奏草》,《续修四库全书》第 478 册,第 651 页。

② [明]熊明遇:《文直行书诗文》文选卷一三《日本》,《四库禁毁书丛刊》集部第 106 册,第 500 页。

③ [明]申时行:《纶扉简牍》,《四库禁毁书丛刊》集部第 161 册,第 306 页。

特别。郑芝龙的家族一直经商,他的父亲是县吏,[1]而林道乾本人是县吏。因为他们有此出身,所以曾经受抚,而且帮助官军平定了其他海盗集团。而被他们平定的头目往往是有勇无谋之辈,如曾一本和李魁奇。而且林道乾和郑芝龙都有很多文人雅好,这也是由他们出身决定。

但是林道乾和郑芝龙的结果不同,这主要是因为他们所处的时代不同,俞大猷和俞咨皋是虎父犬子,林道乾面对的是俞大猷等人,郑芝龙面对是俞咨皋等人。在嘉靖年间到万历初年,明朝尚能维持局面,而到天启年间,明朝已经积重难返。所以郑芝龙不出来,也没有第二个人能够收拾残局。但是在林道乾的时代,他没有能力战胜官军。可是林道乾的结局倒很逍遥,以他雄厚的实力,大概不会在海外为人暗算,可能死在海外的安乐窝里。而郑芝龙面对明清鼎革的巨变,离开了他熟悉的温暖如春的南方海域,死在寒冷刺骨的北方刑场。

第五节　魍港位置新考

魍港作为明代汉人在台湾岛最早开辟的聚落,自然有极其重要的地位。可是魍港的具体位置,现在还没有准确的结论。

陈国栋先生认为魍港这个词来自马来语 wangkang,但是他又引用马来文字典说 wangkang 是中式帆船,马来西亚的华人写作艎舡,既然马来人认为是中国船,那么陈先生说来自马来人就不能成立。可能和 wangkang 有关的一个词是巴赛语的独木舟 bangka,此词见于台湾岛北部的巴赛族和噶玛兰族,但是不见于台湾岛的其他民族,魍港起源待考。值得注意的是,林凤、林道乾都是潮州人,潮州东部的饶平县南沿海有黄冈镇,现在是饶平县城,读音接近魍港。上文说林凤有可能是饶平县人,所以魍港也有可能来自饶平县的黄冈。

关于魍港的位置,曹永和引伊能嘉矩之说,认为魍港即蚊港,即塭港,在八奖溪出海口,约在今新虎尾溪口的蚊港庄。[2] 和田清认为当时的开发程度还不及蚊港口,总之都在台湾南部。早期的汉族势力不可能到达虎尾溪,而且塭是养鱼之所,当时汉族只是在渔期来台湾捕鱼,还不可能开辟鱼塭,所以魍港不可能是塭港。

①　陈支平:《民间文书与明清东南族商研究》,北京:中华书局,2009 年,第 330~244 页。
②　曹永和:《明代台湾渔业志略》,曹永和:《台湾早期历史研究》,台北:联经出版事业公司,1979 年。

中村孝志依卢嘉兴之说,认为在今嘉义县布袋镇好美寮,陈国栋认同此说。他依照曹永和之说,认为荷兰人以德国里计算海上距离,一德里相当于7407.41米。《巴达维亚城日记》"1636 年 4 月"条说 Vavoralangh 村在 Wangkan 北部六七哩处,[①]按 Vavoralangh 即虎尾溪流域的先住民虎尾人居地,六七哩的位置正是今嘉义县和台南市之间的八掌溪入海口处。

《热兰遮城日志》译者江树生先生认为魍港在今嘉义县东石乡,一说在布袋镇好美。[②]东石不在八掌溪流域,所以此说不确,但是好美寮之说也不对。

有学者指出嘉庆十年(1805 年)蔡牵起事,福建水师副将仍然修建了青峰阙炮台,一说是东石的塭港,一说在台南的北门乡。[③]

万历中后期的魍港已经衰落,可是一幅 1646 年英国出版的中国东南海图中,没画当时荷兰人的统治核心区域大员湾附近,却画出了一个巨大的海湾,直对澎湖岛,标注 Wankan,即魍港,此地既然在澎湖岛之东,位置确实是魍港。但是今台南市区的大员湾比魍港更大,而且不应该不画,所以此图有误。此图出自英国人 Robert Dudley(1573—1649)编辑的《海之秘密》,可能改绘自荷兰人的地图,所以有误。[④]因而此图不能表明当时的魍港比大员湾重要,但是确实说明魍港曾经有重要影响。

从荷兰出版商 Pieter van der Aa 于 1719 年初版、1727 年再版 *Voyages Celebres & Remarquables, Faits de Perse aux Indes Orientales*,也即《Jean-Albert de Mandelslo 由波斯到东印度环游见闻实录》的一幅台湾地图中,我们可以看到魍港堡垒(Fort van Wanckam)在一条大河的海口南岸,此河从东北向西南流,南面就是大员湾,间隔一些沙洲,[⑤]所以魍港溪无疑是今八掌溪。河口北岸没画沙洲,沙洲都在南岸,即今八掌溪和急水溪之间。因为八掌溪南面有急水溪、将军溪,所以沙洲很多。这些沙洲是汉族在魍港最早居住的基础,但也是船只航行的威胁。荷兰人记载 1630 年 6 月有两艘中国船只,从漳州河口来大员湾,一艘在魍港搁浅,一艘在魍港遇到风浪,漂流到北线尾的海

① 陈国栋:《东亚海域一千年:历史上的海洋中国与对外贸易》,济南:山东画报出版社,2006 年,第 130~131 页。

② 江树生译注:《热兰遮城日志》第 1 册,台南:台南"市政府",第 28 页。

③ 戴震宇:《台湾的城门与炮台》,台北:远足文化事业股份有限公司,2001 年,第 85 页。

④ 吕理政、魏德文主编:《经纬"福尔摩沙":16—19 世纪西方人绘制台湾相关地图》,第 72~73 页。

⑤ 吕理政、魏德文主编:《经纬"福尔摩沙":16—19 世纪西方人绘制台湾相关地图》,第 84~85 页。

堡（Ronduyt Zeeburch）北部。①

　　魁港堡的前身应即林凤、林道乾的基地，所以魁港应该在今盐水区一带。
当时的八掌溪口不是现在的海口，而在今嘉义市义竹乡和台南市盐水区之间，
所以有学者认为魁港在今布袋镇，这是不对的。康熙五十五年（1716 年）出版
的《诸罗县志》卷首《山川总图》的八掌溪入海口北面有大榔椰庄，当时还在海
边，②即今嘉义县义竹乡的糠椰港村，说明此地之西当时还是大海。而布袋镇
都在这一后成陆地区，好美寮的东部还有盐场，好美寮的语源可能是下尾寮，
闽台地区习惯把地名中的尾字雅化为"美"，即最低的海滨村庄，所以当时还没
成陆，不可能是魁港所在。

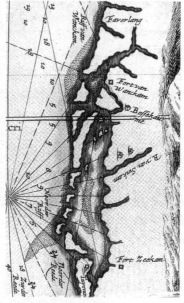

《海之秘密》、《由波斯到东印度环游见闻实录》中的台湾地图

魁港确实是蚊港，读音很近，《指南正法》的《东洋山形水势》说：

> 澎湖暗澳有妈祖宫，山无尖峰，屿多。乙辰五更取蚊港，蚊港亦叫台
> 湾，系是北港。身上去淡水，上是圭龙头。下打狗子。

　　从针路来看，在澎湖岛乙辰（112°E）五更的地方正是今八掌溪口。但是向

　　① 　江树生译注：《热兰遮城日志》第 1 册，第 28 页。
　　② 　［清］周钟瑄：《诸罗县志》，《台湾史料集成·清代台湾方志汇刊》第 12 册，台北：远
流出版事业股份有限公司，2005 年，第 38 页。

《诸罗县志》卷首《山川总图》

达先生注释说北港、蚊港、魍港、笨港是一地，①这是误解，魍港、蚊港即一地，笨港在今云林县南部北港溪，笨港即北港。永历十八年（1664年）明郑的《台湾军备图》，现藏台北故宫博物院，图上在麻豆番社之北画出蚊港，注明："此处可泊船。"②说明蚊港在今台南西北部，就是魍港。

陈国栋之文引前人之说，根据《巴达维亚城日记》1642年1月说荷兰人从笨港经过魍港和萧垅社，回到大员湾，则笨港在魍港北部。其实《热兰遮城日志》记载1639年12月20日荷兰的队长Johan van Linga带领20个士兵，经过魍港、笨港去Vavorolang，荷兰人把魍港写作Wankan，笨港写作Poncan，完全区分。③《巴达维亚城日志》1636年2月说到魍港在Vavorolang南面7哩，二林（Girim）在大员北20～25哩，二林即今彰化县二林镇，大员即热兰遮城，前人认为Vavorolang在今云林县褒忠乡附近，如此我们可以推算魍港位置在今八掌溪流域。《热兰遮城日志》1637年5月22日记载荷兰人从去过Vavorolang的中国人那里听说，从魍港去Vavorolang，要经过五六条还不认识的河流，陆路两天。④则魍港不可能在北港溪流域，因为云林县的北港溪本来就是虎尾溪的支流，中间不可能还有五六条河流，而且陆路要两天。

荷兰牧师François Valentyn（1666—1727）的《新旧东印度志》于1724—1726年出版，其中有一幅《"福尔摩沙"与渔翁岛图》，此图的大员湾北部紧邻

① 向达整理：《两种海道针经》，北京：中华书局，2000年，第138页。
② 高贤治、黄光瀛：《纵览台江：大员四百年地舆图》，台南：台江"国家公园"管理处，2012年，第52～53页。
③ 江树生译注：《热兰遮城日志》第1册，第464页。
④ 江树生译注：《热兰遮城日志》第1册，第316～317页。

216

Canaal van Wankan，即魍港海峡，其北部有 Ponikas 溪，此河是今北港溪。[①]此图虽然制作精美，不免有误，图上其实没有八掌溪，魍港海峡东部的大河是从东南向西北入海，即今急水溪。此溪靠近荷兰人的统治中心，所以反而掩盖了八掌溪。图上的急水溪名为 Mattamir 河，可能是麻豆溪。其南部的将军溪很小，当时更短小，所以急水溪南部当时就是麻豆社（在今台南市麻豆区）。

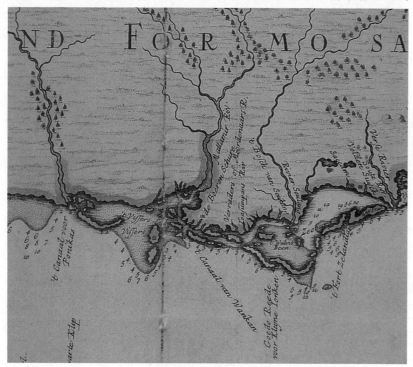

《"福尔摩沙"与渔翁岛图》局部

魍港即蚊港，康熙《诸罗县志》卷首地图绘出蚊港，在八掌溪口，其东南还有井水港、咸水港。咸水港南有咸水港街，即今台南市盐水区，其北有井水港村，今盐水区南有番子寮村，又名欢雅，即闽南语番仔的谐音。此地既然是先住民村落，但是不见于康熙《诸罗县志》地图。图上的咸水港街南面有个大奎壁村，此村应即番子寮的原地名，所以《诸罗县志》卷二《街市》说：

咸水港街，属大奎壁庄，商贾辏集，由茅港尾至笨港，市镇此为最大。
咸水港街原为大奎壁庄地，现在的盐水区在乾隆四十六年（1781 年）建奎

---

① 吕理政、魏德文主编：《经纬"福尔摩沙"：16—19 世纪西方人绘制台湾相关地图》，第 82～83 页。

壁书院。在清代中期,此地还很繁荣,有"一府二鹿三艋钾四月津"之说,月津、月港即盐水港别名。① 林衡道先生采集的传说表明盐水镇旧名大龟肉,②此名即和奎壁有关,因为奎壁即《隋书》所说的鼋鼊(蠵龟)。这个大奎壁,传说正是林道乾活动之地。《诸罗县志》卷一二《外纪》说:

> 陈小崖《外纪》:明海寇林道乾为俞都督大猷所追,穷窜台湾,势蹙。恐不能据,以酒食给诸番,醉而杀之,有阖社无噍类者,取血调灰以固船,乃航于遥海。大奎壁劈破瓮(诸罗地),是其故穴。或云到昆仑,不知所终。郡志:道乾遁占城,今尚有遗种。

这里说林道乾在大奎壁村杀害先住民,可能表明林道乾和这里的先住民有冲突,但是他的主要目的一定是夺取远航的物资,而不太可能是要先住民的血。这说明林道乾活动的魍港就在八掌溪入海口附近,这里有丰富的渔业资源,所以成为汉族渔民的活动区,魍港最大宗的出产是乌鱼,1633 年 12 月 31 日,有两艘中国船从魍港来到热兰遮城,缴纳 1000 条乌鱼为什一税,③乌鱼也是后来北港开发的基础。魍港还有其他水产,《诸罗县志》同篇说:

> 红虾,夏肥,膏贯脊至尾,清脆悦口,色亦佳,宜丸,宜脯,大者作对,陈小崖拟之"霞肤雪肉",良然。

> 茅港尾、蚊港多蟳,大而肥美,膏蹢于肉,色如朱。

蚊港(魍港)南面不远就是急水溪,光绪五年(1880 年)出版的《台湾舆图》的《嘉义县图》的急水溪入海口是红虾港,即今台南市学甲区的红虾港村。其西即北门区的南鲲身村,原为海中沙洲,如同台南市外侧原有一鲲身到七鲲身,在八掌溪入海口,原有南鲲身、北鲲身、青鲲身,南鲲身与青鲲身之间还有北门屿。康熙《诸罗县志》卷七《水师防汛》说:

> 蚊港,在县治西南六十里,港口为青峰阙、猴树港、咸水港、茅港尾、铁线桥、麻豆港等处出入所必由,港在青峰阙之内……内分北门屿,在蚊港青峰阙之南,有小港,可停泊取汲之所。南隔马沙沟沙线六里……马沙沟,与北门屿斜对,沙线水浅,止可取汲,南隔青鲲身沙线三里……青鲲身,南隔鹿耳门水程二十余里,止可取汲。

---

① 赵文荣:《南瀛内海志》,新营:台南县政府,2006 年,第 26～27 页。

② 林衡道口述、杨鸿博整理:《鲲岛探源(四)》,台北:稻田出版有限公司,1996 年,第726 页。

③ 江树生译注:《热兰遮城日志》第 1 册,第 80 页。

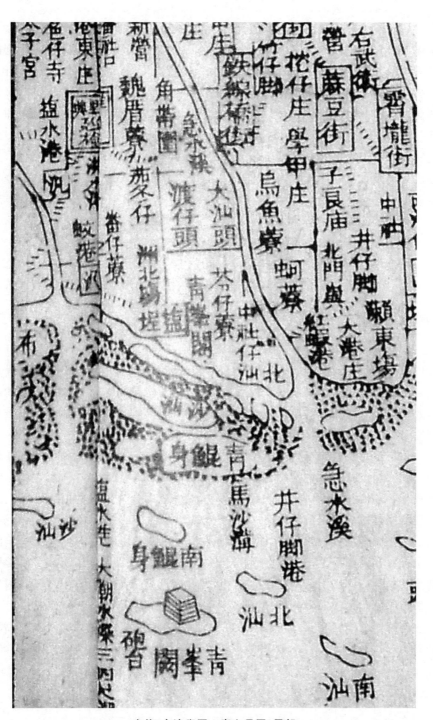

光绪《台湾舆图·嘉义县图》局部

康熙二十三年(1684 年)设蚊港汛,光绪《台湾舆图》的《嘉义县图》标在八掌溪口,但是有学者在转绘为现代地图时,误把此地画在嘉义县东石乡南部的朴子溪口。[①] 其实原图的蚊港汛紧邻番仔寮,其外是青鲲身、南鲲身、青峰阙,此图把这三个岛和马沙沟画成东西平行,这是对沙洲地区绘制不精。其实《诸罗县志》卷首的地图显示南鲲身南面是青峰阙,而青峰阙南面是北门屿,即今北门区所在,北门屿南面是马沙沟,即今将军溪口的马沙沟,再南才是青鲲身,这一条沙洲连为南北一线。所以清代的麻豆港也由蚊港出入,但是在明朝,麻豆溪等还是直接入海。根据两图,猴树港即今朴子溪入海口,铁线桥溪即今急水溪。

青峰阙的炮台是荷兰人所建,《诸罗县志》卷一二《古迹》说:

> 青峰阙炮台,在蚊港口,荷兰时筑,今圮。

同书卷七《水师防汛》说:

> 青峰阙炮台,在青峰阙港口之南,港外有南北二鲲身沙线,港水东入蚊港,为县治以南第一扼要之地。荷兰时筑,制略如城,中有井,今圮。故址半淹于海,故所遗炮为咸水沙壅,手按之皆如蠹粉,不堪用矣。

青峰阙在南鲲身东南,后被海沙淤积,则在今南鲲身和北门之间,据日本人的调查,北门屿盐埕庄西邻之地是青峰阙炮台旧址。[②] 但是北门屿位置靠南,所以青峰阙炮台似应在其北。《诸罗县志》的青峰阙炮台在蚊港外的沙洲最北端,再北是南鲲身,所以青峰阙炮台应在北门屿北部。青峰阙的名字来自青鲲身,这条沙洲连为一线。

值得注意的是光绪《台湾舆图》的《嘉义县图》在蚊港汛之南有洲北场盐埕庄,其旁是青峰阁,两地被画在港湾内侧,和海中的青峰阙不在一起,这应是绘图错误,青峰阁就是青峰阙,读音接近,盐埕庄应即今北门区的旧埕。图上的北门屿居然被画到了急水溪南岸的内陆,北门屿西部的井仔脚今天还在海滨,居然也被画在内陆,而且急水溪口又有一个井仔脚港。南鲲身西部的蚵寮,图上也被画在内陆。这三个地名在图上的相对位置无误,是整体误植。而学甲西部的中洲应即图上的中社仔汕,学甲西南的苓子寮应即图上的苓仔寮,两地居然被画在急水溪北岸。

青峰阙的炮台其实就是荷兰人在魍港所筑的城堡,《热兰遮城日志》记载,1634 年 3 月 30 日,荷兰人在热兰遮城的长官和议会决定阻止刘香到魍港,防

---

① 黄清琦:《台湾舆图暨解说图研究》,台北:台湾历史博物馆,2010 年,第 66 页。
② 卞凤奎译:《南部台湾志》,台北:博扬文化事业有限公司,2010 年,第 613 页。

止刘香等海盗给商人造成恐慌，从而给荷兰人的公司造成更大的损失。5月13日，有海盗在笨港抢劫，所以荷兰人派三艘船去寻找这些海盗，听说魍港湾开始变深，准备勘测是否能在魍港建设堡垒，以防西班牙人南侵。11月9日荷兰人决定给麻豆社、萧垅社人发放执照，以免他们骚扰在魍港烧石灰、捕鱼以及在赤嵌耕地的中国人，因为这些人是为荷兰人服务的。

　　1635年11月5日，荷兰人派船取魍港建造石灰屋，开始准备建碉堡。1636年3月17—22日，荷兰人派人去魍港，视察那里是否能够生产红砖。3月28日，荷兰人决定铲平魍港的沙丘，如果中国人愿意每天付出3里尔的经费，荷兰人就允许魍港的中国人继续在碉堡附近居住，如果不答应，就不允许中国人继续在魍港居住。中国人表示无法理解，4月14日荷兰人找到大量材料使得中国人能在魍港生产红砖。5月17日，准备建造地基。7月2日，建造顺利开展。8月8日荷兰人运送20名奴隶去魍港建造碉堡。8月16日，荷兰人运送几门大炮和物资去魍港。9月8日，大炮及物资到达魍港。

　　9月13日，热兰遮城接到上席商务员 Van der Hage 于8日寄出的信，说一个住在 Vavorolang 的中国人领袖于8月29日来到魍港，报告有 180～190 名 Vavorolang 人去魍港的石灰岛，准备袭击木栅。Vavorolang 这个村庄有 344 个房子、1000 个壮丁，另有 400 名壮丁在一个领袖的指挥下要建一个要塞，准备来魍港，在荷兰人的保护下居住，写信请求荷兰人的保护。

　　9月17日，荷兰人用平底船 Warmond 号运送木料去魍港，9月25日魍港的石灰被快艇 Hoochcaspel 号运来，Warmond 号到达魍港。还有两艘船到达，一艘来自烈屿（小金门岛），载有瓦和木板，一艘来自魍港。28日，快艇 Waterloossewerve 号去魍港运石灰。10月23日，热兰遮城的长官范得堡和普特曼斯去魍港视察新建碉堡 Vlissingen，边长40英尺，地下有15英尺，高32英尺，在一个丘陵上。1637年1月21日，范得堡再次视察魍港回到热兰遮城，看到堡垒的墙壁、顶楼、地窖、枪眼、粮仓、营房等都很好，并且把魍港的中国泥水匠、木匠运来，建造热兰遮城的仓库，物资已经由中国沿海运来。

　　魍港是石灰产地，所以在今北门区之东还有个灰窑港村，此地应和魍港的石灰业有关，可能就是那个石灰岛。在荷兰人到魍港之前，魍港就有很多中国人，所以荷兰人才要中国人离开。是中国人最早开辟了魍港，他们在魍港的渔业、商业、制造业都是在荷兰人来到之前就有的。因为魍港是中国人最早开辟的聚落，所以有建造房屋的需求，成为工匠集中之地。1637年以后，荷兰人无数次从魍港运石灰到热兰遮城。魍港堡垒建好，中国人在城外辛苦工作，但是经常有魍港烧石灰的中国人被 Vavorolan 人攻击的报告。10月25日，荷兰人决定调集麻豆、萧垅、诸罗山、目加溜湾等盟友的军队，出征 Vavorolang，31

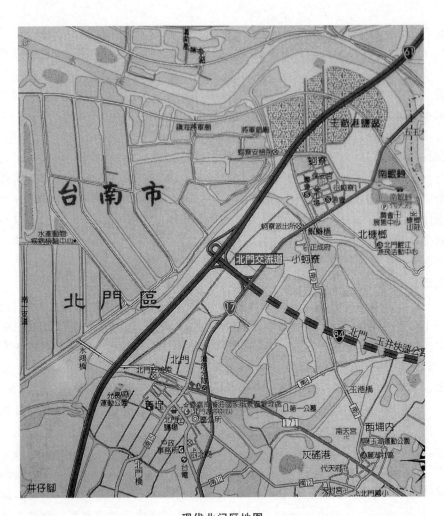

现代北门区地图

日,回到宽阔的魍港内湾,11 月 1 日出海到达大员。11 月 16 日,被
Vavorolang 人俘获的 8 名中国人被释放。

　　魍港还是鹿皮的集散地,《热兰遮城日志》记载早在 1633 年 3 月 13 日,就
有中国海盗船只从台湾南部去北部,准备抢劫在魍港、二林、马芝遴社(今彰化
县鹿港镇)等地收购鹿皮的中国船只。1635 年 6 月 27 日,三艘中国船从魍港
运了 10000 张鹿皮到热兰遮城。1638 年 1 月 23 日,荷兰人贴出告示说在大
员、魍港有检查员对运往中国的鹿肉称重,征收什一税。[①] 正是因为魍港资源

––––––––––

　　①　江树生译注:《热兰遮城日志》第 1 册,第 82、207、372 页。

丰富,又是扼守大员湾北部的第一个河口港湾,所以荷兰人要在此建城。

魍港作为一个港湾,指的是南鲲身、北门屿到盐水区之间的海域,现在都已成陆。魍港作为一个汉人开辟的村落,在今北门附近,荷兰人建立的堡垒也在这里。荷兰人建城往往在突出的海岬,比如热兰遮城在一鲲身,天启年间在澎湖所建之城在风柜尾。

1637 年 10 月 8 日,魍港报告说因为海潮汹涌,所以距离堡垒约 47 米的沙滩都被冲毁,不久恢复原状。1639 年 2 月 23 日,荷兰人派快艇去澎湖运送大石头,固定魍港堡垒的海岸土地。10 月 11 日,荷兰人决定不再固定魍港海岸,因为海潮一个半小时就把石头卷走。1640 年 11 月,魍港堡有被海潮冲垮的危险。[①] 1643 年 11 月 9 日,又去澎湖运石头,固定魍港碉堡海岸。1644 年 1 月 25 日,魍港堡垒已经不能使用,最有价值的木头被拆下。4 月 1 日,因为强风暴雨,魍港堡垒的石头、砖头很少能被抢救。4 月 7 日,大部分沉入海中。10 月 1 日,荷兰人要去魍港寻找建造新堡地点。[②]

荷兰人在建造堡垒之前曾经铲平沙丘,这使堡垒所在的沙洲地基不稳。其实荷兰人的遭遇,可能就保存在南鲲身的传说中。1970 年在南鲲身搜集到一则传说,说南鲲身的著名庙宇代天府曾经在清代迁移,因为红毛蕃(荷兰人)窃取了邻近石井仑的乌金石和南鲲身的白马鞍藤头,乌金石是避水珍宝,任有多大潮水,不能冲垮,白马鞍藤头也是稀世珍宝,荷兰人窃取之后,海潮冲垮沙洲。直到嘉庆年间,才改建此庙于桃榔山,又名虎峰,即今庙址。[③] 所谓荷兰人窃取珍宝,可能就是指荷兰人挖去沙丘,总之在明末清初此地海潮确曾冲毁沙洲。

南鲲身代天府是台南著名大庙,建时很早,供奉五位王爷,所以今日南鲲身、北门之间还有王爷港,此地也有福建沿海送王船的习俗。魍港、王爷港读音较近,不过魍港一名可能和王爷无关。

魍港距离先住民村社集中的大员湾一带不远,但是和麻豆社、萧垅社之间又隔着急水溪和将军溪。林凤、林道乾等人在此活动,既可以保持和先住民的交流和贸易,又和先住民集中的台南市地区保持一定距离,使得聚落不会受到先住民的侵扰。

---

① 江树生译注:《热兰遮城日志》第 1 册,第 349、426、474 页。

② 江树生译注:《热兰遮城日志》第 2 册,第 212、231、255、256、345 页。

③ 林衡道:《台南县西部的胜迹》,林衡道:《台湾胜迹采访册》第 1 册,南投:台湾省文献委员会,1977 年,第 215 页。

第八章

北港的兴起

明史学家认为万历中后期和万历前期是明史的两个时代，[1]这也是台湾历史上的两个时代。因为在万历初期，虽然已有华南的民间武装在台湾长期活动，建立了聚落，但是这些民间武装主要是潮州府的海盗，也兼营贸易。他们在台湾的活动和后世海上势力相比，没有固定规律，时常把台湾当成躲避明朝官军的后方基地。所以至今为止，他们的活动地，还只能推测是后世的魍港。

而万历中期，台湾的北港渔场出现在闽南人的视野之中，来自闽南的渔民掌握了乌鱼的活动规律，有规律地来往于两地。这些渔民和先住民贸易，导致很多海商托名往北港捕鱼，其实是去日本贸易。北港成为中国海商的掩护，也引来了日本商人。

北港的兴盛，引发了明朝官军的注意，于是有沈有容（1557—1627）在万历三十年（1602年）东征台湾岛。但是明朝没有在台湾驻军，所以后来的闽南海商继续在台湾聚集，甚至在赤嵌修筑了城堡。这个城堡很可能就是后来荷兰人普罗文查城的前身，即今赤嵌楼。

赤嵌的闽南海商集团在漳州参加叛乱失败之后，台湾岛的风云暂时平息，此时的台湾又有短暂的政治空白等待填补。但是明朝又错过了这个宝贵机会，最后是荷兰人捷足先登。

---

① 南炳文、汤纲：《明史》，上海：上海人民出版社，2003年。此书的明代中期和后期的分界，即万历前期和中后期。

第一节　北港的兴起

张燮《东西洋考》卷七说：

> 万历三年，中丞刘尧诲请税舶以充兵饷，岁额六千，同知沈植条《海禁便宜十七事》着为令，于时商引俱海防官管给，每引征税有差，名曰引税。东西洋海引税银三两，鸡笼、淡水税银一两，其后加增东西洋税银六两，鸡笼、淡水二两。

台湾岛很近，所以征收引税较少。《东西洋考》出版于万历四十五年（1617年），卷五《东洋列国考》有《东番考》，下注云："不在东西洋之数，附列于此。"可能正是因为台湾岛很近，所以明人不列入东西洋诸国之中，这显示明代人不把台湾当成外国，虽然是未开化的番，但是和外国不同。明朝人之所以有这样的认识，笔者以为是在万历三年（1575年）明朝和西班牙接触，明朝人确定台湾岛不属于西班牙，自然认为台湾岛属于明朝。

《东西洋考》卷九《舟师考》记载东洋针路说："东番，人称为小东洋，从澎湖一日夜至魍港，又一日夜为打狗仔，又用辰巽针十五更取交里林，以达鸡笼、淡水。"打狗（高雄市）在南，鸡笼、淡水在北，此处并不区分，可见张燮对台湾岛的了解很少。卷五《东番考》说："鸡笼山、淡水洋在彭湖屿之东北，故名北港，又名东番，云深山大泽，聚落星散，凡十五社。"台湾岛当然不可能只有十五个社，而且北港因为澎湖东北而得名也是误解。

陈宗仁先生有一篇专门考订明代台湾岛别名北港的论文，收集了最全面的史料，但是他的结论是北港即魍港。① 笔者不同意此说，陈文引用崇祯间陈祖绶《皇明职方地图》的《皇明大一统总图》，图上的福建东南有三个小岛，鸡笼、澹水是北部一岛，北港是中部一岛，澎湖是南部一岛，澹水即淡水。《福建地图》上，除了鸡笼、湛水，还有小琉球，湛水即淡水，文字说：

> 近时民多走北港、彭湖、淡水、鸡浪四屿，四屿之大足以敌四府，收之为外屏，又足以翼四府。置县则崇明也，卫则金山、昌国也。原我卧榻之内，防海预防。防于此，福兴漳泉枕席安矣。

此图当然有误，鸡浪即鸡笼，图上与淡水画在一岛，而与北港分开，反映编

---

① 陈宗仁：《北港与 Pacan 地名考释：兼论 16、17 世纪之际台湾西南海域贸易情势的变迁》，《汉学研究》第 21 卷第 2 期，2003 年。

图者清楚三地的相对方位,但是不知三地在一个岛上。北港既然在其南部,则在今台湾岛南部。笔者认为《福建地图》没有北港,却有小琉球,似乎说明作者认为北港是小琉球。《福建地图》的鸡浪、湛水在一个长条形岛上,西部有个巨大的港湾,笔者认为这个海湾就是淡水河口。

《皇明职方地图表》即《皇明职方地图》,为陈组绶于崇祯九年(1636年)刊刻的地图集,并非全是表,只不过文字部分有表。此图是继罗洪先《广舆图》之后的又一部重要地图集,明代中后期虽然还有其他地图集,但是以这两部地图集最为重要。《皇明职方地图》资料翔实,更新了很多信息,重视军事防御,有很多新的见解。

《皇明职方地图·皇明大一统总图二》的鸡笼、淡水、北港、彭湖

注:[明]陈组绶:《皇明职方地图》,《玄览堂丛书三集》第10册,南京:国立中央图书馆,1948年。

其实陈宗仁先生没有发现在《皇明职方地图》下卷还有《万里海防图》,其中详细描绘出北港、湛水、鸡笼,北港、湛水在下卷第41页,鸡笼在第42页,湛水和鸡笼似为一岛。浙江省图书馆藏有一幅彩绘的《万里海防图》,横约450厘米,纵约30厘米,折叠装裱,锦缎封套。据考证是表现嘉靖九年到四十二年

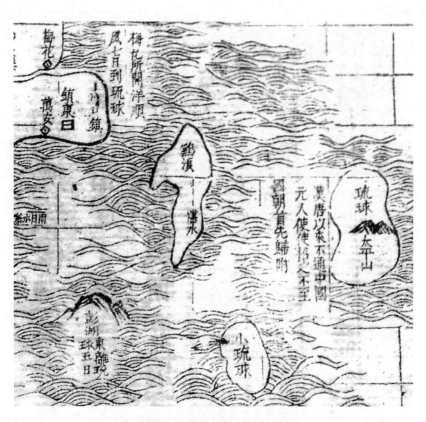

《皇明职方地图·福建地图》局部

（1530—1563 年）的情况，但是图上避道光帝旻宁的讳，所以是清代的摹本。①
此图恰好可以补《皇明职方地图》的缺字，以下括号内为据此图所补。《万里海
防图》的北港一岛标注："即台湾，今为红夷所房。"其上有文说：

> 彭湖，天启壬戌年，红夷到中左所，后连据彭湖，总兵俞咨皋用间，移
> 红夷于北港，乃得复彭湖，今设游击防守。北港为彭湖唇齿，彭湖为漳泉
> 门户。□失北港是唇亡齿寒，使咨皋一[面交市，一面]屯练[强壮，收抚]
> 郑芝龙出[其不意而图]之，红夷[何有哉]？今此夷不□，终为漳泉之忧！
> □□咨皋但知倚□人许心素为互市之利耳，所以为郑芝龙所逐。

这里说荷兰人退出澎湖，到达北港，说明北港就在台南市附近。湛水即淡
水，其上有文说：

---

① 浙江省测绘与地理信息局：《浙江古旧地图集》，北京：中国地图出版社，2011 年，
第 76～77 页。

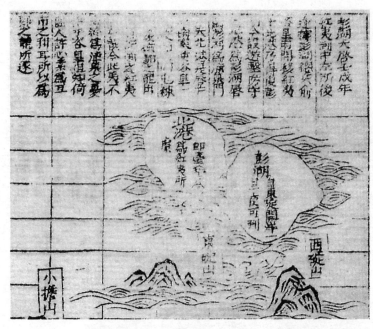

《皇明职方地图·万里海防图》彭湖、北港部分

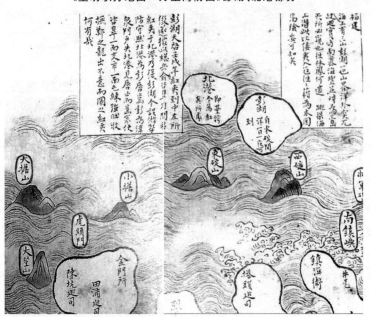

浙江省图书馆藏《万里海防图》摹本的北港、彭湖、
大担山、小担山、金门、大登山（大嶝岛）一带

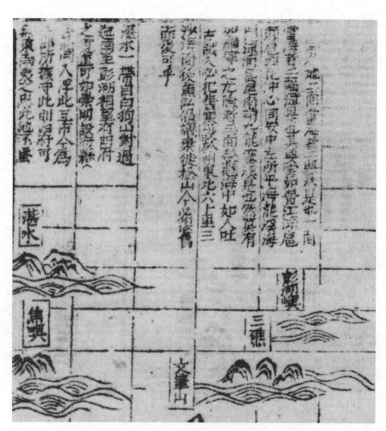

《皇明职方地图·万里海防图》彭湖屿、湛水部分

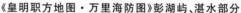

湛水一带,自白狗山对过,迤南至彭湖,相望有四府之海道。可如崇明设府县,[皆]闽人浮此互市。今为佛郎所据守,此则四府可[无]东南夷之[患]?此地不蚤[为图之,终为闽省梗]!

白狗山即白犬岛,淡水在白狗山对岸,说明明末中国人之所以仍然把台湾当成两个岛,仍然和台湾的南北航路有关。从福州东渡,到达北台湾的鸡笼、淡水,从闽南东渡,到达南台湾。

陈文也引到《顺风相送》的《松浦往吕宋》针路说:

用丁未二更,见小琉球鸡笼头山,巡山使上,用丙午六更见北港、沙马头、大湾山。丙午三十五更,取射昆美山。

此条显示北港是在南台湾,大湾可能是台湾,也可能是沙马崎头的大海湾,因为大湾在沙马头之后。不过陈文没有发现此条针路有误,北港不可能距离鸡笼只有六更,应是十六更。因为《顺风相送》侧重西洋针路,《指南正法》侧重东洋针路,而且两书原是渔民抄本,所以多有错漏。

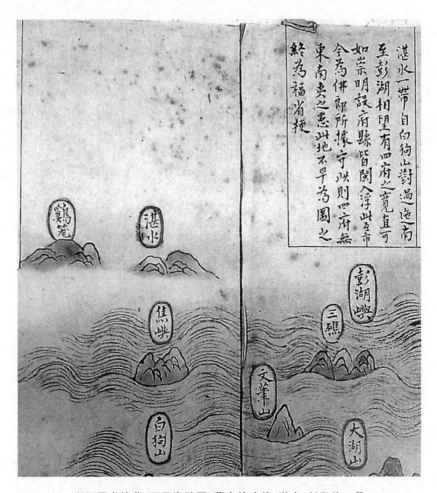

浙江图书馆藏《万里海防图》摹本的鸡笼、湛水、彭湖屿一段

《指南正法》的《咬留吧回长崎日清》说：

> 初三日见舡仔舡十余只，并见北港大山在东南势，又见洋舡二只。夜用艮寅，五更光平淡［中按：此处脱水字］山下，东北上亦有讨鱼舡。初四日艮寅六更，平圭龙头。

这说明北港在台湾岛南部，离淡水超过五更，离鸡笼超过十一更。圭龙头，可能是鸡笼山的海岬，即今台湾岛最北部的富贵角。这是海岸及航线转折处，虽然野柳岬更突出，也更靠近后世的基隆，但是不是圭龙头。

又《咬留吧往台湾日清》说：

> 二十七日用丁未，下午平东涌外过，用丁未暗平白犬开。夜用丁未及未，七更，光见北港大山在东势。

东涌即今马祖列岛最东部的东引岛,白犬是其南部的东沙岛,再南七更,看到北港大山在东部,说明北港在台湾岛南部。

仅从这四则史料,我们就可以断定北港肯定不是台湾北部,张燮之说可能只是他的臆测。

正如陈文所言,北港最早是作为渔场地名出现的,陈文引用16世纪90年代福建巡抚许孚远《敬和堂集》卷四《疏通海禁疏》说:

> 臣有访得同安、海澄、龙溪、漳浦、诏安等处奸徒,每年于四五月间告给文引,驾驶乌船,称往福宁卸载,北港捕鱼,及贩鸡笼、淡水者,往往私装铅、硝等货,潜去倭国,徂秋及冬,或来春方回。亦有借言潮、惠、广、高等处籴买粮食,径从大洋入倭,无贩番之名,有通倭之实,此皆所应严禁。

同书卷七《海禁条约行分守漳南道》说:

> 又有小番,名鸡笼、淡水,地邻北港捕鱼之处,产无奇货,水程最近,与广东、福宁州、浙江、北港船引,一例原无限数,岁有四五只,或七八只不等。

顾炎武《天下郡国利病书》说:

> 于时凡贩东西二洋、鸡笼、淡水诸番及广东高、雷州、北港等处商渔船引,俱海防官为管给,每引纳税银多寡有差,名曰引税。

北港是中国人捕鱼之地,还有姚旅《露书》两则史料未被陈文所引,卷一〇《错篇下》说:

> 鹿筋、乌鱼子、鳗鱼脬最佳味,而海澄最多,皆来自北港番。北港番者,去海澄七日程。其地广而人稀,饶鹿与鱼。其俗得鹿,只取其肠,洗净绕臂,沿途生啖之,余尽弃去,故海澄人以滥物易归。

> 又乌鱼、带鱼之类,皆咬尾逐队,千百为群,取者必徐举,听其去半后取,不然即决网断绳而去。

卷九《风篇中》说:

> 北港俗,亲死即刳去脏腑,以火干尸,贮木,悬梁,岁时出而祭之,其不识礼义如此。

> 其人散居,无君长,惟甲长之类为头目。中国十人以下至其地,则彼杀之。五十人以上,则彼闭户而避我。

> 捕鱼逐鹿者入其境,必分赠甲长土宜。闽抚院以其地为东洋、日本门户,常欲遣数百人屯田其间,以备守御。[1]

---

① [明]姚旅著,刘彦捷点校:《露书》,福州:福建人民出版社,2008年,第246、211页。

　　姚旅是福建莆田人,是万历、天启年间的传奇旅行家。他的书里还有很多闽南地理记载,应该是他亲身见闻。据其自序,初成于万历三十九年(1611年),《错篇》记载各地物产,这里说北港的乌鱼最多,其次是带鱼和鳗鱼,渔民还用中国的低级产品换取鹿筋。《风篇》记载北港没有君主,只有头目,类似中国的甲长,其实这只是中国人根据聚落大小类比。又说如果大陆人十人以下去北港,先住民就会杀害大陆人。如果五十人以上去,则先住民反而害怕。大陆人在北港捕鱼射鹿,必须要馈赠其头目。福建巡抚认为北港是东洋门户,所以经常建议派遣数百人在北港屯田,作为防守措施。

　　姚旅这两则记载不仅独一无二,而且价值重大。先说卷九"北港"条的位置,本卷先说中国各地风俗,然后说到回回,然后说一个有土官的地方,风俗类似占城,则是中国西南边疆,然后是北港,其次是交趾、琉球、高丽,再次是倭、宣府熟夷、达、北狄西戎、胡,最后是西洋传教士罗华宗、利玛窦。显然姚旅的叙述顺序是:中国→藩属→敌国→西洋。

　　那么介于内地和藩属之间的北港显然是被姚旅当成中国了,这是明代台湾不属于外国的第二个重大证据。

　　北港所产的鱼,最多的是乌鱼,学名是正鲻,闽南语称为乌鱼,因为其背部发黑得名。鲻鱼在中国大陆有20多种,台湾有10种,捕捞最多的是正鲻(Mugil Cephalus)。乌鱼栖息在中国大陆沿海,冬至前后十余日来到台湾西南部海域产卵,由于每年准时来到,所以被渔民称为信鱼。乌鱼对海水的温度和盐度要求很高,南下的冷空气增强时,乌鱼南游速度加快。一月到二月,乌鱼产卵结束,逐渐北移,称为回头乌。乌鱼肉味鲜美,鱼卵可以制成乌鱼子,是桌上佳肴,称为乌金,精巢(乌膘)和胃袋(乌鯮)也是珍馐,鱼肉可以制成鱼干。乌鱼在接近台南安平到高雄茄萣一带时鱼卵最饱满,[①]所以福建渔民跨海捕捉,北港就在这一带。

　　陈宗仁先生之所以把北港的原地当成魍港,可能有读音近似的因素,但是其实北港和魍港的读音很不同,因为1624年荷兰人占据台湾后,把魍港写作Wankan,而北港是Pakan,可见魍港、北港都是汉人的地名。在魍港没有先住民的聚落,这里最早就是明朝海盗聚集形成的聚落。他之所以定北港在魍港,还有一个原因是可能是《指南正法》的《东洋山形水势》说:

---

　　① 梁润生、袁柏伟、杨鸿嘉:《台湾重要食用鱼类图鉴》,台北:中国农村复兴联合委员会,1962年,第23~24页;胡兴华:《台湾的养殖渔业》,台北:远足文化事业股份有限公司,2004年,第52~63页;李培芬:《台湾的生态系》,第148页。

澎湖暗澳有妈祖宫,山无尖峰,屿多。乙辰五更取蚊港,蚊港亦叫台湾,系是北港。身上去淡水,上是圭龙头。下打狗子,西北有湾,看石佛不可抛船,东南边亦湾,东去有淡水,亦名放索番子。①

从澎湖开船,乙辰五更确实到达魍港,即蚊港,但是此句显然有误,因为下文说上去,即北去是淡水、圭龙头(鸡笼),下去即南去是打狗子(高雄市打鼓山),所以这段话只能证明北港在台湾中南部,不能说明北港在今台南,不能说明北港就是蚊港。

熊明遇《文直行书诗文》文选卷一三《东番》说:

东番者居海岛中,载籍无所考信。其俗土著,无大君长,于中国不绝远,从泉州泛海,更彭湖中,二日夜可达其地。起魍港、加老湾,历大员、尧港、狗屿、双溪、加哩林、沙巴里,断续凡千里。

而山之鸡笼、淡水最名,议者欲置戍其间,与海中诸夷市,章有上公车者。水之北港最名,群盗所依阻也。番居山极深昧,滨海颇有瓯脱可耕,群盗佯言开垦,岁助饷金若干,实欲扼商贾之味,与海中诸民市,迹见有端,而泉之势家奸民,亦有瓜分北港课渔者矣。甚哉,海水之为利害也!②

本文的地名一段和引文的下文多抄录陈第《东番记》,但是这一段多数不见于《东番记》,是熊明遇搜集的信息。这里把鸡笼、淡水都当成山,而且似乎认为二地和北港相近,说明他不了解台湾地理。但是他说北港是最有名的河流,海盗在谎称开垦,实际是想开辟商港,而且泉州的豪强也想瓜分北港渔利,非常翔实,说明有可取之处。这里是说北港在先住民居住区的海边无人之地,指出了北港兴起的原因。众所周知,在今台南一带的台江内海周围原来是先住民村社密集之地,而北港海岸却是人烟稀少,这也说明北港不在今台南。徐晓望先生以为北港在今台南,③因为台南是著名渔场,此说不确。

万历三十三年(1605 年)南京吏部考功司郎中徐必达摹绘的《乾坤一统海防全图》今存中国第一历史档案馆,④图上的台湾岛第一次出现了河流,图上的小琉球国中间有一条河流,此图上东下西,海岸居下,但是也没有固定方向,彭加山就在小琉球国的左下角,即西北方,其实是在东北方,所以图上的河流其实也可以看成是开口向西南。小琉球的左下角还有鸡笼山,说明此图的小

---

① 向达整理:《两种海道针经》,第 138 页。

② [明]熊明遇:《文直行书诗文》,《四库禁毁书丛刊》集部第 106 册,第 495 页。

③ 徐晓望:《早期台湾海峡史研究》,第 157 页。

④ 曹婉如等编:《中国古代地图集》明代卷,北京:文物出版社,1995 年。

233

第八章 北港的兴起

琉球指的是南台湾。图上小琉球的大河,有人认为是浊水溪,[1]这显然是以近度古。其实浊水溪下游很宽,而且分为多支,但是图上的大河下游却没有这一特征。而且明代人对台湾南北比较熟悉,台湾中部面貌不清,所以不可能首先出现浊水溪。至于究竟是哪条河流,可能一时难以确定,或许只是示意图。

我们要考证北港的确切位置,解决北港与魍港是否一地的难题,还要依赖明末另一幅珍贵的地图《福建海防图》。

《乾坤一统海防全图》小琉球

第二节　明代《福建海防图》的台湾

长期以来,很多学者根据他们看到的一些中国及西方地图,提出 17 世纪之前的台湾被误绘为好几个岛,认为明代中国对台湾地理的认识始终模糊不清,误以为明代中国没有任何一幅地图清晰地描绘出台湾。有些人甚至根据

---

① 　王存立、胡文青:《台湾的古地图:明清时期》,第 84 页。

这种错误的认识得出台湾不属于明朝的错误结论。^① 其实他们没有看到中国科学院图书馆所藏的万历年间的《福建海防图》,这幅图把台湾从基隆到鹅銮鼻的西部海岸画成一个绵延的完整岛屿,而且有 20 个地名均匀地分布在台湾西海岸,另有 2 个地名在花瓶屿与黄尾屿。因为这幅图长期以来没有完整公布,所以不为世人所知,本书首次完整考证这幅珍贵地图的台湾地名。

这幅明代《福建海防图》,《中国古代地图集》第 2 册明代分册截取公布了其中部分内容。附录的文字介绍说,此图纸本彩绘,宽 41 厘米,长 580 厘米,作者不详。此图开头注明:"南系前左,而北系后右。"指此图上东下西,左南右北。海澄县为嘉靖四十五年(1566 年)置,图上文字又论及万历二十年(1592年)、二十五年(1597 年)之事,则是万历中后期为防御倭寇绘制。^② 这幅明代《福建海防图》画出了台湾和吕宋,极为珍贵。但是第 76 图的琉球国,实为今冲绳,《中国古代地图集》文字说明误以为此琉球国是今台湾。所谓开头注明,其实是图上对南澳岛的标注,最后说:"故南澳游信地,南系前左,而北系后右,重在防南。"所以南系前左、北系后右不是指全图方向,但是全图确是上东下西,左南右北。姜勇、孙靖国对此图也有介绍,孙靖国在《舆图指要》中公布了此图全本,^③使我们能够了解到此图全貌。关于此图的吕宋、冲绳部分,笔者另有专文,本文专论台湾部分。

此图是明代最详细的福建海图,北到浙江省南麂岛,南到闽广交界,但是实际完整地画出了分属闽广二省的南澳岛。图上在海防要地附有详细文字说明,介绍此地的战争史及防守方略。在重要海港标注可以停泊多少海船及躲避某个方向的暴风,还标注到周围海港的距离,因此这幅图的可信度很高。这幅地图上画出了北港、魍港,一举解决了北港与魍港是否为一地的争论,而且解决了北港位置的难题。

一、台湾中北部地名

1. 黄麻屿、花瓶屿。《明代海防图》在台湾岛、冲绳岛之间画出 6 个小岛,

① 周婉窈:《山在瑶波碧浪中——总论明人的台湾认识》,《台大历史学报》第 40 期,2007 年;周婉窈:《明清文献中'台湾非明版图'例证》,《郑钦仁教授荣退纪念论文集》,台北:稻乡出版社,1999 年,第 267～293 页。

② 曹婉如等编:《中国古代地图集·明代》,北京:文物出版社,1995 年,第 74、75、76 图。

③ 孙靖国:《舆图指要:中国科学院图书馆藏中国古地图叙录》,北京:中国地图出版社,2012 年,第 327～333 页。

靠近台湾岛的两个标名黄麻屿、花瓶屿。黄麻屿即钓鱼岛附近的黄尾岛,花瓶屿即花瓶屿。

《福建海防图》黄麻屿、花瓶屿的截图

2. 鸡笼、鸡笼港、淡水。图上在台湾岛北部标出鸡笼、鸡笼港,清楚显示出一个巨大的海湾。其南隔山,又有淡水,在一个较小的河口。北部的鸡笼可能是在基隆港口和平岛(社寮岛)上的先住民鸡笼社,①鸡笼港即今基隆港,淡水是今台北的淡水河口。

3. 芝巴山里。图上在淡水河口南岸标出芝巴山里,但是"山里"不合体例,此名应是芝巴里山。此地在先住民的芝芭里社,即今桃园县中坜市西北的芝芭里。芝巴里山应是指附近山地,但是芝芭里远离山地,所以此处的山可能是泛指先住民地区,也有可能指桃园的台地群。

《福建海防图》鸡笼、鸡笼港、淡水、芝巴山里的截图

4. 新港。图上淡水河口向南是一个巨大的海湾,再南在海岬标有新港,再南是一个较小的海湾。新港即先住民的新港社,在今苗栗县后龙镇新民里,今仍有西社、东社地名留存。② 后龙溪口正是突出的海岸,其南北海岸凹陷,

① 翁佳音:《大台北古地图考释》,台北:稻乡出版社,2006 年,第 149～152 页。
② 戴天来:《台湾地名辞书》卷十三《苗栗县》第五章《后龙镇》,南投:台湾省文献馆,2006 年,第 141 页。

即图上南北的海湾。

5. 崩山。图上在新港南部海湾之南有崩山，即清代文献的崩山八社。清黄叔璥《台海使槎录》卷六说崩山八社是："大甲东社、大甲西社、宛里、南日、猫盂、房里、双寮、吞霄。"吞霄在今苗栗通宵镇，宛里在今苑里镇，房里在今苑里镇房里，猫盂在今苑里镇中正里，南日在今苑里镇旧社里，双寮在今台中大甲镇建兴里，大甲东社在今台中外埔乡，大甲西社在今台中大安乡。[①]

《福建海防图》新港、崩山、白犬、东沙的截图

6. 牛山。图上崩山之南，隔两个海湾有牛山。牛山地名不见于台湾文献，而图上平潭岛东部的牛山岛恰好没有标名，所以这个牛山是今平潭县牛山岛之名的错位。因为此图来源不同，拼接时发生错位，把福建地名误画到台湾岛。不过图上台湾岛的地位错位仅此一例，其他都没有错位。

7. 三林、二林。图上牛山之南是三林，再南隔一个河口，有二林。三林、二林都在今彰化县二林镇，二林即今二林。三林在今二林镇西北五里，康熙台湾舆图画出二林、三林，说明三林距离二林五里。

琉球人程顺则于康熙四十七年（1708年）成书的《指南广义》参考了很多明清航海图书。此书的《海岛图》画出鸡笼屿、二林山、花瓶屿、棉花屿、钓鱼台、黄尾屿、赤尾屿，但是二林山比鸡笼屿小，反而在北。[②] 图上二林山、鸡笼屿应颠倒，二林山应是上方的大山，指二林附近诸山。如果从福建出发，航向稍偏，就到达二林一带。

① 詹素娟、张素玢：《台湾先住民史·平埔族史篇（北）》，第240～245页。

② 程顺则：《指南广义》，《传世汉文琉球文献辑稿》第22册，厦门：鹭江出版社，2012年，第449页。

《福建海防图》牛山、三林、海坛的截图

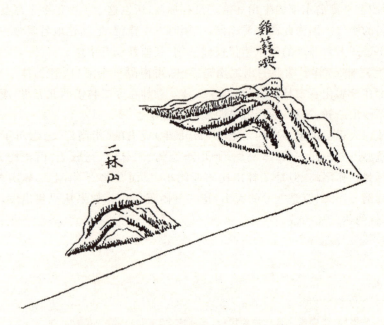

程顺则《指南广义·海岛图》开头的二林山、鸡笼屿

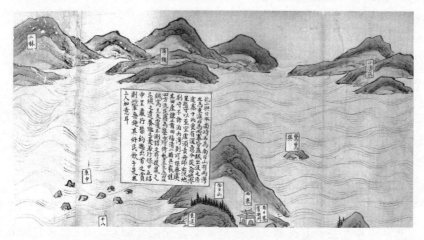

《福建海防图》二林、湾头、小鱼屿、南日山的截图

8. 湾头。图上二林之南的海湾南部标出湾头,此名待考。因为清代浊水溪在今二林镇东北入海,不是现在的浊水溪,所以现在浊水溪口附近原来可能有一个港湾,即图上湾头位置。现在云林县西北部沿海的麦寮乡有大湾村,不知是否与图上的湾头有关。

9. 小鱼屿。图上湾头再南,隔有河口,有小鱼屿。但是图上没有画出岛屿,这个小鱼屿应在今云林县西南部,现在已经成陆。从云林县向南,海岸出现较大沙洲,所以出现小鱼屿之名。这个名字也是汉人命名,应是福建人在台湾捕鱼时居住之所。

二、北港、大线头、魍港

1. 北港。图上小鱼屿向南,隔三个小海湾,有北港。应是今云林县南部的北港镇,但不是现在的北港镇中心。北港是晚明台湾著名渔场,文献很多,前人也有很多研究,但是前人对北港具体位置还有很多争议。李献璋认为北港(笨港)在清代才成为聚落,①现在看来肯定不确。因为此说缺乏证据,他的理由不过是明代笨港史料缺乏。有人认为北港在今云林县南部,但是没有明确证据。《福建海防图》的北港之南是大线头、魍港,而大线头的位置可以明确,可以证明北港确实在云林县南部,而且北港不是魍港,一举解决前人的

---

① 李献璋:《笨港聚落的成立及其妈祖祠祀的发展与信仰实态》,《媽祖信仰の研究》,第597~598页。

争论。

《福建海防图》的北港、大线头、魍港

北港应在今云林县南部北港镇到嘉义县北部六脚乡一带，但不是现在的北港镇中心。今北港镇原来是笨港北街，后来简称为北港。笨港街原来在溪南的今嘉义县境内，乾隆十五年（1750年）的洪水把笨港街分为南北两块，嘉庆八年（1830年）的洪水又冲毁南街，笨南港居民迁往南新港，即今新港。原来的南港称为旧南港，在今北港镇南岸。乾隆二十一年（1756年）到二十四年（1759年）的《台湾全图》画出了笨港前街、笨港后街、笨港北街。[①]

《福建海防图》的魍港、马沙沟、加老湾

2. 大线头。闽南语的线、汕同音［suā］，汕即沙洲，汕是根据线的读音造出的形声字，因为海岸的沙洲形似线条而称为线。这篇沙洲就在布袋镇西南的好美寮附近，现在还很突出。所以好美寮不是魍港，而是大线头。

3. 魍港、马沙沟。上文已经考证魍港在今台南的北门，马沙沟在台南的将军乡的马沙沟。

---

① 洪英圣：《画说乾隆台湾舆图》，台北：联经出版事业公司，2002年，第30页。

三、台湾南部地名

1. 加老湾。图上加老湾在一个巨大的河口,应是台江内海,现在已经淤积,在今台南市中心。1628 年 12 月 27 日,荷兰牧师甘迪留斯的记录说荷兰人熟悉的部落,有目加溜湾(Backeloan),译注说前 5 个分别在今台南市安定区,[①]加老湾是省译。陈第《东番记》说:"东番夷人,不知所自始。居彭湖外洋海岛中,起魍港、加老湾,历大员、尧港、打狗屿、小淡水、双溪口、加哩林、沙巴里、大帮坑,皆其居也。断续凡千余里,种类甚蕃。"

北港、旧南港、新港

2. 小溪水、小溪水。图上加老湾所在河口之南,隔一个海湾,有一个河口,标名小溪水。再向南又有一个河口,也标名小溪水。

加老湾南的海湾,即今高雄市北部的海湾,南部的河口在今高雄市南部,即今高雄、屏东之间的下淡水溪,又名高屏溪。陈第《东番记》把高雄北部的海湾称为尧港,把高雄称为打狗,下淡水称为小淡水。再向南的小溪水,即《东番记》的双溪口,即今屏东县的东港溪。东港溪口紧邻高屏溪,所以高屏溪又名西溪,东港溪原名东溪,中间是双溪口。

3. 荛丁港。图上南部的小溪口南岸有荛丁港,此地应清代的茄藤港,因为海茄苳(Catia)得名。海茄苳见于台中以南的海岸,是一种红树林,不是中

① [荷]包乐史、Natalie Everts、Evenlien Frech 编,林伟盛译:《邂逅"福尔摩沙":台湾先住民社会纪实:荷兰档案摘要》第 1 册,第 25 页。

北港、大线头、魍港、加老湾位置图

国大陆南方常见乔木茄苳树。茄苳可汉译为加呈,高雄市茄萣区原名是茄埕田,也是源自海茄苳,南台湾沿海的类似地名很多。茄苳、茄藤、茄萣、茄埕、茭丁的闽南语读音相同,茭丁港也即陈第《东番记》的加哩林,加里林就是海茄苳红树林。呈、里形近,所以讹为加里。因为中国人翻译外族名词时喜欢加个"口"字,所以又被写成加哩。

茄藤港在今东港镇与南州乡交界处,光绪二十年(1894 年)《凤山县采访册》丙部《港澳》:"东港……在港东里,县东南三十里……南平港……旧志作茄藤港。在东港东里,县东南三十三里。"茄藤港在东港东南三里,此处原属先住民茄藤社。南平港在今南平里,有金茄萣港的传说。[①] 此港介于双溪口与林边溪之间,因此南有沙汕,也是一个良港。乾隆初有泉州之陈、苏、洪、李、庄五姓到茄藤港,开垦大潭新庄、下廊庄、三叉河庄,[②]在今大潭里、下廊里、三西里。紧邻其东的南州乡万华村即茄藤社,万华是闽南语番仔的雅化。[③] 其东南的佳冬乡源自茄苳脚,是同源地名,不是茭丁港。

道光十七年(1837 年)七月初七日,林树梅从凤山县城(今高雄左营)去琅

　　① 翁淑芬:《台湾地名辞书》卷四《屏东县》第四章"东港镇",南投:台湾省文献馆,2001 年,第 143 页。
　　② 翁淑芬:《台湾地名辞书》卷四《屏东县》第四章"东港镇",第 148 页。
　　③ 黄琼慧:《台湾地名辞书》卷四《屏东县》第十六章"南州乡",第 487 页。

峤,路过茄藤港,他看见:"林木蓊翳,六里许,始见天日。"①说明茄藤港原来的茄藤林确实非常茂密,故有此名。

《福建海防图》的小溪水、小溪水、荻丁港

荻丁港(加里林)位置图

牛津大学包德林图书馆 2008 年发现了一幅明末闽南商人绘制的大型东方航海图,图上的台湾岛仅有北港、加里林两个地名。加里林就是加哩林、荻丁港。前人考证这幅明末航海图上的加里林,因为没有对照《东番记》与《福建海防图》,所以没有得出正确的结论。而《福建海防图》南台湾名为港的地名仅有北港、魍港、荻丁港,正是因为这三个港是汉人活跃之地,所以称为港。

陈第《东番记》有加哩林(荻丁港),但漏记重要的北港,《福建海防图》有北港、魍港、荻丁港。牛津大学藏图有北港、加里林(荻丁港),没有魍港,不知是

① [清]林树梅撰,陈国强校注:《啸云诗文抄》,厦门:厦门大学出版社,2013 年,第40 页。

因为魍港已经衰落、魍港附近先住民太多,还是因为荷兰人占据台南与魍港,所以图上不画魍港。

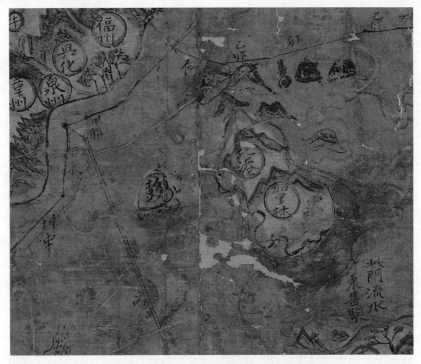

牛津大学藏明末闽商航海图的台湾附近截图

4. 沙马头。图上再南部有一个港湾,南部有沙马头。此港湾即台湾岛最南部的海湾南湾,沙马头是台湾岛最南部的鹅銮鼻。光绪二十一年(1895年)《恒春县志》卷一五《山川》说:"鹅銮鼻,旧名沙马崎。"①此名在明代就有,《顺风相送》出现沙马头3次,沙马歧头2次,《指南正法》有沙马岐头4次,其中2次是沙马岐头门。沙马应即沙漠,漠的古音是mak,在澎湖县望安乡将军澳屿西南角也有一个砂莫时,应即沙漠屿。鹅銮鼻一带海岸多沙,南有白沙鼻,西有砂岛,东有风吹沙景观。

四、结论

这幅明代万历时期绘制的《福建海防图》不仅画出福建沿海,还画出台湾

---

① [清]屠继善:《恒春县志》,《台湾文献史料丛刊》第8册,第253页。

《福建海防图》茭丁港、沙马头的截图

岛和菲律宾、冲绳等地,说明那时的福建政府对台湾、菲律宾、冲绳已经非常熟悉,而且认识到台湾在福建海防中的重要地位。

明代《福建海防图》不仅标出台湾岛的 22 个地名,而且分布在台湾本岛及其附属岛屿。有 2 个地名在台湾岛北部的附属岛屿,另外 20 个地名分布在台湾岛最北的基隆到最南的鹅銮鼻。这些地名均匀地分布在基隆、台北、桃园、苗栗、彰化、云林、嘉义、台南、高雄、屏东这 10 个县市,完整地画出台湾岛的西部海岸。说明当时福建水师对台湾岛的测绘非常完整,明代中国人对台湾的认识绝非模糊不清或片段零散。钓鱼岛在花瓶屿与黄尾屿之间,图上画出花瓶屿与黄尾屿,说明整个钓鱼岛列岛都属于明朝管辖。

明代《福建海防图》上标出的台湾岛 20 个地名涉及自然山水、先住民村社及汉人活跃港口,还有汉人捕鱼的渔场,说明福建人在台湾非常活跃。正是因为福建渔民、商人在台湾非常活跃,所以福建水师才能绘制出如此精确的《福建海防图》。图上很多地名沿用到清代甚至现代,说明来自大陆的汉族在明清时期开发台湾是一个连续的历史进程,没有因为荷兰及西班牙人占据台湾而中断。

第三节　江浙人到台湾贸易的新史料

现在台湾汉族居民的祖先主要来自福建、广东二省,1949 年之前的台湾汉族更是几乎全部来自福建、广东二省。明代移民台湾的汉人似乎没有来自这二省以外的大陆人,但是我们看到浙江省到台湾岛的最近距离是 232 千米,而广东省到台湾岛的最近距离是 296 千米,浙江与台湾更近。何况台湾距广东最近的西部海岸历史上向西扩展很大,而浙江与台湾最近处的海岸是基岩海岸,历史上变化不大,所以原来台湾、广东的距离更远。先秦时期的台湾就和江南有密切来往,吴王的大船馀艎之名可能来自台湾先住民的语言大船

avang。中国大陆王朝最早派往台湾岛军队是孙吴时期从临海郡出发,江南和早期台湾历史关系密切。元代浙东道宣慰都元帅完者笃(1299—1344)在后至元庚辰(六年,1380年)率军从今浙江省象山县的韭山向南追赶海盗,一直到达流求(台湾)海域。王日根先生指出,明清时期的江南和福建海上贸易非常繁荣。①

中国近一千年来最主要的经济、文化中心是江浙地区,明清时期中国的十大商帮有四个来自江浙地区:徽州商人、苏州商人、宁波商人、龙游商人。即便是来自内陆的徽商在明代就向海上发展,著名倭寇头目王直、徐海、许栋等人都是徽商,江浙地区的海商颇多。嘉靖元年(1522年),广东海道副使汪鋐在香港的屯门附近打败葡萄牙人,葡人因此北上福建、浙江,在六横岛建立双屿港城。嘉靖二十七年(1548年),朱纨摧毁了双屿港。其间的二十多年内,浙江海岛是中外贸易的中心,葡萄牙人往来于东南亚、日本会经过台湾。所以应该有一些明代江浙商人曾经到台湾贸易,笔者曾引明代松江人《云间杂志》卷中两则记载,说到吕宋贸易开辟之后,松江人也往往去吕宋贸易,万历年间有焦氏、陆氏经过福建去吕宋。② 不过这两人很可能是搭福建人的商船路过台湾,不能证明江浙商人独立到台湾贸易。笔者最近又发现一则来自慎懋赏《四夷广记》的史料,记载明代的江浙商人到台湾贸易。

明代湖州人慎懋赏的《四夷广记》说:

> 鸡笼国、淡水国,俱出硫磺,杭人贩旧破衣服换之,俱硫土,载至福建海澄县,掘一坑,加牛油做成。③

慎懋赏的生平不详,慎姓在先秦即有,战国时期著名学者慎到是赵国人,慎懋赏即为《慎子》作过注,中国学会影印《慎子三种合》收录此本,《四部丛刊》也收录此本,④商务印书馆《国学小丛书》本即以江阴缪氏抄慎懋赏本为底本。⑤ 但是晚近慎姓人口很少,主要集中在浙江,现在上海图书馆所藏五部慎

---

① 王日根:《明清福建与江浙沪的海上商品贸易互动》,《国家航海》第5辑,上海:上海古籍出版社,2013年,第56~72页。

② 周运中:《元明时期上海海运业变迁》,上海中国航海博物馆编:《上海:海与城的交融》,上海:上海古籍出版社,2012年,第282~288页。

③ [明]慎懋赏:《四夷广记》,原书第697页,《玄览堂丛书》,广陵书社2010年影印本第9册第6854页。

④ 高流水、林恒森译注:《慎子、尹文子、公孙龙子全译》,贵阳:贵州人民出版社,1996年,第6页。

⑤ 王斯睿:《慎子校注》,上海:商务印书馆,1935年。

氏族谱全部来自浙江诸暨。①《四夷广记》仅题吴人慎懋赏，但是明代另有慎懋官《华夷花木鸟兽珍玩考》，题吴兴慎懋官，自序于万历九年（1581年），②吴兴即湖州，说明慎懋赏很可能也是湖州人，慎懋赏的书也作于晚明。慎懋官的书搜罗了很多域外资料，慎懋赏的书则是专记外国地理及中外路程，二人应是兄弟，而且兴趣相投。

慎懋赏的这部书见于黄虞稷《千顷堂书目》卷八《地理类下》及万斯同《明史》卷一三四《艺文志二》，③钱谦益《列朝诗集》闰集卷六有朝鲜国王李芳远《献大明永乐皇帝》诗，序引吴人慎懋赏之语，又同卷有佚名日本人诗三首，序说："以下不知名三首相传为倭人作，出《四夷广记》。"④说明钱谦益曾经看过此书，而钱谦益曾经看到千顷堂看书，或许就是在千顷堂看到此书。但是《四夷广记》长久以来湮没无闻，直到郑振铎在1947年影印《玄览堂丛书续集》才收录此书的抄本，距离慎懋赏成书已有400多年。因为《四夷广记》至今没有整理本出版，所以长期以来没有得到学界重视。

笔者以为慎懋赏此条珍贵的台湾史料应该可信，因为慎懋赏是浙江人，他说杭州人去台湾贸易应有所本。下文说到福建，说明杭人不太可能是闽人或福建上杭人之误，应指杭州人。此处的杭州人不能孤立看待，当时应该还有江浙其他地区的商人参与台湾贸易。

鸡笼、淡水在同一航线，位置邻近，淡水河口聚集其上游的物产，还可以汲取淡水，两地都是硫黄等物出产地，所以两地在明代文献时常并列。张燮《东西洋考》卷七说：

> 万历三年（1575年），中丞刘尧诲请税舶以充兵饷，岁额六千，同知沈植条《海禁便宜十七事》著为令，于时商引俱海防官管给，每引征税有差，名曰引税。东西洋海引税银三两，鸡笼、淡水税银一两，其后加增东西洋税银六两，鸡笼淡水二两。⑤

慎懋赏所说的磺土也很可信，《东西洋考》同卷说："陆饷，万历十七年提督军门周详允陆饷货物抽税例例：万历三年陆饷，先有则例，因货物高下，时价不等，海防同知叶世德呈详改正。"其下列举各种货物的税则说："鹿脯每百斤税

① 王鹤鸣主编：《中国家谱总目》，上海：上海古籍出版社，2008年，第3872～3873页。

② ［明］慎懋官：《华夷花木鸟兽珍玩考》，《续修四库全书》编纂委员会编：《续修四库全书》第1185册，上海：上海古籍出版社，2002年，第400页。

③ ［明］黄虞稷：《千顷堂书目》，上海：上海古籍出版社，2001年，第217页；［清］万斯同：《明史》第3册，上海：上海古籍出版社，2008年，第376页。

④ ［清］钱谦益：《列朝诗集》，北京：中华书局，2007年，第6820、6872页。

⑤ ［明］张燮著、谢方点校：《东西洋考》，北京：中华书局，2000年，第132页。

银四分,磺土每百斤税银一分。"又说:"万历四十三年恩诏量减各处税银,漳州府议东西二洋税额贰万柒千捌拾柒两陆钱叁分叁厘,今应减银叁千陆百捌拾柒两陆钱叁分叁厘,尚应征银贰万叁千肆百两。"货物抽税见行则例又说道:"鹿脯每百斤税银三分四厘,磺土每百斤税银九厘。"①台湾早期输出的最重要的商品就是鹿肉及各种鹿制品,所以鹿脯无疑来自台湾,磺土无疑也来自台湾。万历十七年(1589年)的磺土是百斤抽税一分,四十三年(1615年)降为九厘。说明输入闽南的硫黄确实是磺土,而非成品。

海澄县即今龙海市的海澄镇,原名月港,因为扼守漳州海湾出口,所以明代是闽南最大的走私港。到了嘉靖四十五年(1566年)不得不析龙溪县置海澄县,县治就在月港。1960年海澄又并入龙溪县,改名龙海县。

说明到明末去台湾的闽南商人还是主要海澄县附近,主要获取的商品是鹿肉和海鱼。但是杭州人也把磺土运到海澄县,而非直接运往江南,可能因为江浙人加入台湾贸易的时间较晚,福建人已有成熟的技术。或许因为此处特许经营硫黄,只能在此制造。

明卢之颐《本草乘雅半偈》卷六《本经中品·石硫黄》说:

> 一种土硫黄,出闽漳对海,有山名鸡笼头,刮取山边砂土,日中暴干,和牛脂煎研,去砂土,滤出清汁,干之,即土硫黄也,入药亦佳。②

此处说取漳州对面的鸡笼头砂土,与牛脂煎煮,即成土硫黄。其实漳州对面是台湾南部,不过是因为在漳州制造,所以有此误解。牛脂与慎懋赏所说牛油吻合,说明慎懋赏所说可信。但是卢之颐此处没说是在漳州还是在台湾制造,多数可能是在漳州。《本草乘雅半偈》即《本草乘雅》的半部,卢之颐在其父亲卢复《本草纲目博议》基础上写成此书,但是因为明末的战乱流散,又重新搜集,仅得原书一半,故取此名。卢之颐也是杭州人,但是他的书里没有提到杭州人去台湾贸易,不知此书资料与慎懋赏之书资料有无联系。

慎懋赏说杭州人用破旧衣服换取硫黄,此话可信,元末汪大渊《岛夷志略》琉球说:"贸易之货,用土珠、玛瑙、金珠、粗碗、处州瓷器之属。"③粗碗在《岛夷志略》中出现了十次,粗碗、破旧衣服对很多先住民来说也是珍贵物品,而硫黄在出产地原来很普通,所以有这种交换。前引吴齐娜之文引西班牙人的记载说中国人用花布与台湾先住民交换硫黄,而康熙二十三年(1683年)林谦光的

---

① [明]张燮著,谢方点校:《东西洋考》,北京:中华书局,2000年,第141~145页。

② [明]卢之颐著,冷方南、王齐南校点:《本草乘雅半偈》,北京:人民卫生出版社,1986年,第342页。

③ [元]汪大渊著,苏继庼校释:《岛夷志略校释》,北京:中华书局,1981年,第17页。

《台湾纪略》也说："磺残产于上淡水,土人取之,以易盐、米、芬布。"①可惜慎懋赏所说的海澄县制硫黄的土坑不知在何处,留待考证。

总之,慎懋赏《四夷广记》所说的明末杭州人到台湾贸易硫黄的史料非常宝贵,说明早期到台湾的大陆人虽然以福建、广东人为主,但是也有不少江浙人,台湾的汉文化从很早时期起就是多元的文化。台湾汉文化不是专属于某个族群的文化,台湾和中国东南各地一直有紧密联系。即使慎懋赏所说的杭人有误,不是杭州人,这条史料仍然很有价值,因为这条史料说明漳州海澄县曾是硫黄成品制造的中心,而且印证了卢之颐所说的硫土、牛油制造硫黄成品的方法。

第四节　日本谋台与沈有容征台

万历十八年(1590年),丰臣秀吉(1536—1598)统一日本,次年即遣使诏谕菲律宾。他致信葡萄牙在印度果阿(Goa)的总督和西班牙在菲律宾的总督,表明自己一统天下的决心,要求二国臣服。万历二十一年(1593年),他又致信高山国(台湾)部落,②要求他们归顺。丰臣秀吉对台湾的野心,应是来自日本在南洋商人的鼓动,《明经世文编》卷四三三福建巡抚徐学聚《初报红毛番疏》说:

> 关白时,倭将钦门墩统舟二百,欲袭鸡笼,据澎湖,窥我闽粤,幸先事设防,谋遂沮。③

此后的福建巡抚黄承玄《条议海防事宜疏》说:

> 往年平酋作难,有谋犯鸡笼、淡水之耗,当事者始建议戍之(澎湖),镇以二游,列以四十艘,屯以千六百余兵,而今裁其大半矣。

陈宗仁先生认为,丰臣秀吉未出兵台湾,主要是因为日本国内原因,而非出于明朝万历二十五年(1597年)设立澎湖游。④

今按叶向高说:

> 中丞金公之抚闽也……自公兵政成,而凶酋适亡鸡笼、淡水之谋,天

---

① 吴奇娜:《17—19世纪北台湾硫黄贸易政策转变之研究》,第43页。

② 日本人称台湾为高山或高砂,语源有争议。笔者以为高砂是高山之误,因为台湾是罕见的高山岛屿,日本人从北方航行抵台,看见大屯山,故名高山国。

③ 《明经世文编选录》附录,《台湾文献史料丛刊》第53册,第191页。

④ 陈宗仁:《鸡笼山与淡水洋:东亚海域与台湾早期史研究:1400—1700》,第112页。

复以风伯夺之,三十六岛怵公之威灵,不敢狡然以逞。①

这里说在丰臣秀吉死之前,就有吞并鸡笼、淡水的妄想,福建巡抚金学曾防守很严,日本人遭到风灾,而后退回本土,这里指出了日本退兵的国内原因。

1592 年 3 月,日本侵略朝鲜,7 月,日军到达图们江,明军入朝抗日。次年 1 月,明军在平壤打败日军,4 月把日军驱逐回国。万历二十五年(1597 年),丰臣秀吉再次入侵朝鲜,中国加强沿海防备,设置澎湖游。次年,丰臣秀吉病死,日军撤退。

在丰臣秀吉欲南侵之时,福建巡抚许孚远为了防止出现嘉靖年间倭寇嚣张的局面,因势利导,主动赦免所有走私商人,不管有无官方船引,一律可以回港纳税,于是万历二十二年(1594 年)的引税高达二万九千两。

陈仁锡《无梦园初集》漫集二《纪闽海舶税》说:

> 闽广之患,远虞鸡笼、淡水而营窟于东番、北港,近虞乌沙、五岳而肆螫于南鹿、霜台,金星、虎跳、崖门俱寇冲也。②

倭寇一般从鸡笼、淡水南下,到东番、北港,再犯福建。朝鲜《眷录类抄·边事》宣祖三十七年(1601 年)记载:

> 倭人皮古口老,年二十六岁,系长崎人,本年正月二十四日,随同头倭阿礼伊守,装船六只,前往小琉球,贸换诸杂货物,尽船装载。五月初八日,一齐开船,六月十四日间,撞遇狂风,船舵及中桅尽行摆折,此上失难五船。二十日夕,漂到悬岛岸边。

长崎六只船要去台湾贸易,不料漂流到了朝鲜,被朝鲜人抓获。北港在 1600 年前后成为倭寇藏身之所,引发了沈有容万历三十年(1602 年)的出征。

据《明史》卷二七〇《沈有容传》及其他史料,沈有容(1557—1627),字士弘,宣城人。举万历七年(1579 年)武乡试,为昌平千总,调蓟镇东路。十二年(1584 年)秋,击退朵颜长昂于刘家口,辽东巡抚顾养谦召隶麾下,俾练火器。十四年(1586 年)从李成梁出塞有功,世荫千户,迁都司金书。从宋应昌援朝鲜,乞归。日本丰臣秀吉企图染指福建,福建巡抚金学曾欲用奇捣其穴,起有容守浯屿、铜山。二十九年(1601 年),倭掠诸寨,有容击败之。逾月,与铜山把总张万纪,败倭彭山洋,在今南澳岛东南的南澎列岛。③ 三十年(1602 年),

---

① [明]叶向高:《苍霞草》卷六《督抚奏议序》,《四库禁毁书丛刊》集部第 124 册,第 160 页。

② [明]陈仁锡:《无梦园初集》,《续修四库全书》第 1382 册,第 277 页。

③ 周运中:《漳州浯屿天妃宫碑所见明末清初闽南史》,《元史及民族与边疆研究集刊》,上海:上海古籍出版社,2015 年。

倭据台湾,沈有容东征台湾大胜。三十二年(1604年),荷兰船长韦麻郎驾三大艘至彭湖,求互市,沈有容谕退。现在澎湖马公镇妈祖庙内,还有一块著名的沈有容谕退红毛夷韦麻郎碑。又改金书浙江都司,由浙江游击调天津,迁温处参将,罢归。四十四年(1616年),倭犯福建。巡抚黄承元请特设水师,起有容统之,擒倭东沙。寻招降巨寇袁进、李忠,散遣其众。泰昌元年(1620年),设山东副总兵驻登州,以命有容。天启元年(1621年),辽沈失陷,熊廷弼以陶朗先巡抚登莱,擢有容都督佥事,充总兵官。明年,广宁覆,辽民走避诸岛,日望登师救援。朗先下令不救,有容争之,立命数十艘往,获济者数万人。四年(1624年),有容以年老乞骸骨,归,卒。赠都督同知,赐祭葬。

沈有容《闽海赠言》收录屠隆《平东番记》说:

> 东番者,彭湖外洋海岛中夷也。横亘千里,种类甚繁。仰食渔猎,所需鹿麂,亦颇嗜击鲜。惟性畏航海,故不与诸夷来往,自雄岛中。华人商、渔者,时往与之贸易。

> 顷倭奴来据其要害,四出剽掠,饱所欲则归其巢穴,张乐举宴为欢。东番莫敢谁何,灭迹销声避之。海上诸汛地,东连越绝,南望交广,处处以杀掠闻……时腊月,非出海候,诸将及舵师皆有难色,谓:"此征讨非奉中丞台檄不可。"君仗剑曰:"汝辈安知吾不奉命中丞台者?有密札在,敢擅沮军者,斩之。"众乃詟服。

> 舟遂发,日将晡,君登舵楼,望遥山,有黑云一片方起,心知是风征也,而不敢言。至夜,果大风,巨浪滔天,众舰漂散,各不相顾,君乘舟仅得泊一港。须臾,继至者止数艘而已。天明复发,舟有十数艘,君心私计曰:"破贼立功,止须此足矣。"行一日夜,计程应望见彭湖山,而浩浩森森,绝不见端倪。长年三老,大有忧色。少选,忽见一飞鸟,三老喜曰:"有飞鸟,山且必近。"已忽远望见东南海中有一点青螺黛,则为飓风飘而已过彭湖矣……从彭湖又行一日夜,才抵东番,则倭奴已望见我军,出舟迎敌……遂以捷闻于朝。

万历三十年(1602年)十二月上旬到除夕,沈有容出征台湾岛,所谓随船的"长年三老"其实是老渔民,因为同书收录的陈第《舟师客问》说:

> 客问:"沈子之自料罗而出也,有谓不奉明文,径情专擅者;有谓贼住东番,非我版图者;有谓隆冬多风,不宜渡海者;有谓外洋剧贼,未易卒破者;而克有成功,何也?"

> 答曰:"武夫敌忾,惟机是乘;如必明文之奉,而以专擅自阻也,则贼终无殄灭之期矣。贼之所据,诚非版图,其突而入犯,亦非我之版图乎?如必局守信地,而以远洋借口也,则贼亦终无殄灭之期矣。沈子尝私募渔

人,直至东番,图其地里,乃知彭湖以东,上自魍港,下至加哩,往往有屿可泊;隆冬北风,易作易息。我师过彭,则视风进止矣。且渔人而渔、商人而商,未闻以冬而废业者,又何疑于航海之师也。贼住外洋,谓我师必不能至;况时已撤防,又谓我师必不肯至。故攻其无备,李愬之所以擒蔡也。沈子亦筹之矣。"

有人质问沈有容出征台湾,没奉明文,所以陈第要专写一文来为沈有容辩护,他说沈有容先雇佣渔民到台湾,画出了台湾的地图,才知道台湾北到魍港,南到加哩,有很多可以停船的港湾。陈第说台湾确实不在版图之内,有些台湾的历史学者据此认为台湾在明清时期不属中国。[①] 其实这是对"版图"二字的误解,古代人没有现代国界和领土的概念,在明朝人看来,普天之下,莫非王土。古人所谓的版图指的是版籍、地图,引申为缴纳赋税的编户齐民,所以不在版图指的是明朝没有像内地一样管理,不等于说不属明朝。《噶玛兰厅志》卷一三杨廷理《议开台湾后山噶玛兰》说:

(嘉庆)十四年正月复奉上谕:阿林保等另片奏查勘蛤仔难地势番情、另行酌办一节,蛤仔难北境居民现已聚至六万余人,且于盗匪窥伺之时,能知协力备御,帮同杀贼,实为深明大义,自应收入版图,岂可置之化外!……十五年,方制宪维甸过台查办,行至艋舺,即有蛤仔难生番头目包阿里等带领噶尔阿完等社生番前来叩见,呈送户口清册,业已遵制剃发,呈请收入版图。

这里说要把噶玛兰收入版图,不是说此前的噶玛兰不属于清朝,而是清朝没有在此设立政区,进行有效管理,最关键的标志就是建立户口、赋税、文化等制度。与版图相对的是化外,不是国外、界外。

陈第说魍港和加哩是东番的最北和最南的地名,这是明朝人了解的区域,同书收录陈第《东番记》说:

东番夷人,不知所自始。居彭湖外洋海岛中,起魍港、加老湾,历大员、尧港、打狗屿、小淡水、双溪口、加哩林、沙巴里、大帮坑,皆其居也。断续凡千余里,种类甚蕃。别为社,社或千人,或五六百,无酋长,子女多者众雄之,听其号令……

野史氏曰:异哉东番!从烈屿诸澳乘北风航海,一昼夜至彭湖,又一昼夜至加老湾,近矣。乃有不日不月、不官不长,裸体结绳之民,不亦异

---

① 周婉窈:《明清文献中"台湾非明版图"例证》,《郑钦仁教授荣退纪念论文集》,台北:稻乡出版社,1999年,第267~293页。

乎！且其在海而不渔……穷年捕鹿，鹿亦不竭……自通中国，颇有悦好，奸人又以滥恶之物欺之，彼亦渐悟，恐淳朴日散矣。万历壬寅冬，倭复据其岛，夷及商、渔交病。浯屿沈将军往剿，余适有观海之兴，与俱。倭破，收泊大员，夷目大弥勒辈率数十人叩谒，献鹿馈酒，喜为除害也。予亲睹其人与事，归语温陵陈志斋先生，谓不可无记，故掇其大略。

陈第所说的地名并非陈第都到过，因为沈有容很快回福建，不可能亲自勘测，所以这些地名都是沈有容雇佣渔民所画。明白了这一点，我们就不难发现这张地图显示的地名绝大多数不是先住民的聚落，而是汉人的渔场。魍港、尧港、小淡水、双溪口都是汉人命名，荷兰人把尧港称为渔夫湾，因为中国渔民聚居此处。打狗屿在今高雄西部，原是良港。加老湾即目加溜湾社，这里译为湾，可能也是因为汉族渔民在此捕鱼。译名残损，可能是地图传抄时所漏，如同加呈林变成加里林，或是省译。大员即台湾，在今台南安平古堡。而先住民最重要的沿海聚落如萧垅、麻豆、新港、大目降、大武垅、放索等等都没有出现在其中，说明此图不是台湾全景地图。

小淡水就是下淡水（高屏溪），双溪口在其河口，再南就是加哩林。陈第最后说："乃知彭湖以东，上自魍港，下至加哩，往往有屿可泊。"但是加里林之南还有很多地名为明代人熟知，沙巴里也是港口，应即清代的射不力社，《台海使槎录》卷七凤山琅峤十八社写作谢必益，康熙《凤山县志》卷首《山川图》作谢不益，在今屏东县枋山乡枫港。《福建海防图》上还画出了沙马头（鹅銮鼻），《顺风相送》《指南正法》都有沙马头，可见《东番记》所记有脱漏。可能因为陈第没有亲自在台湾多地考察，仅是记载传闻。

因为《东番记》地名出自渔民，而非海商，所以地名最密集处不是今台南到云林一带的魍港、北港等地，而在今高雄到屏东，有尧港、打狗屿、小淡水、双溪口、加哩林五个地名。《东番记》地名最北是魍港，魍港之北最重要的地名北港居然没有出现！正是因为《东番记》地名出自渔民，渔民与海商活动范围不同。海商不可能做沈有容的向导，渔民才有可能。也有可能是渔民故意把明军引向南方，避开海商活跃的北港。

有学者不注意《东番记》地名顺序，以为加哩林、沙巴里、大帮坑都在魍港附近，还有学者认为加哩林是佳里兴。[②] 其实魍港附近不可能集中这么多重要地名，而且顺序完全不符合，也找不到任何文献、考古依据，所以这些看法都

---

② 周婉窈：《陈第〈东番记〉——17世纪初台湾西南地区的考察报告》，《故宫文物月刊》第241期，2003年。

北港

魍港

加老湾

大员

尧港

打狗屿

小淡水

双溪口

沙巴里

Data SIO, NOAA, U.S. Navy, NGA, GEBCO
Image Landsat
Image © 2015 TerraMetrics

陈第《东番记》魍港以南地名图

错了。陈第是一位战将,他的地名又出自渔民的地图,所以必然按照南北顺序介绍。但是前人没注意这一点,所以考订多有错误。

前人也因此没有发现陈第《东番记》和周婴《东番记》的差别其实很大,周氏《东番记》的地名一段说:"其地为:起蟒港、打狗屿、小淡水、大封坑、鹿耳门、沙巴里、双溪口、伽老湾、家里林、台员港。"有些学者看到周氏地名多出一个鹿耳门,这是一个重要地名,于是认为周氏《东番记》很重要。其实按照笔者上文考订,周氏的地名错乱不堪,从蟒港一下子跳到打狗屿(高雄市打鼓山),然后向南到恒春半岛,再回到鹿耳门(台南市安南区),又跳到小淡水南面的沙巴里(枫港),又北回到双溪口(林边乡)、伽老湾(台南市安定区),又跳到南面的家里林(佳冬乡),又跳到北面的台员港(台南市安平区)。周氏《东番记》多数和陈第《东番记》雷同,难以判别源流,有学者认为周氏之文以陈第《东番记》为蓝本,[1]也有学者强调其亲身见闻成分,[2]但是笔者认为周氏《东番记》至少在地理记载上的价值远远不及陈第《东番记》。

沈有容摧毁的海盗基地,居然没有说明在台湾岛的具体位置,但是从东番起自魍港及魍港的早期历史来看,他的战争地点很可能就在魍港,并未涉及北港,北港才是海商活跃的新中心。

就在明军势头正猛时,浯屿水寨却内迁到石湖,万历《泉州府志》卷一一《武卫》说:"石湖则于内地,置鲸波若罔闻矣。"沈有容离任之后,福建海防日益松弛,再也没有像他那样一马当先的将领了。

1986年,姚永森在宣城发现《洪林沈氏族谱》,收有万历己未(1619年)沈有容在福建连江县任定海水标参将时所撰的自传《仗剑录》,说:"辛丑岁,各寨游兵船多为倭所掠,独容于四月七日擒生倭十八名,斩首十二级于东(捷)[涌]外洋。兴泉道王岵云公上议招(目)[募]兵八百,募商船二十四只为二哨,令容统其一,一隶于铜山寨把总张万纪。容统舟师出海,直抵广界,五月十七日斩首三十二级,夺回南澳捕盗张敬兵船一只。时漳南俞道,怒容不以夺回船还(元)[玄]钟,遂揭害,谓级兵为倭所杀者,皆容杀之。幸而金抚公明察不行,鸣呼,亦险哉!容日夜奔驰飘荡于波涛者五年,终未得即真。"[3]万历二十九年(1601年)南澳之战在广界,不在闽界,证明彭山是南澎列岛。沈有容一生为明朝立下诸多大功,但总是被小人陷害。此次沈有容在南澎列岛立下战功,但是居然被俞大猷的儿子俞咨皋陷害。俞咨皋在天启四年(1624年)收了荷兰人买办李旦的贿赂,私下把祖国的宝岛台湾非法割让给荷兰人。天启七年(1627年),闽南大旱,郑芝龙趁机来攻,俞咨皋不敢出战,又不允许闽南百姓出海运米,导致闽南人纷纷下海投奔郑芝龙,郑芝龙兵势大振。郑芝龙进攻厦门,俞咨皋居然临阵脱逃,导致闽南大乱,郑芝龙趁机控制福建沿海。

第五节　万历后期的日本与北港

丰臣秀吉没后,德川家康(1543—1616)崛起,万历三十一年(1603年),德

①　张崇根:《周婴〈东番记〉考证》,《台湾历史与高山族文化》,西宁:青海人民出版社,1992年,第156～168页。

②　李祖基:《周婴〈东番记〉研究》,《台湾历史研究》,第43～72页。

③　姚永森:《明季保台英雄沈有容与〈洪林沈氏宗谱〉》,《安徽史学》1987年第1期。

川家康开设江户幕府。1606年,萨摩国大名岛津义久(1533—1611)给琉球国王尚宁(1564—1602)的信中说:

> 中华与日本不通商舶者,三十余年于今矣。我将军忧之之余,欲使家久与贵国相谈,而年年来商舶于贵国,而大明与日本商贾,通货财之有无。

德川家康指使岛津氏写信给尚宁,要去恢复和明朝的通商。明朝私商虽然再次来到长崎,但是幕府没有恢复和明朝的勘合贸易。[①]

1609年,德川幕府指使萨摩藩主岛津家久(1547—1587)出兵琉球国,琉球国从此也向幕府朝贡。1610年,日本海上巨商、岛原藩主有马晴信(1567—1602)派谷川角兵卫到台湾岛,寻找良港,收购鹿皮,此时日本人想在台湾建立贸易据点,谋求占据鸡笼、淡水。

此时已经有中国人注意防范日本,徐时进说:

> 海事莫殆于嘉靖之壬子,而逮今又壬子。其蠕蠕勃勃,讵独睹未形为足前占之哉?夫倭,虽未得志于句骊,我亦未能歼挫之。倭去,自以其国瑕尔,比岁而掳系吾服属之琉球,又劫剽我鸡笼、淡水不休,其托为内向,迫需此耳。鸡笼,闽之要,即吾要也。壬子以吾宵人勾联之,一大创,而数十年来未有以声息告也,顷乃稍稍告有情形矣,不可不为备矣。[②]

此时是万历四十年(壬子,1612年),日本人在吞并琉球国之后就不断剽掠鸡笼、淡水,徐氏认为这是福建的要冲,需要防备。

董应举在1616年说:

> 倭垂涎鸡笼久矣,数年前曾掠渔船往攻,一月不能下,则髡渔人为质,于鸡笼请盟。鸡笼人出,即挟以归。今又再举者,不特倭利鸡笼,亦通倭人之志也。鸡笼去闽仅三日,倭得鸡笼,则闽患不可测,不为明州,必为平壤。故今日倭犯我,则变急而祸小,倭取鸡笼则变迟而祸大。[③]

陈碧笙《台湾地方史》指出,所谓数年之前,日本劫掠鸡笼,应指1610年有马晴信的入侵。

叶向高又对福建巡抚丁继嗣说:

> 闽人多言倭之志在于通市,不在入寇,据其情理似亦近之。然通市是决不可行之说,谁敢任此。今所虑者,彼既吞琉球,渐而据鸡笼、淡水,去

---

① [日]木宫泰彦著,胡锡年译:《日中文化交流史》,第624~626页。

② [明]徐时进:《啜墨亭集》卷一《高中丞公奏最序》,《四库禁毁书丛刊》集部第45册,第421页。

③ [明]董应举:《崇相集》卷四《筹倭管见》,《四库禁毁书丛刊》集部第102册,第190页。

我愈近,驱之则不能,防之则难备,是剥肤之灾,而将何策以处此也？鄙郡兵使吕君弟门下士干力敢任,亦可佐一筹乎。①

这里说福建很多人认为日本人志在通商,不在战争,似乎合理,但是通商不可行,因为没人敢承担责任。日本人吞并琉球,又逐渐占据鸡笼、淡水,需要防备。他又对韩仲雍说：

> 倭之情形,以鄙见度之,一时未必入犯,即入犯,而我仗当道之威灵,鼓舞将吏以与之抗,彼一创则数年不来矣。惟其据鸡笼、淡水,求与我市,我应之则不可,不应之彼且借为兵端。而其地去我顺风仅一日程耳,彼无所不犯,我无所不备,诣凡滨海去处,皆不得宁居,而奸民且挟以为重,益与之合,此则门庭之寇,腹心之疾,其为闽祸无已时也。以宗社之福,诸公祖之庇,未必至此。然事势不得不虑,不得不为之防者,偶尔念及,辄敢私布之。故将沈有容,人皆以为可用,倘取来缓急亦得力也。②

他说沈有容可用,沈有容于万历四十一年(1613年)回乡,此时不在军中,四年之后才被福建巡抚黄承玄请回。

荷兰人、英国人先后在1609年、1613年来平户开设商馆。1612年德川幕府为抵制葡萄牙商人,实行生丝特许贸易。1612年,有马晴信遭德川家康流放,之后死于山梨县。1613年,幕府宣布全国禁止天主教。③ 1580—1640年,葡萄牙被西班牙合并。1615年,德川家康终于消灭丰臣氏,统一全国,开始发给前往日本贸易的商船特许证——朱印状。

1615年,日本长崎代官村山等安获得前往"高砂国"贸易朱印状,高砂国即高山国,台湾是个罕见的高山岛,所以此名不虚。次年三月,村山等安命其次子村山秋安率领十三只船前往台湾岛,因为琉球国王尚宁遣通事蔡廛通报,所以福建方面很快得知日本的举动,前引福建巡抚黄承玄《题琉球咨报倭情疏》说：

> 迩闻倭寇造战船五百余只,本年三月内,协取鸡笼山等处,窃思鸡笼山虽是外岛野夷,其咽喉门户,有关闽海居地,藉令肆虐鸡笼,则福省之滨海居民焉能安堵如故？

村山秋安的三只船漂到越南,回到日本。明石道友的两只船,五月到达东

257

① [明]叶向高：《苍霞续草》卷二〇《答丁抚台》,《四库禁毁书丛刊》集部第125册,第326页。

② [明]叶向高：《苍霞续草》卷二〇《答韩辟哉》,《四库禁毁书丛刊》集部第125册,第360页。

③ 吴廷璆主编：《日本史》,天津：南开大学出版社,1994年,第210～216、230～235页。

涌岛(连江县东引岛),福建沿海震动,以为倭寇势大,大家争相涌入福州,福州白天关闭城门,无人敢去侦测。巡抚黄承玄以厚赏招人侦测,有董伯起应命。董伯起找不到船,恰好董应举在龙塘堡,找到一条船出海。十六日夜,董伯起出海,十八日早到东涌岛,因为倭寇两船在南风澳、布袋澳,所以董伯起没有看到。不久倭寇看到中国船只,众人诈称渔船,明石道友看到董伯起面白,怀疑他不是渔民。董伯起谎称福州已经有战船五百等候,于是明石道友掳走董伯起,准备等候十一只船集合回国。董伯起害怕倭寇集合入侵,建议倭寇在石头上题字留言。十九日,明石道友两只船先回国。又有七只船在闽浙沿海的金门料罗湾、霞浦大金等地劫掠,于是董应举建议黄承玄请沈有容。沈有容于当年冬天才到,黄承玄任为水标参将。

次年四月,明石道友送董伯起回中国,携带重金,要求通商。明朝将领韩仲雍、沈有容与之交谈说:

> 问渠何故谋据北港?(明石道友)禀称:"即系常年通贩船经由彼地驻泊,收买鹿皮等物则有之,并无登山久住意。或是捕鱼唐人,见影妄猜。或是雠忌别岛,生端唆害……"旋又谕以上年琉球来报汝欲窥占东番北港,我虽不信,传岂尽妄!

日本人辩称没有占领台湾岛的意图,只是在台湾捕鱼的中国人误传,但是明朝官员说有琉球国的报告,而且掳走董伯起,显然是居心叵测。

韩仲雍、沈有容警告明石道友说:

> 远屿穷棍,挟微赀,涉大洋,走死骛利于汝地者,弘纲阔目,尚未尽绝。汝若恋住东番,则我寸板不许下海,寸丝难望过番,兵交之利钝未分,市贩之得丧可睹矣!归示汝主,自择处之!

《东西洋考》卷一二记载此文,还记载明石道友连称不敢。五月,倭寇桃烟门一船连犯浙闽,在浙江杀明军八十名,俘虏十余名,在福建俘虏渔民二十名,在东沙岛(今东犬岛)触礁沉船。沈有容令人送上明石道友书信,倭寇准备投降。次日,又有倭船前来接济,沈有容下令强攻,大败倭寇。[①]

虽然此次倭寇侵台就此了结,但是明朝仍然没有有效驻防台湾。黄承玄《题琉球咨报倭情疏》说:"夫倭岂真有利于鸡笼哉,其地荒落,其人鹿豕。夫宁有子女、玉帛可中倭之欲也者,而顾眈眈伺之也?"《类报倭情疏》说:"大抵以鸡

---

① [明]董应举:《中丞黄公倭功始末》,《崇相集》,《四库禁毁书丛刊》集部第102册;黄承玄:《擒倭报捷疏》,《盟鸥堂集》,收入《明经世文编选录》附录,第260~267页。

笼、淡水为名,而以观望窥探为实。"①他认为台湾没有资源,都是荒山和野人,所以日本人侵占台湾的真实目的是想侵扰福建。这说明官府对台湾的重要性毫无了解,这也是明代最终丢失台湾的根本原因。黄承玄也说过日本人到台湾收购鹿皮和锦鲂,说明他也知晓台湾有不少物产,但是他对台湾的认识很不全面,不了解台湾在日本、吕宋、中国之间的商业枢纽地位。明朝官员有强烈的华夷之分观念,却对世界形势缺乏了解。正是华夷观念使得明朝官员认为台湾只不过是野夷所居荒岛,对明朝没有多少用处。

沈守正(1572—1623)万历丁巳(四十五年,1617年)《防倭议》说:

> 大抵御倭止有三策:连属国,树声援,耀我威灵,使之慑而不敢来,上也!……倭一喂而有小琉球也,两喂而有大琉球也,皆有之而不取,琉球为倭用矣!即欲张犄角,树声灵,谁为我出死力者?是上策不可行也。②

他认为要扶持大小琉球,制衡日本,但是大小琉球已经为日本所用,所以此计不可行。他说小琉球已经为日本所得,说明当时人认为日本在台势力仍然比中国强大。

明宋懋澄(1570—1622)《杂书(时欲约海中诸国共攻日本且复海运)》其九说:

> 暹罗日本路迢迢,大小琉球密受朝。
>
> 倘或风波临不测,东南氛气几时销?③

这些都是明代人的策议,明朝并无联合大小琉球的举动。虽然日本人退出台湾,但是他们仍然出资,让中国商人在台湾活动,于是台湾南部迅速崛起,并成为国际贸易中心。

陈宗仁先生认为北港成为海盗巢穴在1620年代,其实他的引文也表明在1619年之前就有海盗在台湾岛活动,陈小冲先生发现在万历四十六年(1618年)之前,有受抚的漳州海盗集团在台湾的赤嵌建立基地。《霏云居续集》续集《海国澄氛记》说:

> 而东番者,在澎湖岛外,去漳仅衣带水。奸民林谨吾,遁归彼中,为酋主互市,与倭奴往还。长泰人沈国栋,亦子衿也,集众海外行劫,声势渐盛,便欲谋据东番,窃此为夜郎王。自以为形陋不足威远夷,推杨钟国为渠帅,而自立为军师。
>
> (赵)若思既谋攻郡县,翻念安顿处所,莫如东番。遂收杨、沈为唇齿,

① 《明经世文编选录》附录,《台湾文献史料丛刊》第53册,第466页。

② [明]沈守正:《雪堂集》文集卷十,《四库禁毁书丛刊》集部第70册,第741~742页。

③ [明]宋懋澄:《九钥集》前集诗卷七,《续修四库全书》第1374册,第43~44页。

厦门把总林志武、澎湖把总方舆皆附焉,盖七日而筑城赤勘矣。

通过这段记载,我们得知在 1617 年之前,就有福建水师右翼军统帅漳浦县人赵若思在台湾的赤勘,即台南市的前身赤嵌筑城,收服台湾岛的海盗集团,准备谋反。赵若思原来也是海盗,后来受抚成为明朝将领。

陈先生和徐晓望先生的断句是:"奸民林谨吾遁归彼中为酋主互市。"认为林锦吾(林谨吾)是当地首领,[①]笔者认为这一句应该读为:"奸民林谨吾,遁归彼中,为酋主互市。"也就是他为酋主贸易服务,酋主应指日本人,他和曹学佺所说的总管大老、大铳老、呜嗜老、黄育一等一样,都是日本人的买办。这里说林锦吾在台湾岛,按照沈演的说法,林锦吾似乎在日本,并不清楚北港的混乱局势。

赵若思在赤嵌筑城,只用了七天,应该是个简易的堡垒。之所以要筑城,正是因为北港局势混乱。此城不见于后世记载,应该是在这一伙人跟随赵若思谋反被明军消灭之后废弃。所以笔者也不认为林锦吾等人控制很大地盘,因为赤嵌附近有很多先住民村社,没有太多空间。这个城只是汉人的贸易和自保的据点,类似荷兰人的殖民地热兰遮城、普罗文查。

不过赤嵌一名无疑是汉名,后来为荷兰人沿用,荷兰人之所以在此筑城,其基础正是赵若思的城堡。荷兰人刚到台湾,就发现这一带有很多汉人。而且 1626 年的西班牙人所画的台南市附近地图,就显示赤嵌城南方有中国人村落,标注 Chacam Lugar de Chinos pescadoresy ladrones,曹永和译为:赤嵌,中国渔夫和海贼的村落。[②] 笔者以为可以译为:中国渔夫和海贼的赤嵌村。这个中国人的赤嵌村可能就是赵若思的赤勘城所在。但是荷兰人在筑普罗文查城时,也可能占据了原来汉人的赤勘城。

从赤嵌筑城可知,北港就在今台南市附近,此时中国人已经从沿海沙洲进入大员湾内部。正是因为赵若思留下了赤嵌的堡垒,所以为天启元年前后的海盗在北港活动留下了基础。前人引 1619—1620 年任福建右布政使的沈演《止止堂集》卷五五《论闽事》又说:

> 袁俊归降,又复东行,盗势解散,今岁犹踯躅,寻自离披,似可小憩。而挟倭赍贩北港者,实繁有徒,此辈不可剿,不可抚,急且合倭以逞六十年前故事。

①　陈小冲:《张燮〈霏云居续集〉涉台史料钩沉》,《台湾研究集刊》2006 年第 1 期;徐晓望:《早期台湾海峡史研究》,福州:海风出版社,2006 年,第 168 页。

②　曹永和:《欧洲古地图上之台湾》,《台湾早期历史研究》,第 345 页。

袁俊即同安县人袁进,起于万历四十三年(1615年),四十七年(1619年)投降,次年随沈有容开赴山东前线抵抗后金。袁进在台湾的活动在1619年之前,紧随日本人谋占台湾一事之后。袁俊虽降,但是北港的人仍然很多。前人引曹学佺的《倭患始末》说:

> 天启元年(1621年),有惯走倭国巨贼总管大老、大铳老、鸣嗜老、黄育一等因领岛首货本数千金,为其党我鹏老所夺,不敢复归,竟据东番北港,掳掠商船,招亡纳叛,争为雄长。抚院商周祚遣将领密访出唐贼黄十二、黄应东与接济奸徒郭台胡、洪叠飞等,擒获收禁。

但是在我鹏老逃走北港之前,北港已经有很多人占据,沈演前书卷五五《答海道论海务》说:

> 若北港之局,牢固不拔,奸民接济则多负赖,起衅者又多……不意连日得报,有林心横劫杀洋船事,今又有徐振里压冬事,亦既蠢蠢动矣。此辈恐皆林锦吾下小头领耳,日本发银买货,于法无碍。若就吕宋与洋船交易,即巨奸领银牟利,自可相安无事。

> 惟停泊北港,引诱接济奸民,酿今日劫杀之货,起将来窥之端,不得不严禁耳。如林、如徐,毕竟于内地获利不赀,身家念重,就中驾驭而牢笼之,使其市场在吕宋,不在北港,接济自绝,瑕隙自杜。

《东西洋考》卷五《吕宋》说:"华人既多诣吕宋,往往久住不归,名为压冬。"林锦吾的部属在北港久居,结成团伙。沈演不想让北港的海商集团勾引中国人贸易,而主张诱引他们把市场移往吕宋岛,以求中国沿海无事。又卷五六《答海澄》说:

> 海上贼势虽剧,倏聚倏散,势难持久,犹易扑灭,而大患乃在林锦吾北港之互市,引倭入近地,奸民日往如鹜,安能无生得失……倭银若至北港,虽日杀数人,接济终不能杜,何者?利重也……倭之欲市,诚不可绝,然渠何必北港,使断此一路,倭市在洋船,而不在接济,无论饷食日增而海上永无患矣……如所谓林心横诸人,皆林锦吾下小头领,其作此无赖,锦吾未必知,就中何法禁弭,移檄北港诘问,似可行。

北港之所以成为海盗基地,可能和渔民无关,因为渔民虽然增加,但是很快就回,贸易额不会太大。此时的北港海上集团都领取日本人的资金,代替日本人在此贸易,所以根源在日本。沈演认为征讨无用,因为倭银源源不断,利润驱使福建商人到北港与日本的买办贸易。

张增信先生考订天启元年(1621年)八月,阮我荣、黄育一投降潮州参将,得授柘林水师把总等官,这一伙海盗终于被平定。因此荷兰人来到台南市附近时,这里正好没有海盗集团。明朝一再平定台湾海盗,但是总是不驻军,实在是失策。

1616 年 4 月,德川家康死,8 月幕府宣布禁教,荷兰、英国船只不能靠岸,只能在长崎、平户经商。1617 年,幕府命令到萨摩的中国商船转往长崎。1622 年幕府驱逐葡萄牙人,1624 年驱逐西班牙人。1623 年英国人被荷兰人排挤,离开日本,荷兰人独占日本贸易。1633—1636 年,幕府连续发布四次锁国令,禁止日本人和日本船出国。1639 年,禁止外国船只到日。1641 年,把荷兰人移居长崎海域的出岛,只准荷兰人、中国人到此通商。

江户幕府的锁国体制使得日本放弃了对台湾的野心,为荷兰人、西班牙人侵略台湾留下了广阔的空间。如果没有德川家康开始的锁国体制,我们可以设想,日本很可能会在侵略琉球之后便出兵台湾和菲律宾。以荷兰人和西班牙人的实力,不可能是日本人的对手。

1622 年荷兰人夺取澳门不成,于是开往厦门和澎湖,并在澎湖筑城,准备长期占有澎湖。1623 年到 1624 年中国人和荷兰人谈判,福建巡抚南居益、水师提督俞咨皋被海商李旦、许心素等人收买,荷兰人撤出澎湖,明朝默许荷兰人占据台湾。1626 年,西班牙人占领鸡笼,随后扩张到台北等地。1642 年,荷兰人占领鸡笼,西班牙退出台湾。1661 年,郑成功打败在台南的荷兰人,荷兰人投降,明郑收复台湾。1664 年,荷兰人重新占领鸡笼。1665 年,郑经派人占领淡水,发生战争。但是明郑撤军,荷兰人也在 1668 年撤出台湾。此后明郑驻军鸡笼、淡水等地,直到 1683 年清军占领台湾。

清朝也和明初一样实行闭关锁国的体制,台湾从明末列国角逐的国际商业中心变成了清帝国的边缘之地。来自福建、广东的汉族移民涌入台湾岛,台湾的主要民族从先住民变成汉族。1895 年,台湾被战败的清政府割让给日本,直到 1945 年日本战败,台湾才回归祖国。

结　论

综上所述，台湾的古代史不是一些片段，而是一个连续发展的整体。台湾的古代史并非杂乱无章，实有规律可寻。

总结上文，我们可以把清代之前的台湾历史地理脉络总结为两个层面、两种王朝和两条航路、两个地区。本书还纠正了有关古代台湾史认识的两个误区，又提出明朝的中外海上势力都有一种地域上的北移现象。台湾是东西方主要海上势力在世界范围内的唯一交汇点，所以台湾地位重要。

一、两个层面与两种王朝

我们首先要区分官方和民间两个层面的大陆和台湾关系史，过去的正史记载大陆和台湾的交往史，往往给人一种误解，好像只有孙吴、隋代、元代几个出征台湾的片段。其实在民间层面，大陆人和台湾先住民的交往从来没有中断，正史展示的只是一个表面的片段现象。

隋朝东征流求始于何蛮的报告，但是本书指出，何蛮的发现在陈朝顾野王编纂的《舆地志》已有记载，因此何蛮的发现建立在南朝人的知识基础上。《舆地志》是辑录各地方志，所以南朝福建地区地方志中的台湾记载很可能来自当地民众。方士编纂的《海内十洲记》、《拾遗记·诸名山》记载了方壶与瀛洲，也即澎湖与台湾。瀛洲即夷洲，此名在上古已经出现，说明台湾的地名稳定传承了上千年，直到隋唐才逐渐改为流求。

唐代的台湾不仅出现在唐诗中，也出现在鉴真东渡和圆珍来华记载中，还出现在唐末的华南地区异物志中。这些都是非官方文献，说明唐代人对台湾认识的加深源自民间航海活动的发展，而非官军出征，这是唐宋时代台海关系与隋、元两朝的不同之处。台湾北部与西表岛、石垣岛、久米岛、冲绳岛发现的唐代货币与瓷器，说明存在从福建经过台湾到冲绳的商路。虽然不见于传世史书，但是民间贸易非常繁荣。

孙吴、隋代出征台湾岛的起航地都在大陆，元朝出征台湾岛的起航地已经推进到了澎湖岛,这是建立在南宋福建人开发澎湖列岛的基础上的。元军第一次出征到达今高雄市区附近,无功而返,第二次出征路程不详,但是战果较多,说明元人对台湾的认识进步很快。元军出征台湾的动机可能不仅有蒙古人四处侵略的普遍因素,还有福建商人希望官方保护东洋航路的特殊利益需求。

元末的海商汪大渊不仅记载了从台南市到鹅銮鼻的四片山区地名,而且登山观测海潮,看到了天然气的自燃喷火现象。这说明,元末民间商人进入台湾内陆,大陆人对台湾岛的认识又向前推进了。此后直到明代,也是由民间海商首先开发台湾,走在官方之前。

历史上和台湾交往密切的大陆王朝其实可以分为两类:一是在东南立国的六朝、南宋,这种南方王朝很注重海外拓展,以期与北方王朝抗衡,所以和台湾交往密切。二是结束中国分裂局面的北族王朝,比如隋朝、元朝,这种新兴北族王朝的侵略性很强,所以对台湾也很关注。在东南立国的汉人政权其实是因为北方游牧民族南迁才败退的中原政权,所以这两种王朝实质上都是在北方游牧民族强盛时期与台湾交往密切。

人类历史上,每到全球气温变冷时,北方游牧民族必然南下。欧洲因为有北大西洋暖流,气温比亚欧大陆东部同纬度地区高很多,所以受到全球气温变冷的影响往往比亚欧大陆的东端要晚。亚洲东部海岸常年是寒流南下,所以游牧民族对气温变冷的反应很快。汉、唐、宋、明初期,都是气温上升时期。因为气温上升,汉人才能在塞上屯垦立足,打败匈奴、突厥、契丹、蒙古。汉、唐、宋、明这四个王朝,恰好在华南开拓不多。汉朝所得交趾新地是南越开拓,唐代在北方开疆拓土,但在华南不进反退,宋代失去安南,明代兵败交趾。所以这四个王朝恰好是在台湾没有开拓的四个王朝,本质是气候原因。[①]

因为人类社会必然受到自然约束,人类历史进程直接受到全球气候变化影响,所以世界各地的历史进程即便在上古时期也是大体相同。台湾紧邻大陆,其历史进程基本与中国大陆一致。台湾在距今 4200—3800 年,从粗绳文文化(大坌坑文化)进入细绳文文化,张光直认为转变的原因就是大陆人渡海

---

① 关于气候变化对文明的影响,参见葛全胜等:《中国历朝气候变化》,北京:科学出版社,2012 年;[美]狄·约翰主编,王笑冰译:《气候改变历史》,北京:金城出版社,2014 年;[德]沃尔夫刚·贝林格著,史军译:《气候的文明史:从冰川时代到全球变暖》,北京:社会科学文献出版社,2012 年;[日]田家康:《气候文明史:改变世界的 8 万年气候变迁》,北京:东方出版社,2012 年;[美]布莱恩·费根著,苏静涛译:《小冰河时代:气候如何改变历史(1300—1850)》,杭州:浙江大学出版社,2013 年。

来到台湾,李光周提出本地演化说,臧振华提出调和两说的区域互动说。^① 其实此时就是五帝到夏朝时期,也是大陆的大转折时期。距今 3300—2800 年,台南进入大湖文化大湖期,这是外来人群传入的新文化。^② 其实此时正是商周大转折时期,王国维的雄文《殷周制度论》详细深入地分析了商周文化的巨大差异,商周变革是中国历史上最重要的转折之一。距今 1800 年,台湾南北都进入铁器时代,此时正是东汉向魏晋的大转折时期。近 500 年来的台湾与大陆联系更加密切,不必再说。其实不止台湾,中国周边的朝鲜、日本与中南半岛诸国的历史进程都与中国紧密相连。台湾紧邻大陆,台湾的历史进程必然与中国大陆历史进程大体相仿。既然上古以来的台湾历史进程一直与中国大陆完全一致,现在台湾归属中国也就无疑是历史的必然。

明朝初年的朝廷很不注重台湾,不仅把宋元以来开发成熟的澎湖废弃,把澎湖居民强行迁回大陆,而且郑和下西洋的超级船队也没有到澎湖岛和台湾岛。台湾在此时失去了隋代以来使用了接近一千年的名字流求,冲绳群岛被冠名为琉球群岛,庞大的台湾岛反而屈身为小琉球。明代册封冲绳岛琉球国的使节不在台湾岛停留,所以对台湾了解很少。

令人难以置信的史实是隋军居然从屏东海岸一直深入台湾南部最高的太武山区,而且房获数千人,这是吴、隋、元三朝征台的最大武功。蒙古的铁骑虽然一直冲到欧洲,但是他们来自内陆,不善海战,所以元征日本、爪哇都失败了,在最近的台湾岛竟也没有战果。

二、两条航路和两个地区

明代之前的台湾海峡有两条航路:北线航路从浙南或闽北出发,到达台湾北部。南线航路从闽南出发,到达台湾南部。

东汉时期出现了中国南方开发的一个高潮,前人比较东汉明帝永和五年(140 年)与西汉平帝元始二年(2 年)的人口,发现零陵郡增长 636%,长沙郡增长 489%,豫章郡增长 474%,桂阳郡增长 314%,武陵郡增长 160%,丹阳郡增长 156%,吴郡增长 136%,可见湖南、江西的人口增长迅猛,江苏、安徽南部也有不少增长。^③ 此时中国与南洋的交通日益密切,第一个见于中国史书的

---

① 臧振华、李匡悌:《南科的古文明》,第 174—176 页。
② 臧振华、李匡悌:《南科的古文明》,第 180—182 页。
③ 葛剑雄:《中国移民史》,福州:福建人民出版社,1997 年,第 270~271 页。

南洋海岛古国就是东汉顺帝永建六年（131年）来朝的叶调国，在今苏门答腊岛。① 汉末中国大乱，有不少人逃到海岛，包括台湾岛。所以恰好在此时，北台湾的十三行文化与南台湾的茑松文化都进入铁器时代，这就印证了大陆与南北台湾的两条航路很多就同时出现。

孙吴出征夷洲的起航地在当时刚刚开辟的浙南或闽北，所以到达台湾岛北部，接触到了赛夏人。经过六朝的发展，闽南已经崛起，而且陈稜之军可能当时正在岭南，所以隋军的渡海处到了闽南，他们到达台湾南部，接触到了排湾人。排湾人的社会比较发达，以前的学者往往把古代的台湾各族混为一谈，以为《流求传》记载的进步也是六朝时期台湾发展的结果。其实台湾岛各族在明末以前的发展都是很缓慢的，所以隋代记载的流求国居然和现代排湾族很像。

唐代台湾北部发现唐代货币，但是南部也发现唐代瓷器，所以不相上下。元代征台是从闽南出发，但是不能说明台湾北部没有航路。明初由于扶植了冲绳岛上的大琉球国，所以开辟了经过台湾北部的航路，于是又出现了南北航路并重的局面。北台湾有硫黄、沙金等特产，淡水河口还可以为船只提供淡水，所以北线航路也很重要。降至明末，虽然海上势力多是闽南人，但是他们去日本贸易也经常直接路过台湾北部。所以明代中后期中国人绘制出的地图总是把台湾分为南北两个部分，此时葡萄牙人绘制的台湾地图也把台湾岛分成两个岛或三个岛，有美丽岛和小琉球两名，中西地图上的台湾都被看成两个岛都导源于台湾海峡的南北航路。

但是明末《福建海防图》已经把台湾画成一个完整岛屿，牛津大学所藏明末闽商航海图也把台湾画成一个岛屿，早于西方人，说明中国人对台湾的认识还是比西方人准确。

南北两条航路也促进了台湾岛南北两端的社会发展，最北端基隆一带的凯达格兰族马赛人善于贸易，淡水河口的十三行遗址说明这一带很早就与中国大陆有密切往来。最南端的排湾族发展出全岛罕见的贵族制社会，恒春半岛的琅峤人被荷兰人称为岛上最文明的人。台湾岛南北两端的社会一旦发展较快，更加吸引与更加需要外商前往，也就更加促进南北两条航路的发展。

不过如果遇到暴风，偏离航道，则船只也会经常来到台湾东部海岸，鉴真的船只就曾经漂亮到东海岸。

也正是因为南北两条航路促进了台湾南北两端社会发展，所以台湾至今两大中心仍在南北两端，最早的政治中心在台南，清末以来的政治中心在台

---

①　周运中：《中国南洋古代交通史》，第107～109页。

北,台中仅在光绪年间有七年做过短暂的政治中心。

三、两个误区的澄清

我们还要澄清古代台湾史地的两个误区:一是洋流阻碍了大陆和台湾的交通,二是明代之前的台湾孤立在世外。

长期以来有一种观点流行很广,即认为中国大陆人大规模前往台湾之所以较晚,是因为洋流阻碍交通。其实这是一种误解,福建和台湾很近,六朝、隋代和宋代的书籍都说海峡两岸风烟相望,而且涉及霞浦、宁德、莆田等多地,说明从福建各地到台湾并非难事。考古发现更是证明大陆与台湾的贸易持续不断,比史料所记繁荣得多。《三山志》说从福州漂流到台湾的大陆人被先住民当成奴隶,所以大陆人不敢去台湾,南宋的史书也说台湾先住民劫掠澎湖和泉州。明代之前的大陆人之所以很少去台湾,主要不是自然地理的原因,而是社会因素。在福建人地关系还不是很紧张的时代,去台湾的大陆人自然很少,而且容易成为先住民的奴隶,所以大陆人不敢去。福建在明代之前没有巨大的人口压力,宋代的福建人口虽然有很多增长,但是元代又有大幅回落。明清时期,中国人口迅速增长,福建人口严重过剩,于是去台湾的大陆人自然多了,逐渐占有迁居地的主导权,促进大陆人如潮水一样涌入台湾。这就是明代姚旅《露书》所说的情形:如果不足十个大陆人去台湾,则被先住民所杀。五十人以上一起去,则先住民闭门躲避。只有移民形成规模效应,才会出现移民潮。

台湾先住民社会发展速度之所以较慢,是因为太平洋过于广阔,古代没有跨越太平洋的航路,所以早期的台湾孤立在东亚世界的边缘,没有太多重要的中外航路不经过这里。和台湾相比,冲绳的社会发展速度较快,因为冲绳岛在琉球群岛偏北,中日之间的航路很早就经过这里。

虽然明代之前的台湾岛上没有大规模的中国人定居地,但是我们不能说古代的台湾一直孤立在世外。德国慕尼黑大学普塔克教授指出,台湾在宋代已经进入国际航路,结束了与世隔绝的状态。[①]他的这个观点正确,但是他说台湾对东亚南北两个海域的交流没起作用则不对。上古时期的台湾贸易比我们曾经想象的发达,燕齐方士早已知晓台湾,台湾出产的玉器等工艺品早已到达东南亚与东亚很多岛屿。台湾与大陆关系疏远的原因正是因为东亚没有地

---

① [德]罗德里希·普塔克著,肖文帅译:《两个"地中海"之间的台湾岛:由分界标志变为桥梁》,《国家航海》第7辑,上海:上海古籍出版社,2014年。

267

结论

中海,中国东南的黄海、东海、南海都是太平洋西部的边缘海。因为中国东南没有一块广阔的陆地,没有广阔的市场,所以早期不会存在从中国向东经过台湾的航路,所以台湾一直处在东亚的最边缘。地中海与边缘海的差别极大,地中海的四周都是大块陆地,但是边缘海仅有一面是大陆,另一面是很小的群岛。东亚没有地中海,地理决定了东亚文明也不存在地中海模式。地中海周围会出现一个统一的国家,比如罗马,但是东亚从未出现这种环东海或环南海的国家。汉与罗马大体同时,一为大陆帝国,一为海洋帝国,恰为鲜明对比。边缘海的一边是大陆,一边是群岛,所以一边是农业文明为主的大国,一边是海洋文明为主的小国,比如中国与日本。中国海洋文明不如日本,所以唯一的蒙古征日,最终失败。日本体量太小,也不能征服中国。地中海两岸不存在这种海陆差别与体量差异,但是我们不反对东西方比较,而应比较欧洲的边缘海与亚洲的边缘海。比如英国作为欧洲唯一的海岛强国,就在边缘海北海的外侧,类似日本。但是也有差异,一是英法之间的多佛尔海峡比朝日之间的海峡窄得多,二是西欧没有类似中国长期统一的国家。所以英国在早期时常遭到西欧大陆民族入侵,但是拿破仑、希特勒在西欧大陆建立强国时,英国则予以击破。所以东西方的共性很少,差异较多。虽然罗马崩溃,欧洲中心北移,法国、德国不在半岛,但是也没有东亚这样广阔的宜农平原群,不可能出现中国这样长期统一高度集权的农业宗法制大帝国。

本书指出,宋元之际,台湾已经进入世界贸易圈,不仅是中国到菲律宾的必经之地,而且被汪大渊称为海外诸国首站。有学者认为明代之前的台湾不在国际交通干线上,自成一孤立社会。[①] 这种说法无视元代诸多文献的铁证,所以不能成立。很多人误以为宋代毗舍耶人的劫掠阻碍了大陆人移民台湾,直到明代。其实元代就看不到毗舍耶人的记载了,更不说明代。所以毗舍耶人对航道的阻挠只限于南宋时期,元明时期的航道很通畅。之所以有这种看似戏剧性的变化,是因为南宋时期,全球气温上升,南方人要往北迁徙。毗舍耶人虽然是台湾南部的放索人,但是他们的祖先确实可能来自菲律宾中部的米沙鄢群岛。而南宋末年,全球气温变冷,所以蒙古人大举南征,引发全球性的民族南迁。此时赤身裸体的毗舍耶人自然不要到大陆来,因为寒风扑面。

---

① 周婉窈:《台湾历史图说(史前至 1945 年)》,台北:联经出版事业股份有限公司,2005 年,第 48 页。

四、中外海上势力的北进与交织

明朝末年，不仅中国内部海上势力存在一种地域上的北进趋势，在西欧与日本也有类似的北移现象。

嘉靖到万历前期，中国民间海上势力在台湾的活动中心主要在魍港，万历三年（1575 年），林凤南逃失踪后，林道乾占据台湾三年，他准备占领全岛，没有成功，于万历六年（1578 年）离开。林道乾往来于东南亚各地，最终没有久居台湾岛。万历前期，闽南渔民发现北港渔场，台湾又得名为北港。此时又出现东番一名，有时北港、东番并用，小琉球一名逐渐消失。

丰臣秀吉四处扩张，不仅侵略朝鲜，也染指台湾，倭寇活跃在台湾沿海。万历三十年（1602 年）沈有容出征台湾，渔民为沈有容绘制了魍港以南的台湾西南部地图。可惜这幅地图没有画到新的汉人聚居中心北港，幸而有《福建海防图》画出台湾南北地名二十多处，特别画出了北港、魍港、茭丁港，解决了北港、魍港地理考证的难题，证实中国人最早精确测绘台湾。

1610—1617 年，日本人又觊觎台湾，并入侵闽浙，但是被明军逼退。日本人继续贷款给中国海商，他们进入台南市所在的大海湾，在赤嵌筑城，台湾迅速崛起为国际贸易中心。1618 年，赤嵌海商因为参与赵若思的叛乱而被消灭，一度在台湾出没的袁进等海盗集团也受抚，台湾又成了政治空白区。后来的海商不愿意放弃这一已有基础的贸易基地，于是诱使荷兰人占据，荷兰人居然侥幸侵占台湾。此时日本趋于锁国，葡萄牙被西班牙兼并，又为幕府排挤出日本。西班牙已被英国打败，虽然想占领台湾，但是被荷兰人捷足先登。

最早开辟台湾的是潮州人，其后是漳州人，最后是厦门人李旦、安海人郑芝龙占据上风。表面上看这种核心集团的东移只是巧合，其实背后反映的正是台湾岛和东洋航路的崛起，因为吕宋、日本所在的东洋商路日益重要，所以靠近东部的漳州、泉州等地人自然后来居上。漳泉地区和台湾有澎湖岛作为桥梁，来往最便利，所以后世开发台湾的主力以漳泉人为主。出自漳泉之交的郑芝龙原来在台湾活动，最终统一闽海。郑成功收复台湾，开辟台湾的新时代。

地理大发现的主导者都是南欧人，靠近东方的地中海人开启了文艺复兴，马可·波罗和哥伦布都是意大利人。新航路开辟之后，意大利在东西方之间的区位优势才衰落。伊比利亚半岛的葡萄牙人与西班牙人在阿拉伯占领时代接收很多东方先进文化，在反击阿拉伯人的过程中一路南征，沿非洲海岸南下，终于发现新航路。

葡萄牙人到东方最早，所以最想在中国东南沿海获得据点，靠近庞大的商品产地与市场。葡萄牙人建设的东方据点都在大陆沿岸的文明古国，比如印度、马六甲与中国。葡萄牙人虽然有屯门、双屿之败，最终在澳门立足。西班牙人到东方较晚，由于是从美洲西来，所以占据了菲律宾群岛，开创了太平洋大三角贸易，获利也颇为丰厚。

16世纪后期，欧洲的海上势力北移，荷兰崛起了。荷兰人从葡萄牙人手中夺取印度尼西亚，但是这里距离中国和日本较远，所以他们急于寻找新的殖民地，于是他们看中了介于中、日之间的台湾。由于西班牙人已经占据菲律宾，而且西班牙恰好在此时和葡萄牙合并，西班牙人可以利用中国沿海的澳门，西班牙人虽然数次有侵略台湾的想法，但是始终没有行动，荷兰人为形势所逼，所以抢先占据台湾。

葡萄牙和西班牙之所以首先取得海上霸权，主要是因为二国居于欧洲西南角，有开辟新航路的地理优势。荷兰在欧洲西北海岸，所以只能后来居上。台湾在中日之间的区位优势胜过澳门和菲律宾，但是葡萄牙人的活跃地在台湾西部的大陆沿海，而西班牙人的活跃地在台湾东部的太平洋一侧，所以居然把他们中间的台湾岛留给了荷兰人。

台湾在中日之间的区位优势最好，反之，中日势力在台湾也最强，所以欧洲人占据台湾要面对中日势力。葡萄牙人在中国沿海立足未稳之时，就有朱纨摧毁双屿港的反击。西班牙人占据菲律宾之初，就有王望高到吕宋追剿林凤。显然，葡萄牙、西班牙面对的明朝还有一定实力。等到荷兰人到东方时，明朝已经腐朽不堪，日本也闭关锁国，所以荷兰人比葡萄牙人、西班牙人幸运。

其实荷兰在欧洲的区位和台湾在亚洲的区位非常类似，荷兰之北为北海，东北穿过丹麦北部的海峡，可以通往波罗的海，西南穿过英法之间的海峡，可以通往大西洋。荷兰不仅处在南欧和北欧的交界处，而且也在海峡旁边。荷兰现在还有很多岛屿，原来岛屿更多。台湾也恰好处在东南亚和东北亚的交界处，也在海峡旁边，也是一个岛屿。所以荷兰人看中台湾，似乎是因为在东方看到了家乡的影子。

但是荷兰终究是一个小国，其国力不足以和英国、法国抗衡，所以在英国崛起之后，荷兰的海上霸主地位让给了英国。英国比荷兰更北，英国的崛起，其实也是欧洲的海上霸主北移过程的最后一个环节。英国是纯粹的岛国，所以比起荷兰，英国更像台湾。但是英国人到东方时，台湾已经全面汉化，已经被清朝有效控制，所以英国人不能再像荷兰人那样夺取台湾。荷兰人退出台湾的根本原因也是小国寡民，渡海来台的汉人日益增加，郑成功围攻台湾时，荷兰不可能有足够多的援军赶来。

从 1593 年丰臣秀吉妄图侵占台湾到 1895 年日本帝国主义强占台湾,日本人花了 300 年才成功。日本的成功源自明治维新,而明治维新的源头是九州岛上的西南诸藩,所以明治维新其实也是日本海上势力的北进。

　　甲午之战失败的最严重后果就是丢失台湾,这给中国人很大的刺激,包括孙中山。孙中山是香山县(今中山市)人,澳门原属香山,香山县原来也是一片群岛,元明时期才逐渐成陆。孙中山从海外得到先进思想,从海外获得革命支持,所以中华民国的建立及广州国民政府北伐成功也都是近代中国海上势力的成功北进。

　　纵观全球局势,近现代东西方海上势力的北进影响了台湾的历史进程,东西方中、日、葡、西、荷五大海上势力纵横捭阖的交汇点只有台湾一地,台湾在近现代世界政治地理格局中有独一无二的重要地位。近现代世界强国在台湾折冲樽俎的历史波澜壮阔,留待以后再论。

后　记

　　本书的写作源自五年前为讲授中国古代航海史而撰写讲稿,多数内容在《厦大史学》、《国家航海》、《福州大学学报》、《海交史研究》等刊物发表,感谢编委会王日根、单丽、苗健青、陈丽华等师友的帮助。非常感谢王日根老师的关怀,将拙著收入海疆与海外研究丛书出版。在写作过程中,感谢复旦大学周振鹤老师赠送台湾史著作,感谢中国社会科学院孙靖国兄惠赐明代《福建海防图》的清晰照片。书稿写成后,感谢厦门大学周翔鹤老师提出宝贵意见。在出版过程中,感谢厦门大学出版社查品才、章木良两位编辑的悉心工作。

　　因为鄙人能力有限,书中还有错漏,祈请读者指正。需要说明的是,本书写到郑芝龙崛起之前,因为近年我在研究牛津大学收藏的一幅明末闽南海商绘制的大型东方航海图,将有专著出版,而这幅明末航海图的创作与李旦、郑芝龙有关,所以李旦、郑芝龙的相关内容将在这幅明末航海图的研究著作中论述,本书不再赘述。

周运中

丙申三月于厦门寓所